幕末維新のリアル

変革の時代を読み解く7章

上田純子
公益財団法人 僧月性顕彰会［編］

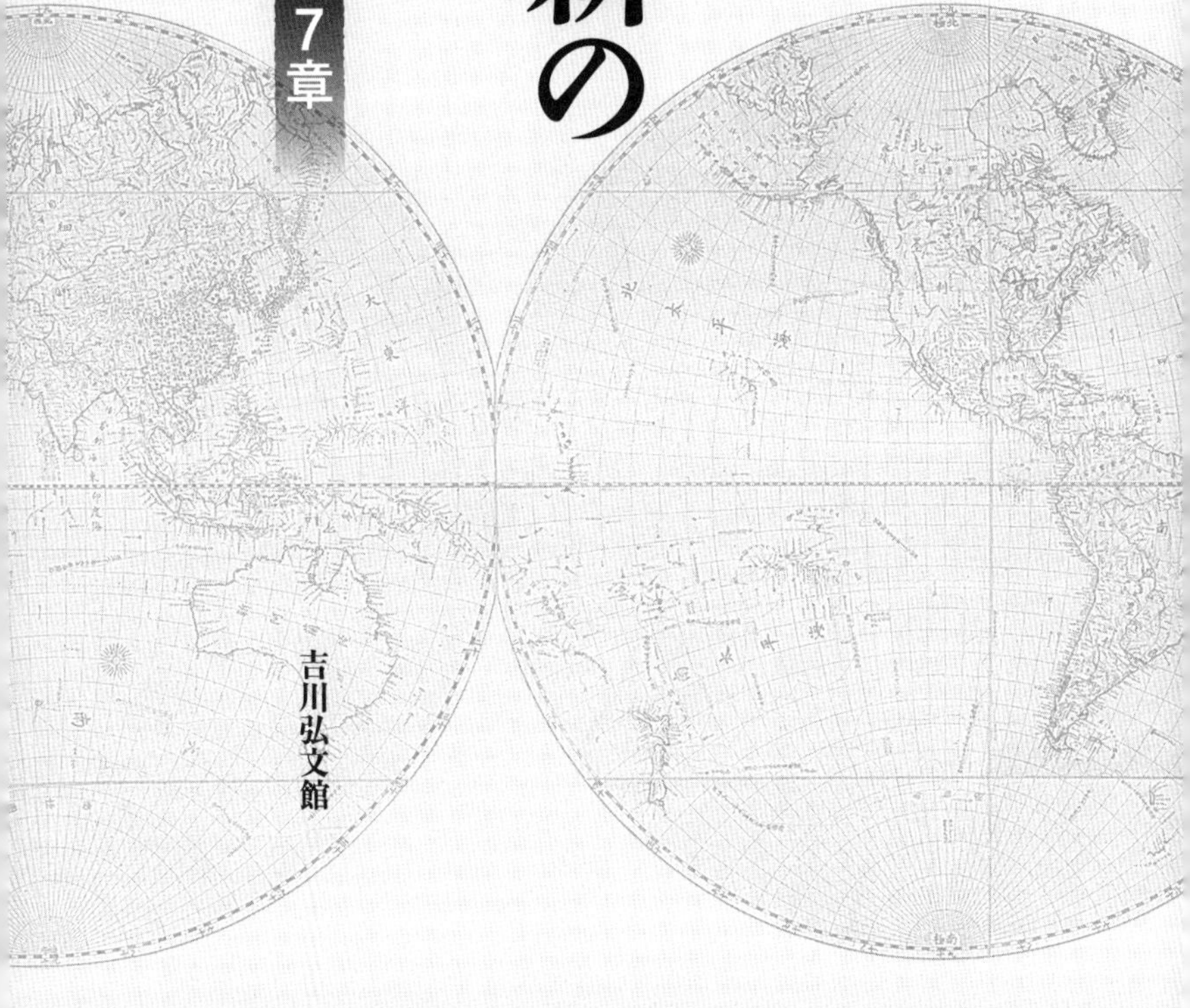

吉川弘文館

はじめに

柳井発、異色の連続講演会

本書は、二〇一七年四月から一一月にかけて、全七回の連続講演会として開催された柳井ひとづくりアカデミー二〇一七「いま、蘇る幕末維新」の講演録です。山口県柳井市遠崎に生まれた僧月性（一八一七〜五八）の生誕二〇〇年（二〇一七年）と、明治維新一五〇年（二〇一八年）を記念して、公益財団法人僧月性顕彰会が企画・主催し、柳井市と柳井市教育委員会の共催で開催されました。しかし、これがいわゆる「郷土の偉人」を讃えて広く紹介するという、ある種手前味噌的な顕彰活動を目的として企画されたものでないことは、幕末維新論五回と僧月性論二回で構成された各章の題目と登壇者の顔ぶれからも、容易に察していただけることと思います。

この連続講演会では、初めに三谷博によって、幕末維新という日本の大きな転換期を、世界的視野で俯瞰的に見据える視座が提示されました（第1章）。続いて奈良勝司は、明治維新政権が一八世紀中に定着してくる「武威」の世界観を克服することなく、古賀侗庵《こがとうあん》やその門下の国家対等観に立つ積極的開国論を退けて成立したことを指摘します（第2章）。青山忠正は、「攘夷」という言葉を同時代の文脈と外国側も含めた政治情勢のなかから読み直していきます（第3章）。後藤敦史は、欧米列強の視点から日本の開国を捉え直して、アジア・太平洋地域における近代日本史の出発点に位置付けました（第4章）。前田勉は、江戸時代における天皇権威の浮上を本居宣長《もとおりのりなが》の思想から説明し、国学・水戸学とは異なった月性の思想的可能性に言及します（第5章）。愛甲弘志は、丁寧なテクストクリティークの上に、漢詩人としての月性と、そこから垣間見える人間月性を論じています（第6章）。上田純子は、月性の言論空間が、文学的な領域から政治的な領域へと拡大し、政治を語る知識人ネットワークの一つの結節点となっていったことを示しました。（第7章）。

これらの講演録を書籍として広く世に問うことは、企画の早い段階から準備を進めてきたところです。書籍化に際しては、書き起こされた講演録をもとに、話し言葉を書き言葉に改めるなど、臨場感を残しつつ読みやすい文体に改め、適宜、節や小見出しを設けて全体の統一を図りました。また、各章の内容についても、講演者が文意を補ったり説明を追加するなどして、内容をよりわかりやすくする工夫を加えたところがあります。

県民神話・国民神話を越えて

この野心的な連続講演会を主催した僧月性顕彰会は、明治維新一〇〇年に当たる一九六八年五月に発足しました。以来、三坂圭治監修『維新の先覚月性の研究』（マツノ書店、一九七九年）の刊行や、月性展示館（柳井市）の指定管理、月性の命日に合わせた追慕記念行事、その私塾時習館に由来する時習館講座の開催などを通じて、長く地域での顕彰活動と文化振興を担ってきました。また、山口県南東部に位置する柳井市は、周防国における海上交通の要衝として栄えた柳井津を擁する商都で、その幕末維新期は、月性のほかにも国学者岩政信比古《いわまさのぶひこ》（一七九〇～一八五七）や、萩毛利家家老浦靱負《うらゆきえ》（一七九五～一八七〇）など、明治維新と関係の深い数多の人物で彩られています。

改めて述べるまでもなく、山口県はかつての山口藩、すなわち萩本藩と三支藩・岩国領を含むいわゆる長州藩の領域を引き継いで成立しました。長州藩にとっての「明治維新」とは、幾度もの内外の戦争や凄惨な党派闘争を乗り越えて、打倒すべき旧体制たる徳川政権に打ち勝ち、近代国家への第一歩を踏み出した輝かしい維新回天の大事業として、今もなお多くの人々に記憶されています。

一方で明治政府は、その統治の正当性を論証するための、近代国家日本の建国神話を紡いでいきました。それは取りも直さず長州藩と薩摩藩を中心とした王政復古の物語であり、東京招魂社、のちの靖国神社への合祀や贈位といった恩典を通じて、国家によって認定された英雄たちが、模範とするべき「勤王の志士」として、国民の間に周知されていきました。

このような明治維新観は、一九三〇年代以降の社会科学の発展のなかで、また、一九四五年の敗戦を経たことによって、幾度となく再考が促されてきています。しかし、明治維新一五〇年を機に、改めてその問題を指摘する論説が多数発表されているところを見ても、これらの歴史観は、依然として「県民の歴史」「国民の歴史」としての地位に留まり続けているようです。

このような県民神話・国民神話のスキームから離れた明治維新のリアルこそ、今回の連続講演会が発信しようとしたものにほかなりません。その連続講演会には、毎回、山口県内の各地から、また、県外からも定員を上回る参加者が集まり、延べ三〇〇〇人を数えて、好評のうちに全七回の日程が終了しました。「明治維新胎動の地」を自認する山口県において、その歴史観を問い直す企画が一定の成果を収めたことは、「明治維新」をめぐってさまざまな視点や解釈のあることを認識し、事実の論証を丁寧に重ねながら、多面的な理解を深めていくうえでの、大きな成果ではなかったかと思います。

勤王僧月性、王政復古史観を問う

ここで改めて、僧月性について見てみましょう。

月性は、浄土真宗本願寺派の僧侶で、漢詩人として名があります。「男児《だんじ》志《こころざし》を立てて郷関《きょうかん》を出《い》ず」あるいは「人間《じんかん》到る処青山《せいざん》あり」というフレーズに聞き覚えのある方は、存外に多いのではないでしょうか。儒学への造詣も深く、藩政や幕政、さらに宗門に対しても厳しい批判の目を向けて、時弊を痛切に論じました。吉田松陰がその急進性を危ぶんだ先駆的な討幕論者としてご記憶の方もあると思います。また、広く沿海警備（海防）の必要性を訴え、その充実に尽力したことから、海防僧と呼ばれました。

安政五年（一八五八）五月、日米修好通商条約の締結をめぐって政治論議が沸騰するさなか、月性は急の病を得て不帰の客となります。

明治二四年（一八九一）一二月一七日、月性に正四位が追贈されますが、この前後の時期に現存する清狂草堂の建設や門人の遺物収集といった顕彰事業が最初のピークを迎えています。その後、忠君愛国の国家主義が昂揚してくると、月性もその言説のなかに「勤王僧」として語られるようになります。昭和四年（一九二九）四月には靖国神社へ合祀され、国威昂揚のプロパガンダにも利用されるところとなりました。

このような経緯から、戦後しばらく忘れられていた月性でしたが、明治維新一〇〇年を機に、再びその顕彰活動が盛り上りを見せることとなります。そして、明治維新一五〇年を迎えた今、月性を王政復古史観から解放し、日本社会における近世から近代への移行過程に捉え直す試みが始まっています。そこには、明治維新の思想的・文化的起源を解き明かすうえでも、また日本におけるナショナリズムの形成を議論するうえでも、非常に興味深い論点を見出すことができるでしょう。

山口県の柳井市から発信されたこの異色の連続講演会は、幕末維新における政治的・社会的・文化的諸状況をリアルによみがえらせるだけでなく、「明治維新」という歴史から何を学び、未来へつなげていくのか、という問いかけでもあるのです。

二〇一八年五月

上田純子

目次

第1章

三谷　博

幕末維新の、ここが面白い

一九世紀東アジアの歴史舞台で何が起こったのか

1　世界に向けて明治維新を語る

月性さんに事寄せて

月性《げっしょう》生誕二〇〇周年にちなんでの、全七回の講演会のトップバッターに選ばれて、たいへん名誉に感じています。明治維新が世界のなかでどのように見えるのかという、大づかみの話を今日はしよう、と考えています。

先ほど、私は広島県福山市の出身だとご紹介をいただいたのですけれども、ご存じのとおり、備後福山藩は、長州戦争では浜田口に攻め込んで、みごとに蹴散らされました。私自身の先祖は武士でなくて商人だったものですから、直接の関係はないのですけれども、福山出身の人間が招かれて話をすれば、たぶん長州、山口県で語られてきた話とは違う見方が出てくるのではないかと思っています。その点を、ちょっと注意して聞いていただけたらと思います。

先ほどこの会場で、初めて剣舞を拝見しました。そのとき吟詠されたのは月性さんの有名な漢詩ですね。高校の国語の授業で習った覚えがあります。同文圏の中国や朝鮮にまで伝わって、毛沢東とか安重根とかいった人も感銘を受けて、この詩句を引用しているそうですね。「男児《だんじ》志《こころざし》を立てて郷関《きようかん》を出《い》づ」。どういう志かというと、世を知り、役に立つために学問をすることで、そのために故郷を離れることにした。「学若《も》し成る無くんば復還《またかえ》らず」。もし学問が成就しなかったら再びこの地にはもどってこない。非常に強い決意を示しています。

このあたりは、今から五〇年くらい前、私が一八歳で福山を出たときの思いにやや重なってきます。私は当時、モノになるかならないか全然自信がなく、これほど強い決意があったわけではありませんけれども、できればそうしたいなと、たぶん思っていたはずです。残念ながらまだ学が成っていなくて故郷に帰ることができない状態のままです。今書いている本が完成すれば帰ってもいいかな、というくらいのことです。

「骨を埋《うず》むるに何ぞ墳墓の地を期せん」。先祖代々が暮らしてきた地に、自分も骨を埋めることができればいいけれども、できないかもしれない。しかし「人間《じんかん》到る処青山《せいざん》有り。」そうならなくても、とにかく故郷を出て広い日本、あるいは広い世界で活躍し、偶然どこかで倒れることがあっても、それは全く後悔しない、それで我が人生は全うされるのだ。そういう強い決意を語っているのです。ですから世界中の人に共感を持ってもらえる。今の日本の若者は、あまりこういった野心は抱いていないように見えますけれども、しかしなかにはいるはずです。世界にはこういうタイプの人がずいぶんいます。そういう人が読んで共感し、発奮する。なかなかいい詩だなと思っています。

明治維新研究者としての志

幕末の月性にとっては、広い世界とは日本。現代なら世界。故郷とは日本で、その外の広い世界とは、世界全体でしょう。私自身がやって来た仕事もそのような志向を持っていて、専門とする明治維新がどういうものであったかを世界の人に理解してもらおう、というより明治維新を手がかりにして人類がいまだによくわかっていない世の動きを理解できるようにしよう。そういう思想というか、思考の道具を開発し、提供しよう。それが私の野心でした。たぶん二〇一七年（平成二九）五月には、オックスフォード大学が出しているアジア史の百科事典に、明治維新についての私の解釈が載るはずです。オンラインの百科事典ですけれども、Meiji Revolution「明治革命」というタイトルを使っています。

日本人はいろいろと明治維新の研究をやってきたのですけども、外国人にもわかるように説明するということはほとんどなくて、世界の人びとにとって明治維新とはよくわからない事件のままでいます。二〇世紀の常識では「革命とは君主制の打倒である」ということでしたが、明治維新は逆に、まさに君主制というものを再確立することによって行なわれた大変革でした。それからもう一つ、革命とは人がたくさん死ぬことである、何百万、何千万の人が死ななきゃいけない。二〇世紀を生きた人びとの一部は本気でそう考えていました。ところが明治維新で亡くなった人の数はとても少ない。約三万人。そうすると二〇世紀の常識として明治維新は何か変だ、不思議でよくわからない。それだけならいいのですけれど、まがいものの革命であると思い込まれたふしもあります。それでいいのだろうか。そう思って、明治維新を英語できっちり説明するということを試みてみました。ただそんな短い論文では十分ではないので、ちゃんとした明治維新の通史を書いて、さらにそれを英語で出版するということができれば、私にとって学が成ったということになるのかもしれません。

2　現代世界における日本の位置

世界を直観的に見ると

本題に入る前に、現在の日本が世界のなかでどういう地位を占めているのかということを、地図を使って確認してみましょう。

六・七ページに掲載した地図は、皆さんがふつうにご覧になっている世界地図とちょっと形が違っていて、例えば国ごとの面積とか人口とかが、そのまま地図の上での面積に比例するように描かれています。各指標ごとの比重が直観的にわかるという地図です。われわれがよく見ている地図ですと、北極とか南極に近いところは巨大になってしまうのですが、これは正確な大きさを示しています。

図1-1は領土面積を示す地図ですけれども、これをパッとご覧になって、皆さんどうお感じでしょうか。日本が大きく見えるのか小さく見えるのか、という問題です。しかし、これを最初に見たときに、私が一番びっくりしたのは、アフリカはこんなに大きな大陸なのか、ということでした。ふだん見てい

る地図では赤道に近いところが圧縮されて表現されているので小さく見えるのですが、実際はこのように、とても大きな大陸なのです。

次の図1-2は人口を示す地図です。前図とずいぶん変わって、中国とインドが巨大になり、逆にアメリカは南北ともすごく小さくなっている。そのなかで、日本を見るとけっこう太めに見える。日本というのは人口の多い国なのです。実は一九世紀でもそうでして、世界で五番目くらいのところにありました。これはたぶん皆さんの常識にはないと思います。それから隣の韓国も意外に大きく、北朝鮮は予想どおりちょっと小さい。

経済・環境・政治的自由

三番目に、経済の規模を見ます（図1-3）。購買力平価によるGDPを描き込んであります。すると中国がこんなに膨らむ。たぶん今はもっと大きくなっているでしょう。世界を見渡すと、北米とヨーロッパと東アジアと、三つの大きな塊があって、そのなかで日本はこんなに大きい。それから隣の韓国や台湾も大きいですね。台湾の領土面積はだいたい九州くらいしかないのですけれども、GDPではこんなに大きいのです。

第四に、森林の面積だとどうだろうか（図1-4）。二酸化炭素を吸収する点で環境問題に大きな位置を占める側面ですが、ここでは今まで細くやせていたロシアのうち、たぶんシベリアが非常に大きくなっている。その多くは森林だらけで人がほとんど住んでいない。逆にお隣の中国は、こんなに小さくなっ

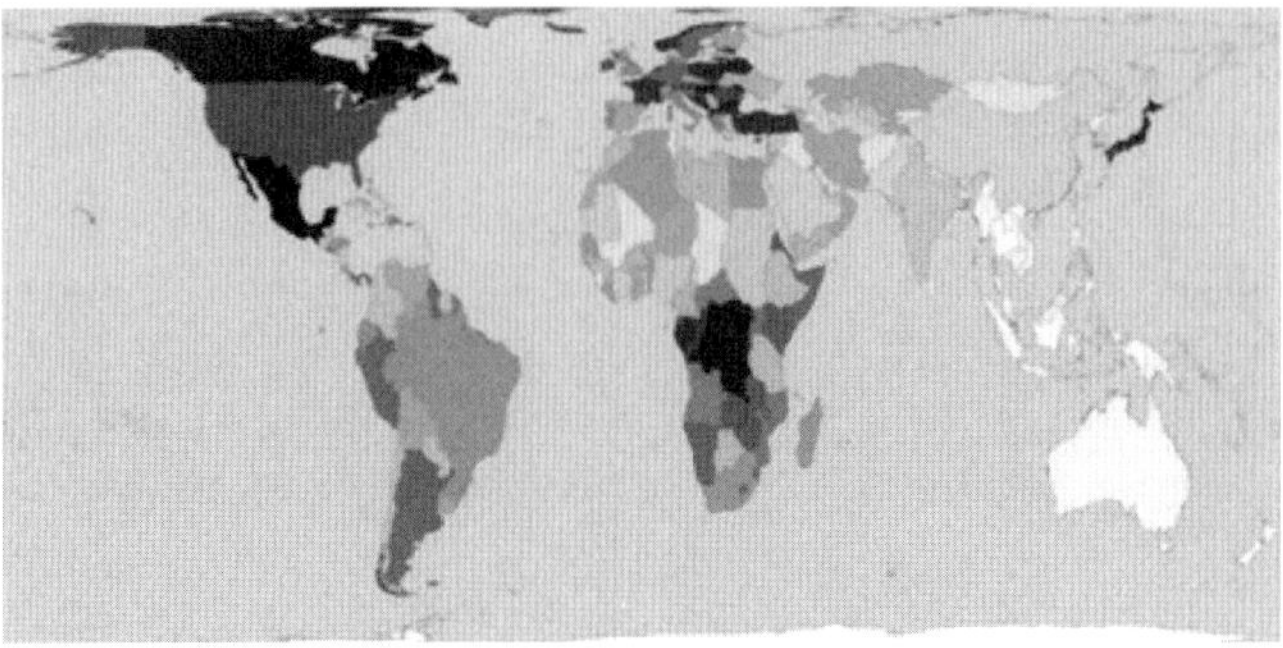

図１－１　領土面積から見た日本の比重（Worldmapperをもとに作成）

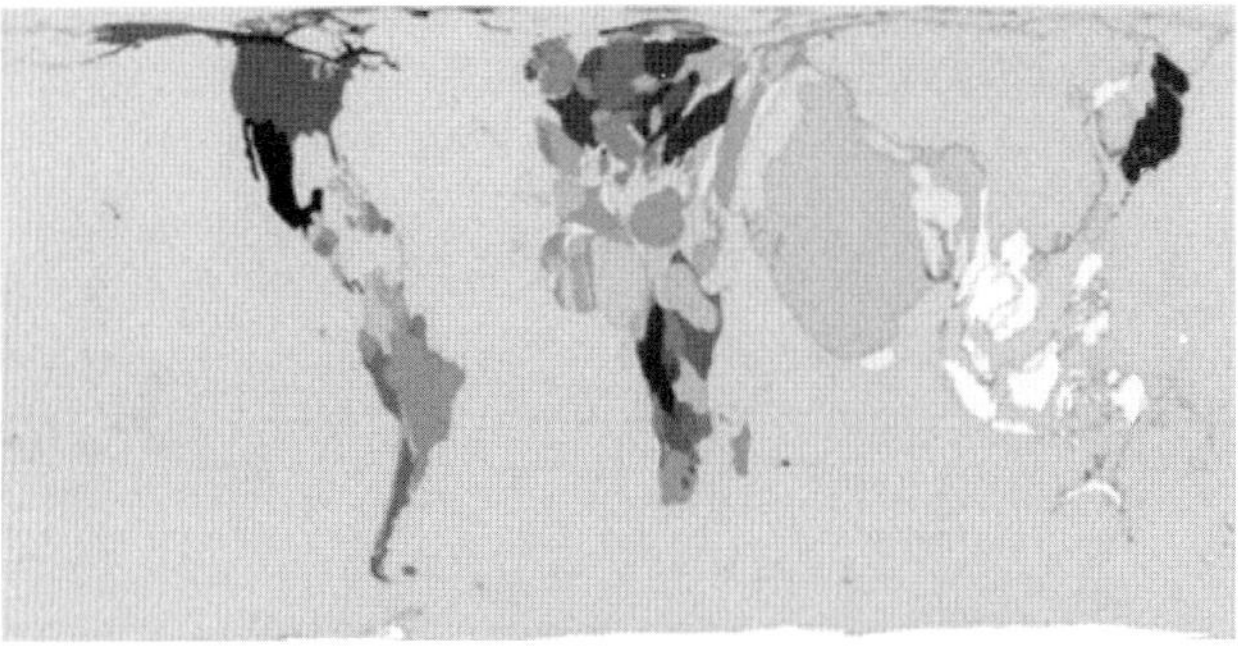

図１－２　人口から見た日本の比重（同前）

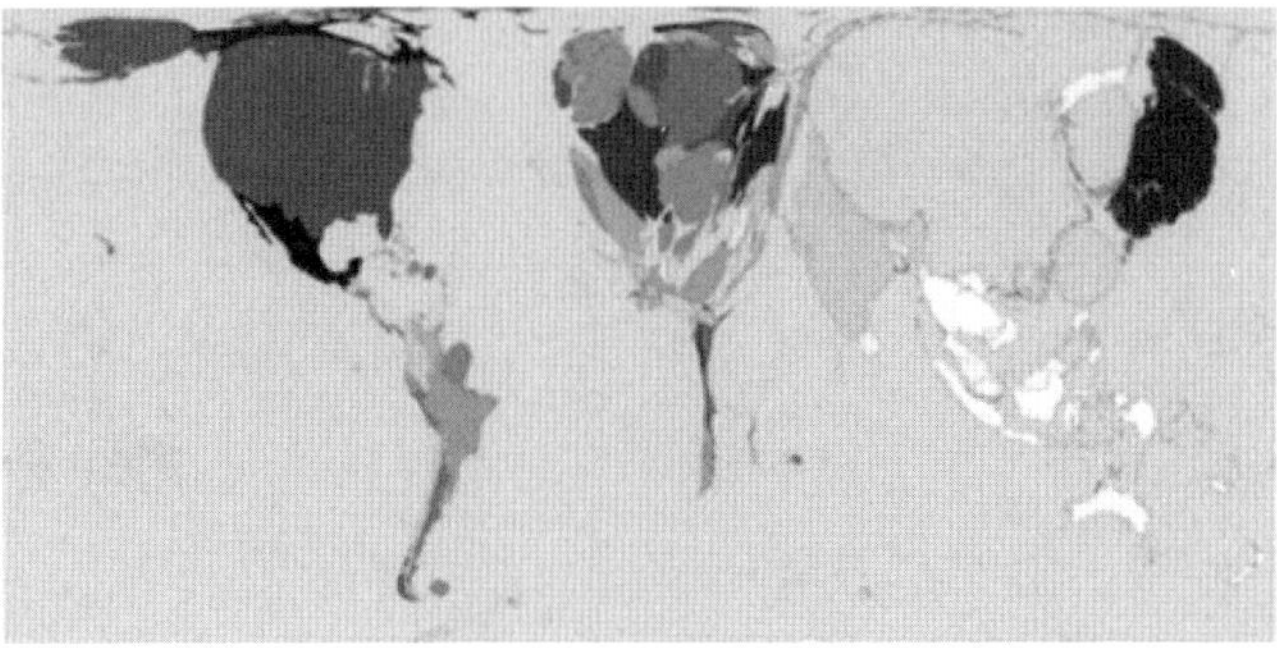

図１－３　経済規模から見た日本の比重（同前）

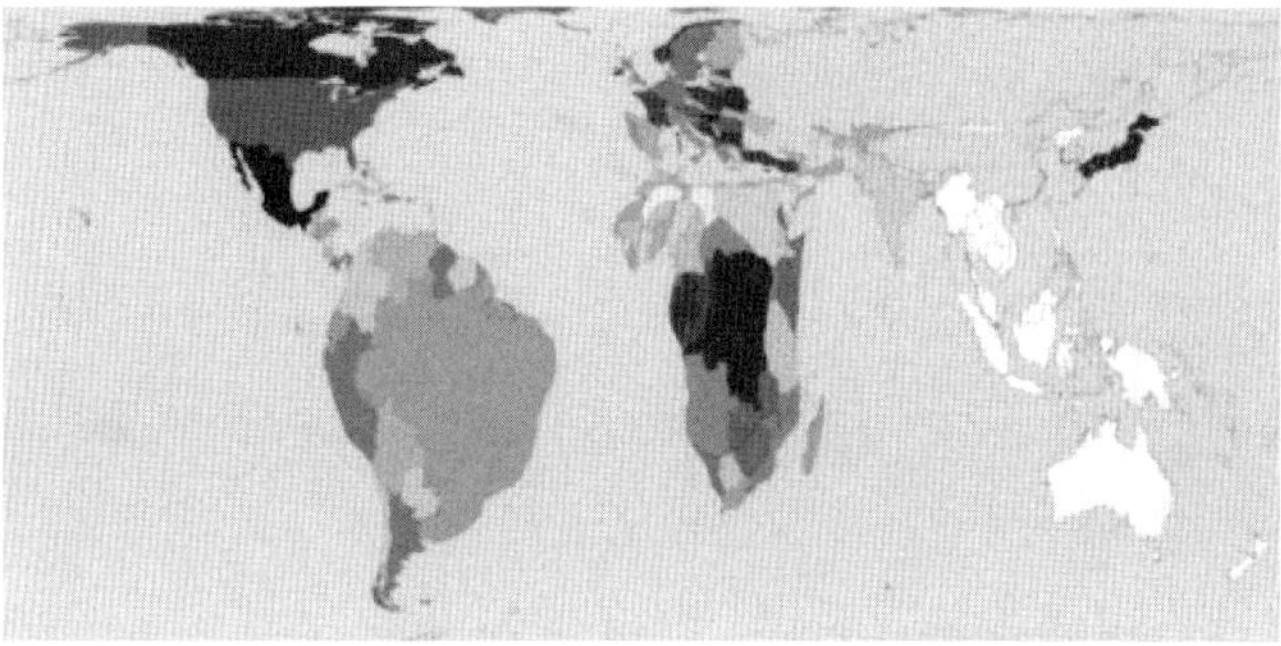

図1－4　森林面積から見た日本の比重（同前）

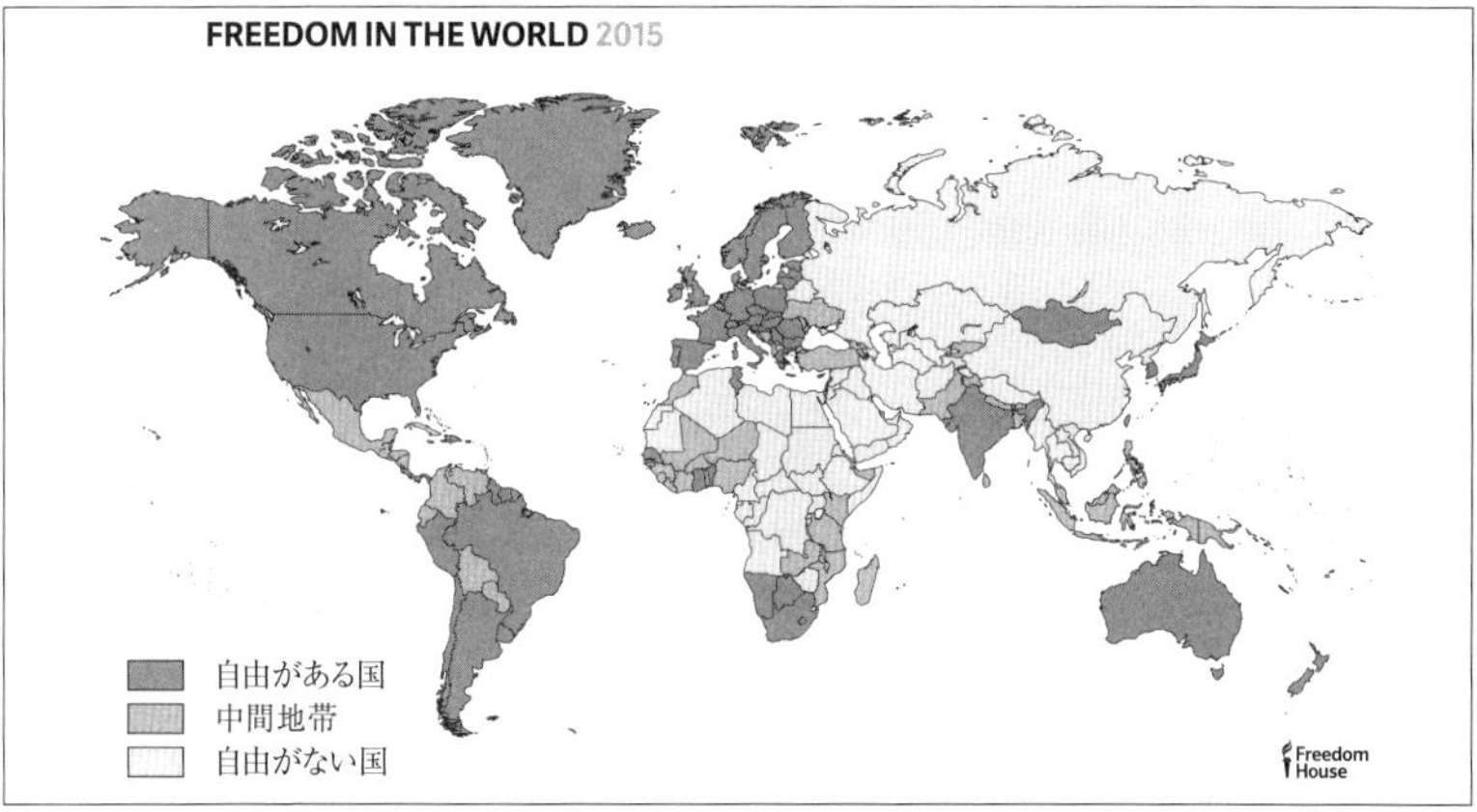

図1－5　政治的自由から見た日本の位置（Freedom Houseをもとに作成）

てしまう。インドもそうです。地表にほとんど木が生えていないところだということが、これでわかると思います。それに対して日本は非常に森林が多い。世界と比べて土地を樹木が覆う率が非常に高い、ということがわかります。

最後の地図は、政治的な問題。政治的自由がどの程度あるのかということを三段階で表現しています（図1-5）。ご想像がつくと思いますが、濃く塗りつぶしている部分は政治の自由があると認められている国々。最も薄くなっている部分は政治的自由がないところ。その他が中間で、例えば地図中央部のど真ん中にあるトルコは、今この中間地帯から薄い不自由地域に変わりつつある。これはアメリカの「フリーダム・ハウス」というNGOの人権監視団体が発表した二〇一五年（平成二七）の状況ですけれども、これが例えば今から四〇年くらい前、一九六〇年代七〇年代に同じ地図を描いたらどうだったでしょう。東アジアで濃く塗りつぶされた国は日本だけだったはずです。周りの世界と日本とは当時それぐらい違っていた。今では韓国と台湾が民主化していますけれども、三〇～四〇年前までは日本だけが孤立する時代が長く続いていたのです。

3　近代世界における日本の発展

近代二〇〇年の世界経済の地域的な差違

次に見ていただくのは、アンガス・マディソンというイギリスの経済学者が、世界中の統計を集め、

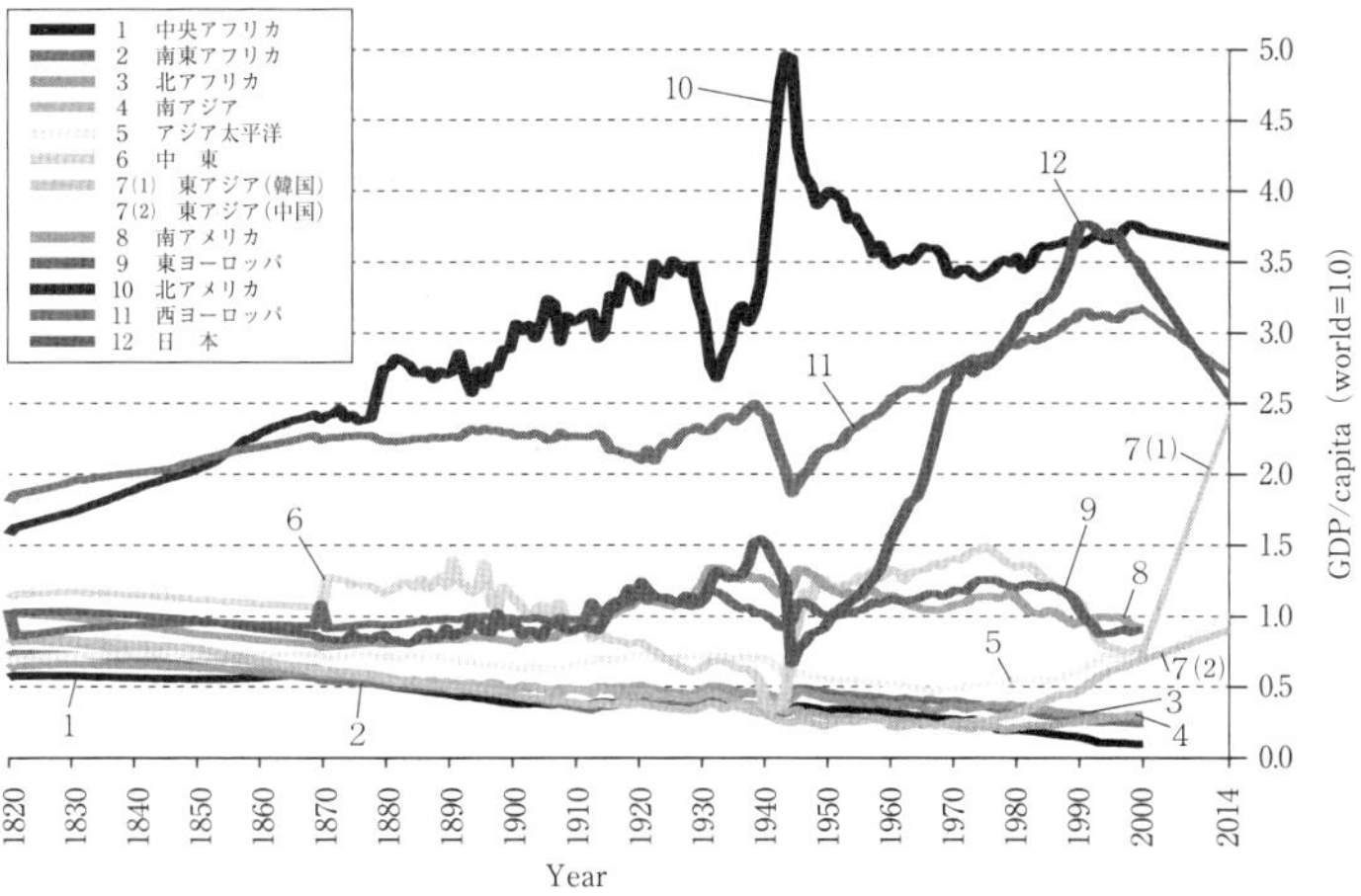

図1－6　世界経済の地域別差違（Worldmapperをもとに作成）

それを加工して描いた、一人当たりＧＤＰの世界平均に対する比率、大まかに言って生活水準の長期的な変化を表現したグラフです（図1-6）。地域別に描いてありますが、日本だけは国単位で示してあります。左端はいわゆる近代化が始まった一九世紀初期、右端は現在。マディソンのグラフは二〇〇〇年（平成一二）で終わっていますが、私は最近のデータを得るため、世界銀行が出している数字を加工して、二〇一四年の様子をここに追加しました。

さて、このグラフの出発点、一九世紀の初めに注目すると、世界の経済水準は、高水準の折れ線10・11の北アメリカ・西ヨーロッパと、折れ線12の日本を含む他の低い諸地域とがはっきり分かれていたことがわかります。ところが一九七〇年代に、日本だけが下のグループから飛び出し、欧米並みの生活水準を達成した。

一九四五年（昭和二〇）、第二次世界大戦が終わったときを見ると、北アメリカだけが一気に上昇し、他はほとんどが落ち込んでいます。あの第二次世界大戦というのは、世界経済に対して強烈なマイナスの影響を及ぼしたことがよくわかります。落ち込みがとくにひどかったのは、主要な町が全て破壊された日本や国土が戦場になったヨーロッパでした。

日本はどう変化してきたか

日本がこの近代という時代にどう変化してきたかを確認しておきましょう。グラフの出発点では下位グループに属していたのが、戦前にはかなり上昇して、このグループから離脱を始めた。しかし、大戦争に突き進んだためにガクンと落ちてしまった。ところが戦後も必死の思いで復興に努力して、その勢いで頑張ったら、先進国グループに入るだけでなく、そのトップ近くにまでになった。これが戦後の歴史です。ですから、戦後日本の改革と努力はとても偉大なもので、これを見ると戦後は間違っていたという主張がどうして出てくるのか、わかりません。しかし、高度成長の後、日本の生活水準は相対的には下がっています。絶対的な水準が下がったのではありません。他の地域が発展したので、比較上の優位が下がったのにすぎないことに注意してください。

このような近代の歴史のなかでずっと低迷していた地域があります。折れ線7の東アジアもその一つです。戦争が終わった後もぜんぜん伸びなかった。中国は再統一された後も、毛沢東が何度も経済を破壊したのでこうなりました。ところが一九七〇年代の終わりごろになって上昇に転じた。まず朴正熙の韓国が成長を始め、次いで中国で鄧小平が改革開放政策に踏み切って、それが功を奏した。最近はどうかというと、私は二〇一四年（平成二六）のデータを加工して、韓国と中国を折れ線7(1)・7(2)の二つに分けてここに書き込みました。このうち急角度で上昇しているのが韓国です。中国は国全体の経済の規模は大きいのですけれども人口が多いので、平均的な生活水準はまだそんなには上がっていません。韓国は、訪ねた方はおわかりのように、日本とほぼ変わりないくらいになっています。ただし貧富の差というのは国ごとに違っていて、日本は最近急激に格差が増していますけれど、他の国と比較したらまだ少ない方です。中国や韓国の格差はかなり大きい。だから平均は同じであっても、人びとの幸せの基礎条件は違うことになります。

さて、このような近隣との差異を生み出した一因は明治維新にあります。一八六〇年代に起きた事件ですけれども、維新によって行なわれた大改革が、後に低所得グループから離脱を始める基礎条件になった。それから後の歴史、運命というのは後の世代の責任で、明治維新を生きた人びとには関係がありませんが、彼らはとにかく後世の発展の出発点を作ってくれたのです。

さて、これから本題の明治維新の話に近づいてゆきます。

4　幕末維新期までの東アジア

交易と国境管理

明治維新の出発点は、アメリカの使節ペリーの黒船来航だった。ペリーがやって来なかったら、明治維新は起きなかったのではないかというのが、今では常識となっています。ではなぜペリーは来たのか。これは非常に重要な問題です。この開国に関する今までの書物は、いきなり欧米と日本の関係の話から始めるのですが、その前に、もう一つ大事なことがある。日本を含む東アジアがどういう世界だったかということです。一八世紀にこの東アジアにあった国々が互いにどのような関係を持っていたかということが、明治維新を理解するためにとても重要なのです。

一口に東アジアといっても、ベトナム・タイ・インドネシアなどの東南アジアと、中国や朝鮮や日本など東北アジアとではずいぶん違う。とはいえ、この一八世紀という時代には、東アジアにあった国々は貿易という点では全部つながっていました。いわゆる鎖国をやっていたと言われる日本であっても、長崎を通じて、あるいは対馬や琉球を通じて朝鮮や中国と貿易をやっていたのです。リレー式の貿易ネットワークは東アジアの南北全部をつないでいた。これが一つ重要ですね。

しかし国家単位で見て、それぞれの国家がどの程度厳しく国境を管理していたかというと、これはずいぶん違います。東南アジアはそれが緩いのです。国境を厳しく管理しようとする国家はなかった。それに対して東北アジア、中国と朝鮮と日本と琉球、そういった国々は国境管理がえらく厳しかったのです。そのなかでも一番厳しかったのは日本です。それでどういう結果が生じたかが、とても大事です。

東南アジアの場合は、国境管理が緩かったので、ずっと前から中国南部からたくさんの移民が移住してき、その子孫たちはいま「華人《かじん》」と呼ばれています。インドネシアであろうとタイであろうと、中国系の人たちがずいぶん多い。昔から多民族構成になっているのは東南アジアの常態で、一つの国に一つの文化を持っている人びとが住んでいるわけではない。それに対して東北アジア、とくに朝鮮と日本には、まったくと言っていいほど中国人は入り込めなかった。そこで朝鮮も日本も同じように、長い時間のなかで文化的な同一性が高まってゆきました。世界のなかでも最も均質な文化を持つ巨大人口が住んでいるのが、この日本と朝鮮です。これは珍しいことです。ヨーロッパ人が聞いたら驚くでしょう。同じ国のなかにいろいろな言語を話す人たちがいるのは当たり前、風俗も違うのが当たり前というのが彼らの世界で、その点では中国やインドも同じです。

東北アジア四国の相互関係

次に東北アジアの四国、琉球を含めた四国の関係を見てみます。これら四つの国の相互関係は希薄で、あまり関係がなかった。これがやはりヨーロッパと違う点です。しかしそのなかでも、中国と朝鮮の関係は比較的密接だった。朝鮮の国王は中国の皇帝に朝貢《ちょうこう》し、国王として認めてもらう。これを「冊封《さくほう》」と言います。朝鮮政府は毎年数回、使節を中国に出します。一人は首都の北京まで、あとは国境までですけれど、それにしても公式の使節が毎年たくさん中国に出かけるのは珍しい。それに対して、例えば中国と日本の関係はどうだったかというと、国交がないので使節が行き来するわけはない。長崎・朝鮮・琉球を介して貿易はやっていますけれども、国交はなかったのです。それが三〇〇年近く続きました。

日本にとって国交があったのは朝鮮と琉球です。しかし、朝鮮とは江戸時代を通じて、通信使という使節が一二回日本にやって来ただけで、関係はとても希薄でした。希薄だけれども、日本と朝鮮とは対等な関係でした。これはとても珍しいことで、東アジアではほとんどの国際関係が、どちらかが上でどちらかが下という上下関係からできていたのですが、日本と朝鮮の関係は対等なものでした。

琉球については、ちょっと特殊事情があります。一四世紀に琉球王国が生まれたとき、まず中国の王朝に冊封されます。したがって、中国とは国家が誕生したときから関係がありました。ところが琉球の言葉は、文法的には日本語に近くて、中国語とは全然異質です。ですから琉球の人たちは、文章を書くときには漢字だけでなく、日本のかな文字も借用していました。そういう日本と重なる文化的背景はありましたが、ずっと別の国を作っていたのです。

しかし江戸時代の初めに、薩摩の島津家が琉球に侵攻し、支配するようになります。そのとき、薩摩藩は、九州と台湾の間にある琉球列島のうち、奄美地域は直轄領に組み込みましたけれども、琉球はそのままにしておきました。なぜそうしたかというと、薩摩は中国と貿易がしたい。しかし徳川幕府としては、大名が中国と貿易すると富強の国になるおそれがある。でも、間に琉球を挟めば構わないのです。琉球に中国と朝貢貿易をさせ、中国から琉球に入った商品を薩摩に運び、薩摩から長崎などに運んで日本の国内で売ってもうける。そういう中国貿易を確保するために、琉球を独立国として残したのです。したがって、琉球という国家は長い間、形の上では朝鮮と同様に中国の王朝に仕えているけれども、実際には薩摩の監督下にあり、基本的には独立の王国だった。

これが東アジアの、一九世紀初めのころまでの様子でした。

そこに西洋人が現われたのです。

5　西洋人の太平洋進出

太平洋探検の開始

ご存知のように、西洋人は一六世紀から一八世紀にかけて、あの狭いヨーロッパ地域から外に出ていって、世界中あちこちに貿易網を広げ、気候の良いところには植民をしました。しかしヨーロッパから一番遠い太平洋には、ほとんど関心がなかった。それが一八世紀の後半になると関心が生まれ、探検を始めます。

一番最初にやったのは領土が接しているロシアで、ベーリングという人がアメリカ大陸まで行って探検の途中で亡くなりましたけれども、彼にちなんでアメリカ大陸とユーラシア大陸の間の海峡にベーリング海峡という名前が付けられています。その後、一八世紀の後半になって、イギリスのクック、フランスのラ・ペルーズが探検に来て、詳しい記録を残しました。クックはハワイで殺されてしまい、ラ・ペルーズは難破して行方不明になってしまいました。

しかしそういう事件が起きる前に、彼らは製作していた地図や観察記録を別の船で本国に送っていたので、彼らが作った海図が後の太平洋への進出に役立つことになります。この当時のヨーロッパは、他の世界と違ってサイエンスが急速に発達しつつあって、探検の一つの目的は、サイエンスの立場からそれぞれの土地の地理的特徴や動植物、物産などを調べて記録することでした。それが一九世紀にヨーロッパが始めた二度目の世界進出の基礎になります。他の地域の人たちは、こういう調査はやってなかったのです。

毛皮を求めて

最果ての太平洋になぜ彼らが姿を現わしたか。最初は毛皮獣を獲るのが目的でした。典型的にはラッコです。いまラッコのストールを持っている女性は多くないはずですが、かつてはふわふわして気持ちよく、最も上質の毛皮とされていたと聞きます。それでオホーツク海などで漁師がどんどん獲ったために、一八三〇年ごろにはラッコもアザラシも少なくなって、商売にならなくなった。

次は捕鯨です。これは食べるためではなくて、油を取るためでした。捕鯨船というのは、海の上の工場です。クジラを捕まえて引き上げたら、すぐ解体して頭部にある鯨油を取り、石鹸などに加工する。肉と骨はほとんどを海に捨てる。それを初めは大西洋でやっていたのが、南太平洋にやってきて北に遡り、とうとう日本の沖合までやってきました。しかしながらこれもやっぱり乱獲で商売にならなくなった。ペリーが来る直前のころには、捕鯨自体は衰退を始めていたんです。ではヨーロッパ人やアメリカ人たちが最後に太平洋に期待したのは何か。中国との貿易です。

西洋人は中国の豊かな物産を目ざした

一八世紀以来、イギリス人は中国からお茶をたくさん買い込むようになっていました。また中国では高級な絹糸が大量に生産されていました。さらに陶磁器も本当にみごと。大きいのも小さいのも非常に立派なものが作られていた。これらをたくさん輸入したいというのがヨーロッパ人やアメリカ人の願いであり、欲望だったのです。以前の維新史では欧米の産業革命でできた工業製品を東アジアに売り込みたいというのが、東アジア進出の目的だったと書かれていたのですが、それは全くの間違いでして、綿製品を中国に売り込むことはまだ考えていなかった時代です。お茶などの対価に困ったイギリスが中国にインド産のアヘンを売り込んで、やっと決済が可能になったという状況でした。そうやって欧米人が近づいてきたときに、中国人や日本人はどう対応したか。だんだん話が維新に近づきます。

まずロシアの動きを見ますと、日本にも中国にもほぼ同時に一八世紀の末に使いを出しています。どちらの国も断ります。日本の場合は蝦夷地《えぞち》と長崎に二度使節がやって来ましたがそれを断った。二度目に断ったときに相手側は違約だと怒って、北方でちょっとしたいさかいが起きました。しかしそれはすぐ解決されました。

清朝は「三跪九叩頭」の礼を要求した

それに対して清朝の場合は、陸伝いに今のモンゴルの首都であるウランバートルあたりまで使節がやって来て、そこから国内に入ろうとしたのですが、拒まれてしまった。なぜかというと、このロシアの使節は、中国側が要求してきた「三跪九叩頭《さんききゆうこうとう》」という礼をしなかったからです。三度膝まづき、そのたびごとに額を三回地面に付ける。三かける三で合わせて九回頭を地面に付ける。そういう臣下としての儀礼を、このときロシア使節はやろうとしなかった。そこで、帰されてしまったのです。

次にイギリスです。ただし、日本がイギリスとの関係に入ったのはかなり遅く、アメリカのペリーが来た後のことです。逆に、中国は非常に早い時期、一八世紀から関係を持っています。一八世紀には南部の広州《こうしゅう》から大量のお茶がイギリスに輸出されました。しかしイギリスは、これをもっと盛んにしたいと考えて、一八世紀の終わりから一九世紀の初めにかけて二度使節を出します。最初の使節は皇帝に会ってもらえたのですが、二度目は拒まれた。中国側の態度がかたくなって三跪九叩頭を強要するようになったからです。中国は物産に満ち溢れたところであって、貿易によって得るものは何もない。今まで貿易をしてきたのは、お前たちがあまりにも貧乏で可哀想だから応じてやったのだ。それが清朝皇帝側の考えでした。実際のところ一八世紀までは中国、とくに長江の中下流域は世界でもっとも豊かだった地域でした。ヨーロッパも豊かではありましたが、その富はかなりをインド・中国やアメリカとの貿易によって築いたもので、中国とは成り立ちが違いました。いずれでも貧しい人々は国外に移民しましたが、中国の場合は奥地や東南アジアに移民が向かったのに対し、ヨーロッパの場合はアメリカやオーストラリアに植民したわけです。

中国と日本――対応の違い

ロシアやイギリスの使節を斥けたのち、一九世紀前半に中国は二度のアヘン戦争を経験しました。これは日本が、二〇世紀になってロシアと戦争するまで、西洋と大きな戦争をしなかったのとずいぶん違います。

実は中国は、アヘン戦争を始める直前に、要所要所の防御を強化しています。二〇一六年（平成二八）の年末、私は南シナ海から広州に入る入り口の虎門《こもん》というところを訪ねましたが、そこの砲台はアヘン戦争の直前に作られたもので、実に堅固なものです。戦争になったとき砲撃されて、表面は少しへこんだり、ひびが入っているのですけども、砲台全体はびくともしていない。そういう軍備をしっかりやっていたために、戦争をしてかまわないと思ったんでしょう。ところが作戦が全然ダメなために負けてしまったのです。アヘン戦争を二度戦って二度とも負けただけでなくて、太平天国の乱が起きて、清朝の支配領域の南半分は、一〇年に渡って太平天国が統治するという大波乱が起きました。にもかかわらず、中国の政体を根本的に改革しようとする運動は起こりませんでした。

中国には西洋の科学技術が非常に発達していることを知っていた人はいたのですけれども、その洋学は身分の低い人にやらせ、統治者たちは自分で学ぼうとはしなかった。これが当時の中国です。

それに対して日本はどうか。武士の統治する国だったけれども、海防はありません。だから月性さんは焦って、坊さんのくせに海防をやれやれと煽ることになったのです。幕府はペリーが来た後になって、東京湾に幾つも砲台を作りました。しかし私が見た中国の虎門の砲台に比べると見劣りします。当時の日本を統治していたのは武士だったから、戦争をやって勝つか負けるかをえらい気にする。少なくとも幕府関係者は必ず負けるとわかっていたんです。だから戦争を避けた。その一方、水戸や長州など一部は戦争を国内改革の手段に使おうとした。少々は負けても構わない。西洋との戦争をテコに政治改革をやろう。そのあとは開国だ。これが明治維新です。中国と正反対。戦争をできるだけ抑えて、国内改革を一生懸命やった。それから統治者のエリートが自ら横文字を勉強するということもやった。似たような状況に直面しながら、中国とはやったことが逆なのです。

自信ないがゆえの改革

どうしてこの差異が生まれたかということですが、中国では儒学をきっちりやる。儒学を勉強して、「科挙」という厳しい試験に合格した人びとが統治している。「科挙」とは、今の国家公務員試験の原型で、中国は世界で一番最初にこれを行なった。男子と生まれたら、儒学を勉強し、試験で儒学の徳目を身に付けていることを証明すれば、皇帝直属の高官に抜擢され、その結果、一族は繁栄を極めるというのが中国の常識でした。男子に限ってではあっても、そんな公平な「機会の平等」を実現する制度を持っているところは世界で他になかったのです。

それに対して日本は、武士が統治してはいるけれども、軍備はない。しかもどんな有能な人でも統治者にはなれない。久坂玄瑞《くさかげんずい》みたいに医者の家に生まれたら、ふつうは政治家になれない。庶民に至っては全くダメという、生まれながらの身分によって差別される世界です。このようにもともとの政治体制が違っていて、西洋から圧力が加わったとき、片方は自分の住んでいる世界にものすごい自信を持っていたけれども、もう片方は全然自信がない。自信がないから変えなきゃいけないと思った。

今日の話で重要なのは、日本はずいぶん早く改革を始めた。中国や朝鮮が改革を始めたのは、日本の

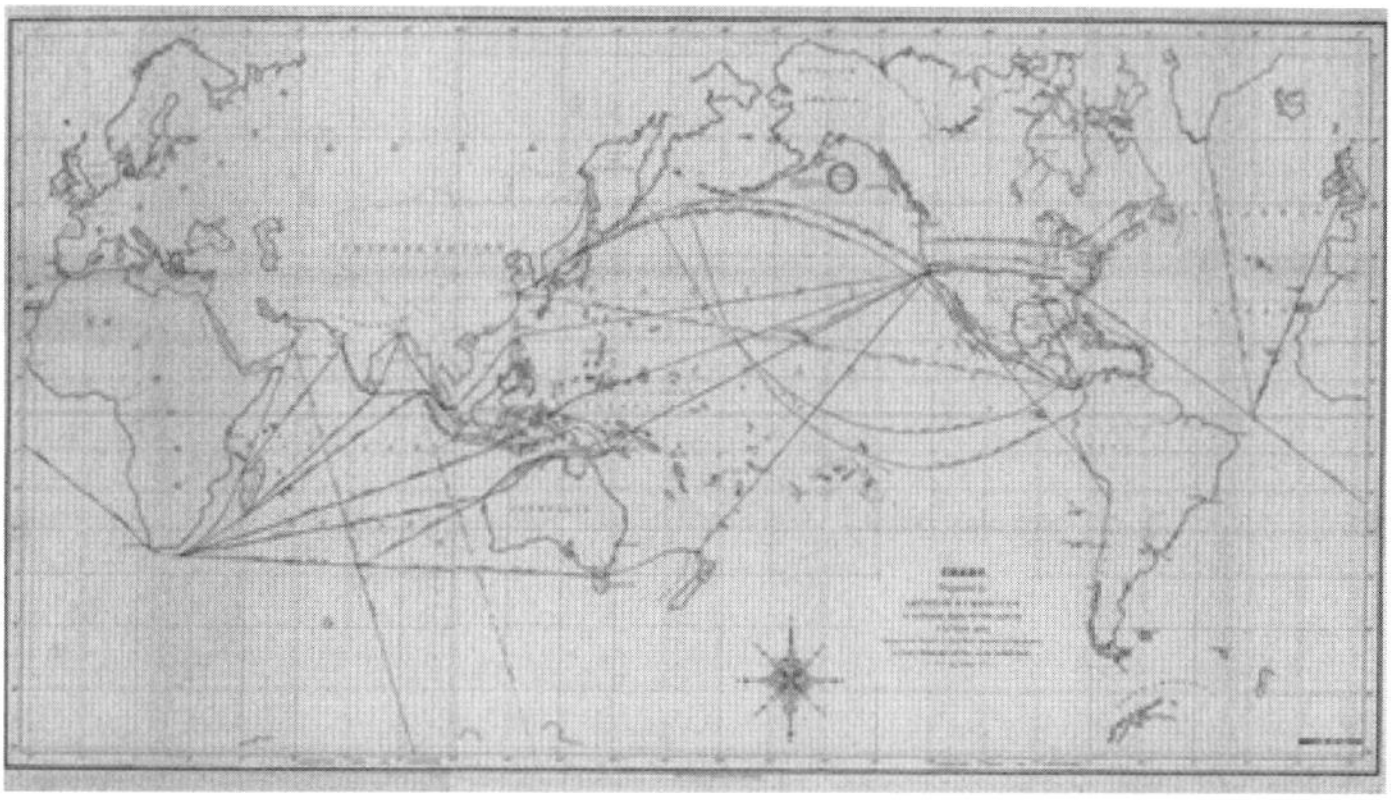

図１−７　アメリカ合衆国の蒸気船航路計画図（アメリカ議会文書より）

四〇年くらい後なんです。この四〇年の差が、今に至るまでの国家関係の歪みを生み出したのです。世の中は自信を持っていればいいというものではなくて、今の自分がいかにダメであるかを反省し、発憤するのが重要なのだということが、歴史ではっきり証明されているのです。

太平洋蒸気船航路の開設

ペリー来航については、その背景だけ説明します。アメリカ西海岸と東アジアを太平洋を横断して結ぶ航路を開くには、ハワイを通る地図上で一直線のコースより、地球儀で糸を張って出発点と到着点を結んでできる北回りの大圏コースが最短距離であることは、皆さんご存知ですね。この当時もそれはわかっていたのですけども、何しろこのコースはものすごい荒れ海で、危なくてしょうがない。後に咸臨丸《かんりんまる》が近くを航海したときにはひどい目に合うのです。そこで、太平洋の真ん中を通らざるを得ない。

そうすると当時の蒸気船では、これだけの距離を一気に行けるだけ石炭や水は積み込めない。間に補給所を設けて、蒸気船はそこに入ったら、あらかじめ帆船で運んでおいた食糧だの水だの石炭だのを積んで、翌日に出発する、そういうことを考えました。アメリカ西海岸から行きますと、ハワイ、ミッドウェイ、それから小笠原、那覇を通るのです。そのときに那覇や日本の小笠原が開港していればいい。しかし、日本では石炭が採れる。蒸気船にはこの方が都合がいい。日本は人口が多い国だから、何か物を買い込むにも売り込むにもいいだろう、というのは二番目の理由でした。ということで、ペリーが日本に来たのは、日本自体が目的ではなかったのです。中国市場とアメリカを連結するために来たのでした。

ただその背後にはもっと大きな展望がありました。ダニエル・ウェブスターという、アメリカの国務長官を務めた人は、その演説のなかで、太平洋航路は「諸大洋を結ぶ蒸気船航路の最後の鎖」だ、と断言しています。ヨーロッパとアメリカを結ぶ大西洋航路、ヨーロッパと東アジアを結ぶインド航路に加えて、アメリカと東アジアを結ぶ太平洋航路が開かれれば、世界全体が一つの蒸気船航路で結ばれる――これがアメリカの首脳が考えたビジョンでした（図1-7）。

そこでご存知のようにペリーが来た後、安政元年（一八五四）に和親条約が結ばれて日本は港を開く。四年後の修好通商条約では国交を結ぶことも、貿易をすることも決められました。ここまででしたらアメリカの計画どおりことが運んだことになるのですけれど、予想を超えたことが起きてしまった。日本で大規模な政変が起きて、あれよあれよという間に革命が起きてしまった。そしてこれが一九世紀後半の歴史を決めてしまうのです。

6　明治維新による日本の激変

三八年間でどう変わったのか

今度は維新自体の話に入ります。明治維新で日本の政治体制と社会が大きく変わった。それを調べる方法は簡単で、変化が起きる前の年、例えばペリー来航の嘉永六年（一八五三）の日本と、変化が起きた後、明治二三年（一八九〇）に憲法にもとづいて国会が開かれますが、そのときの日本とを比べてみます。この間、三八年が経っています。明治維新というのは今から一五〇年前の一年間に起きたのではなくて、これくらい長い時間がかかっています。大きな革命というのはそういうものです。フランス革命に至っては、始まってからいちおう次の体制が安定するまで、反動と改革がくり返されたため、八・九〇年という長い長い時間がかかっています。それに対して日本は、一回の変革で済みましたが、それでも約四〇年はかかったのです。

図1-8の上の図は国家の姿、下の図が社会の姿を表現したものです。最近になって私は、江戸時代の日本は「双頭・連邦国家」、頭が二つあり、同時にたくさんの国々が連合してできた国家と見るのが良いと提唱しました。西の京都に「禁裏《きんり》」という組織があって、東の江戸に「公儀《こうぎ》」という組織があった。江戸時代二〇〇年の間、多くの人びとは江戸にある政府を「公儀」、京都にあるものを「禁裏」あるいは「禁中《きんちゆう》」と呼んでいました。私もできるだけ、江戸時代と同じ言葉を使おうと思います。

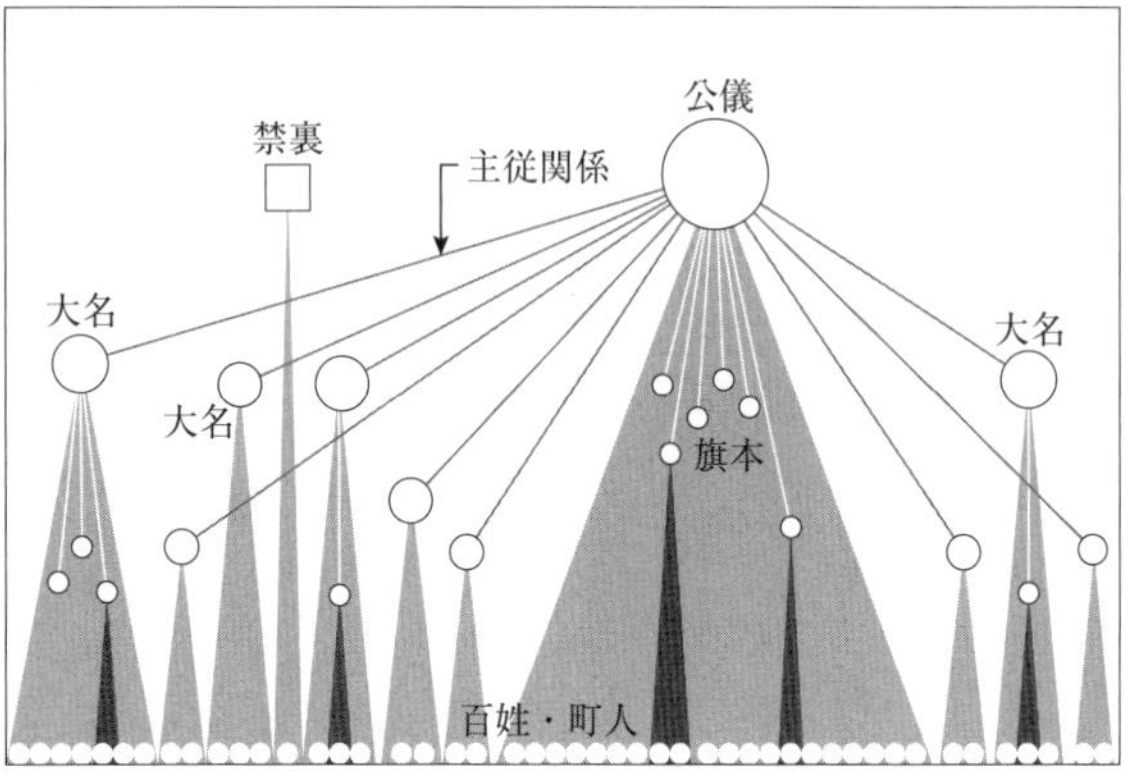

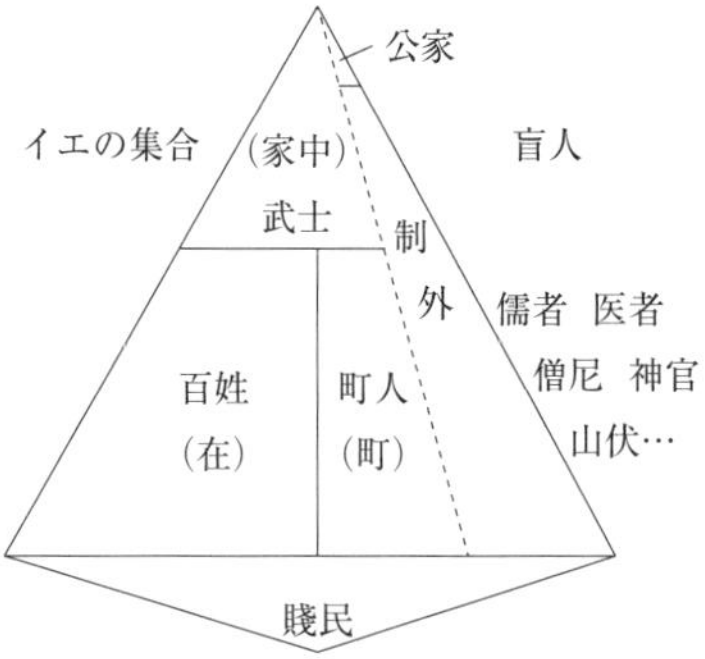

図1−8　双頭・連邦国家と身分制（上図＝国家の姿、下図＝社会の姿）

幕末の時代、大名はいくつくらいあったと、皆さんはお考えでしょうか。だいたい二六〇とちょっと、大変な数です。毛利家のような大きな大名になると、だいたい三〇足らずです。現代世界にも連邦国家はけっこうあって、アメリカ合衆国は五〇州ですね。それからドイツもイギリスも連邦国家です。江戸時代の日本は二六〇くらいの大名がいて、それぞれ当時の呼名でいう「国家」を持っていた。大名国家の境にはところどころ関所があって、今のパスポートに当たる身分証明書を持たないと通り抜けられなかった。こうした複雑な国だったのが、維新によって、何と単一の国家に変わったのです。

江戸時代にはまた、禁裏と公儀という二人の君主がいました。人類史のなかで似たような国家は他にあったでしょうか。私の知る限りでは、一八世紀後半のベトナムに、ハノイとフエの二カ所に都があった時代がありました。これらは争っていて、結局はハノイに統合されてしまうので、日本でいうと鎌倉時代の後半みたいな感じだったのです。これに対して、江戸時代の日本ではずっと二人の君主がいた。ときどき摩擦は起きますけれど、きつい争いはない。世界の人びとは、君主というのは一人だけいるものだと思っていますけれど、江戸時代の日本人は二人君主がいても別にどうってことないと思っていた。江戸時代の日本は、今とはずいぶん違う国だったと思わねばなりません。

近世「双頭・連邦国家」の身分構造

次に図1-8の下図も見てください。これは一つ一つの大名国家の中身を示しています。武士の世界の下に百姓と町人からなる平民の世界がある。昔と違って今の学界では、百姓と町人はほとんど対等な立場にあったと見ています。士農工商の商が一番下というのは幕末に語られ始め、明治に定着した偏見にすぎません。法律的な扱いは百姓も町人もほぼ同じでした。どこが違うかというと、「在《ざい》」と呼ばれる農村に住んでいるのが百姓、「町」と規定されたところに住んでいるのを町人と呼んでいただけの話です。この間の移動は全く不可能というわけではない。全然移動できないのは「賤民」、「えた」とか「ひにん」と呼ばれた被差別民で、彼らと平民の間には越えることができない壁がありました。

もう一つ、留保を置きます。江戸時代は身分が固定されていたと考えられがちですが、「制外」つまり制度の外にあって流動的な身分の人びとがいました。その典型が僧侶です。古代からそうでした。生まれは関係ない。神官や山伏《やまぶし》もそうですが、江戸時代になると世俗的な知識人が幅を利かすようになって、儒者だの医者だのという人たちが、ここに加わってきます。儒者・医者は能力次第、腕次第で、庶民だってなれる。彼らのうちには、ごくわずかですけど大名家に出入りするようになって、気に入られると家臣の一部に加えてもらう人もあった。

月性さんはお寺に生まれた人でしたね。私の印象だと、彼は僧侶のままでいることを一生涯嫌っていた人なのでは、と思います。侍も百姓も町人もちょんまげを結っている。制外の人は頭を丸めていたり、髪を伸ばして後ろに下げていたり、一目でこの人は普通の人じゃないとわかるのです。月性さんはそれを拒もうとした。久坂玄端は藩医の家に生まれましたが、それが面白くない。ふつうの侍になりたい、政治をやる侍になりたいというのが、彼の強烈な行動の裏にあったと思います。

王政復古・五箇条誓文・政体

明治維新で何が変わったか。慶応三年（一八六七）一二月に王政復古《おうせいふっこ》の布告が出された。そのなかで、「縉紳《しんしん》」つまり公家と、「武弁《ぶべん》」つまり大名や侍とを区別しない。「堂上《とうしょう》」という身分の高い人と、「地下《じげ》」と言われる庶民に当たる人との差別もやめる。生まれとは関係なく、至当の「公議」を尽くす、公正な議論でこれからの政府を運営していくということが、宣言されています。

この布告の三カ月後に発っせられたのが「五箇条誓文」であり、五カ月後に制定されたのが「政体」

でした（図1-9）。「政体」には最初に「五箇条誓文」が引用されています――「広く会議を興し、万機《ばんき》公論《こうろん》に決すべし」と。新政府は「公論」や「公議」ということを出発の最初に宣言したのです。さらに「政体」の中身をよく見ますと、これは今までめったに指摘されなかったのですけども、第三条に、「藩士・庶人」、つまりふつうの侍であろうと庶民であろうと「徴士《ちようし》」という制度を設けて、新政府の九つある官僚の位のうち、トップを除く二等官まではなれるようにする、としています。

明治政府はこうした脱身分化を社会全体に拡げようとしたのですが、例外もありました。皇族ともとの大名ともとの公家、合わせて四〇〇あまりの家に生まれた人びとです。「華族」という特別な身分とされました。もう一つの例外は女性です。人材登用の対象にはされませんでした。しかし男性だけの話で言うと、武士身分は解体され、日本に生まれ育った人のほとんどは全部同じ扱いになりました。「えた」「ひにん」と呼ばれた人たちも、平民に統合され、法的には同じ扱いとされました。

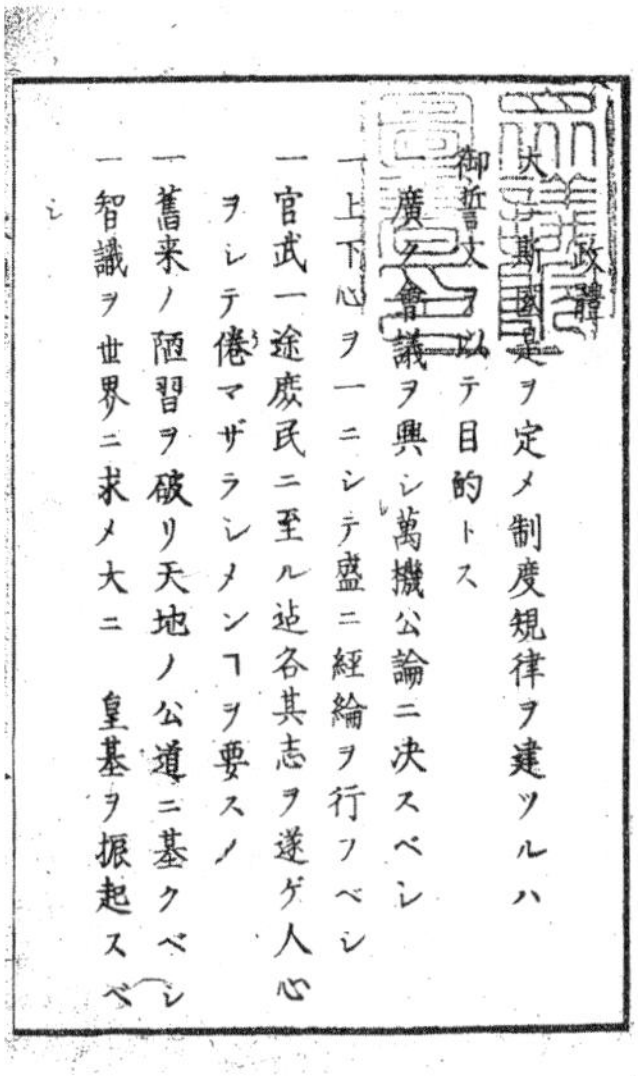
政體
大ニ斯國是ヲ定メ制度規律ヲ建ツルハ
御誓文ヲ以テ目的トス
一廣ク會議ヲ興シ萬機公論ニ決スベシ
一上下心ヲ一ニシテ盛ニ經綸ヲ行フベシ
一官武一途庶民ニ至ル迄各其志ヲ遂ゲ人心ヲシテ倦マザラシメンヿヲ要ス
一舊来ノ陋習ヲ破リ天地ノ公道ニ基クベシ
一智識ヲ世界ニ求メ大ニ皇基ヲ振起スベシ

図1－9　「政体」（国立国会図書館所蔵）

巨大な革命が「国民」を作った

明治維新で行なわれた一番重要な改革で、めったにできない難しい変革は、家禄《かろく》の処分です。生まれながらに侍の家がもらっていた俸禄《ほうろく》を奪った。家禄を国債に替え、最後は国がそれも回収してしまった。明治維新最大の変化は実はここにあります。この点については、落合弘樹さんの仕事をのぞき、今まであまり研究がなかったので、私は大いに不満なのですけれど、これはすごい革命だったと言わねばなりません。

それから、責任の主体が個人になった。以前は家や村が主体だった。例えばある家の主人が病気で死んでしまい、年貢を納められなくなった場合、江戸時代には村が肩代わりするのが当たり前だった。ところが、明治になってからは個人が土地を所有し、土地を所有している人が税金を払うことになった。そうすると当座は借金でしのぐことになりますが、結局借金が返せなくなって土地を手放す人がずいぶん出てきます。個人責任の世界に変わったんです。

それから刑法も改正されて、かつては例えば殿様が家臣を手打ちにしても、罪は問われなかった。ところがこれからは問われます。たとえ皇族であろうと華族であろうと、罪に応じて個人が平等な刑罰を受けねばならなくなる。すべてが個人化するんですね。居住・職業選択・結婚・旅行など、すべて個人の自由になった。明治の初めの五、六年間は信じられないほどのスピードで、こうした個人化・規制撤廃が行なわれました。

なぜ短期間にこういう改革を行なったのか。日本のなかに「国民」を作って日本を「国民国家」にする。「国民」とは何か。それはそこに住んでいる住民が対等な権利を持っていて、さらにその国の主体である、主人公であると意識している。そういう「国民」を作って、その力を結集しない限り西洋には対抗できない。ほおっておけば必ず西洋に侵略され、支配されてしまう。そういう恐怖から、ものすごくラディカルな社会的権利の再配分をやったということなのです。そう意味で、明治維新というのは世界の近代史が経験した、最も巨大な革命の一つだったのです。

犠牲者はたった三万人

ただし、この間の政治的犠牲者を勘定してみますと、トータルで約三万人です。戊辰《ぼしん》内乱と西南内乱という二つの戦争を合わせて、さらにそれ以外の犠牲者をある程度勘定してみても、三万人をちょっと超えるくらいかなという感じです。どんな数え方をしても、五万人を超えることはないでしょう。これが多いのか少ないのかという問題ですが、今の日本で政治的大事件が起きて三万人死んだら、誰もが「大変だ」と言うと思いますが、一九世紀の常識ではそうではない。

フランス革命の場合、約二〇〇万人が殺されています。フランスは日本より小さい国で、大革命当時の人口は日本の八〇パーセントぐらいでした。その国で日本より二桁多い死者が出た。その内訳ですけれども、国内で最低六〇万人は殺された。それから外国との戦争で一四〇万人くらい亡くなった。これは相手側の死者は勘定していません。それくらいの犠牲者が出ました。

これに対して明治維新では、たった三万人。フランスは対外戦争をやったと申しましたが、幕末維新の非常に面白いところは、月性さんみたいに攘夷《じょうい》だ、攘夷だと口にしながら、攘夷戦争をほとんどしなかった。関門海峡で二回ほど戦い、鹿児島で一回やりましたが、戦ってもすぐやめる。後は日露戦争まで長い期間、西洋とは全然戦争しません。明治維新というのは、言っていることとやっていることが違うのです。おかげでこれだけ少ない犠牲者で済んだ。

何でそういうことが可能だったのか。これが説明しにくくて大変です。しかし、私は苦心の末、自分なりに理屈を考え出しました。それをこれから説明します。

7　「間接経路」を通じての革命

誰も反対できないスローガン

まず西洋の脅威があって、日本を防衛しなくてはならない。海岸の防衛、つづめて海防ですね。これには一人も反対者がいません。次に、日本を守るためには政治の制度を少しだけ変える必要がある。それが安政五年（一八五八）ぐらいから叫ばれる「言路《げんろ》洞開《どうかい》・人材登用」です。「いいアイデアがあるから、それを提案させてください」、あるいは「私は有能だから登用してほしい」。「私は有能だから」ってことは表向きでは口に出せないけれど、事実上はそれと同じことを多くの人が考えた。

そこで出てきたスローガンが二つある。「公議をちゃんとやれ」、「尊王《そんのう》・攘夷をやれ」。「尊王・攘夷」は額面どおり受け取ってはいけない。ひょっとしたら野心の隠れ蓑だったかもしれない。一番言いたいのは、「自分を使ってくれ」。だけれど江戸時代の人たちは、君主とか上司に対して、「あなたのやっていることは間違っている」とか、「私は有能だ」とは絶対に言えないように教育されていた。そこで代わりに言ったのが、「尊王！　尊王！」とか「攘夷！　攘夷！」という言葉だったのです。尊王に反対する人は、徳川の一部を除き、ほとんどいない。攘夷に反対する人もいない。西洋のことが良くわかっている知識人は、「今やったら負けるからやらない方がいい」と言いましたが、それは少数派です。

こうして誰しも納得できる理屈で、ああだこうだって言っているうちに王政復古が実現した。対外戦争より王政復古に関心が移る。王政復古してできた日本の体制を、私は「王政・公議」体制と名づけました。「王政」つまり天皇の下で「公議」を行ない、政府を運営する政治体制だと考えています。それが実現する。「五箇条誓文」で「万機公論」が宣言され、「政体」では、先ほど申しましたように、二等官までは生まれを問わず採用すると宣言し、実行した。

意図的に行なわれた「間接戦略」

王政復古を行なったとき、実は薩摩や長州のトップは、次は廃藩置県《はいはんちけん》だと考えていました。しかし直接に廃藩置県をやると言ったら同意してもらえないし、下手をすると命を狙われかねない。そこで間に版籍奉還《はんせきほうかん》というワンクッションを置いたらうまくいった。誰も反対しないでできてしまった。ここははっきり言って、意図的に国民をだましました。隠ぺいした。こういうのを「間接戦略」と言います。直進すると皆反対するが、脇道を通って行くと反対しない。いわゆる迂回作戦で、これは政治家がよく使う手です。それを「意図的にやった」と、当事者の木戸孝允《きどたかよし》が廃藩後に語っています。

このように、幕末維新では、西洋の脅威から直接に脱身分化や廃藩へと突き進んだのではありません。その間に公議だの尊王攘夷だの別の課題を説き立てる過程があって、無意識のうちに王政復古へと至るコースができ上がっていった。誰も反対できない、したがって抵抗も犠牲も少ない、こうした「間接経路」を通って大きな改革ができた、こう考えると犠牲の少なさが理解可能になるように思います。

復古による革命

それからもう一つ、明治維新では「復古」というスローガンが非常に重要でした。これは理想の過去にもどるということです。王政復古の布告にも、「諸事神武創業の始に原《もとづ》き」と書かれていました。だけれど、神武天皇の時代にどんな制度があったか誰も知らない。誰も知らないので勝手なことができる。天皇がトップにいれば、はっきり言って西洋化をやっても文句が言えない。そういう図太いことをやった。しかし復古による改革というのは、実はこの王政復古の前にもあったのです。

文久二年（一八六二）に、将軍の徳川家茂《とくがわいえもち》が幕府の軍制を洋式に変えるため、大胆な行財政改革に手を付けました。そのときにこう言っています。「外国交際の上はとくに兵備を充実しなければならない。そのためには簡易の制度、質直《しっちょく》の士風に復古しよう」。また、それよりずっと前、天保九年（一八三八）に昌平黌《しょうへいこう》教授の古賀侗庵《こがとうあん》という人は、『海防臆測《かいぼうおくそく》』という論策のなかで水軍（海軍）を作ろうと提起し、そのためには寛永の時代にもどろうと主張した。つまり外国と貿易していた江戸初期にもどって、日本船をインド・タイ・ベトナムなどに派遣して貿易をやろう、と書いています。これは利益が目的ではなくて、航海によって日本人を心身ともに鍛える、そうしないと日本はもたない、と言っているのです。江戸時代の初めにもどるのを名分として大改革を始める。これが古賀侗庵のアイデアでした。

革命というものは、まず未来の設計図や青写真を書いてそれを実現する、未来志向のものと考えがちですが、実はこれは一八世紀のヨーロッパの「啓蒙思想」以前にはありません。進歩を信じる、未来を信じるという怪しげな思想なのです。皆さん、本当に未来を信じられますか？　今より良い世の中に必ずなると信じられますか？　人類が一万年後に存在していると断言できますか。過去であれば記憶が残っているから、「あの時代は今よりましだった」と言えると思いますが、未来は直接には信じられないはずです。過去のましな時代を考えて、あるいは過去を意図的に理想化して、「そこにもどろう」と言うと、人びとは「それならしょうがない、やるか」と、こうなる。ですから復古による革命の方が、進歩より普遍性のある思想なのです。

8　現代につながる「公議」「公論」

安政五年の大爆発

幕末から明治にかけての非常に重要な課題で、現在までつながっていることに「公議」「公論」、つまり「公に議し、公に論ずる」という言葉があります。現在の自由民主制の出発点がここにあります。このスローガンは、今までの歴史であまりきちんと書かれてこなかったのですけれど、実は幕末の動乱が始まった安政五年（一八五八）に出現して、その後、非常に有力な主張になりました。ペリー来航以後五年の間、日本の政治体制は安定していたのですが、安政五年になって大爆発が起きます。それは日米修好通商条約を天皇が「認めない」と言ったことと、将軍の跡継ぎを決めようというときに二派が出てきて、その間に激烈な争いが起こり、京都でこの二つが複合した結果、大政変が起きます。当時、越前だの、薩摩だの、土佐だの、宇和島だの、水戸だのは、一橋慶喜《ひとつばしよしのぶ》を将軍の後継に推そうとし、これを「天下の公論」と称して正当化しました。付け加えると、この時点で長州の姿はありません。たまたま偶然に、吉田松陰《よしだしょういん》が別の理由で捕まえられて殺されたので、長州もたまたま政争の仲間に加わるわけですけれども、出発点では長州はおりません。

先覚としての橋本左内・岩倉具視

そのとき中心にいたのは越前福井の人びとでした。藩主は松平慶永《まつだいらよしなが》（号春嶽）、その腹心に橋本左内《はしもとさない》という蘭学者がいました。一橋慶喜というとても有能な人を将軍の跡継ぎに迎えて、その下で水戸とか、越前といった親藩大名と、それから薩摩・肥前の外様大名とが手を組んで、日本の政権を運営していこうという構想で、その実現のためまず一橋を擁立しようと、橋本左内と西郷隆盛《さいごうたかもり》が提携して江戸城の大奥に工作しました。西郷は後に、どんな政治家を尊敬しているか問われたとき、先輩では水戸の藤田東湖《ふじたとうこ》、同輩では越前の橋本左内と答えています。それはそうでしょう。橋本左内はこの時代に日本の将来を真面目に考え、こう変えればいいという具体的な構想をくっきりと考えていた唯一の人です。例えば、生まれた身分は関係なく、大名の家臣でも庶民でも、幕府に集めて仕事させようというアイデアを、安政四年（一八五七）の手紙のなかに書いています。それが一〇年後に「政体」となって実現するのです。

だから彼の名前が今の維新史で語られないのは、私には全然理解できません。

もう一人の重要人物は、岩倉具視《いわくらともみ》です。彼は万延元年（一八六〇）、天皇の妹を将軍に嫁がせるということを孝明天皇《こうめいてんのう》に進言します。いわゆる公武合体《こうぶがったい》ですね。ここまでは普通の人でも考えられるでしょうが、そこから先がすごいのが岩倉で、このときすでに「王政復古をやるんだ」と言っているのです。ただすぐ取りかかるわけにはいかないから、まずは「與議公論」にもとづいて、つまり日本中から朝廷に同情を集めて、その意見をくみながら進めていく、と述べているのです。岩倉という人は日本ではほんとに人気がないのですけど、こんなに頭のいい、見通しの立つ人が世の中にいるのかと思います。どうして人気がないのか、私には全然理解できない。

国是となった「公議」「公論」

結局その後一〇年ほど経って、「国是」、国の基本方針として定められたのが「五箇条誓文」です。「広く会議を興し、万機公論に決すべし」――「公議」「公論」ということが、その第一条で宣言され、その後どんどん引用、再引用される。政治的伝統というのは引用によって形成されるのです。

その一番有名な例が、明治七年（一八七四）の「民撰議院設立建白」で、天下の公議を張るためには、民間から選挙された議員に法律や予算を作らせなければいけないと主張する。公議・公論という言葉は、その後、自由民権運動のなかでも使われ、最後には、明治二二年（一八八九）に公布された「大日本帝国憲法」の制度として定着します。国民から選ばれた代表が衆議院に集まって、法律・予算の決定に携わるようになりました。それに先立って明治二〇年、誰でも受験できる「文官の試験任用」も行なわれるようになり、これら二つが相まって日本の政治制度の基盤が固まって、現在に至るまで、その点は変わっていないのです。

たぶん今の日本人は、「政府も国家も自分のもの」と思っていると思いますが、そういうことが可能になったのは、こうした過程を経てのことでした。

9　加速するグローバル化のなかで

世界の交通路・通信網への参入

嘉永六年（一八五三）のペリー来航の目的の一つは、太平洋航路の開設だと前に申しましたが、それが実現したのはようやく慶応二年（一八六六）、王政復古の前年でした。明治四年（一八七一）一二月、岩倉具視一行はこの航路を使って欧米視察へと出発したのです。その世界周航コースを北極から見ると図1-10のようになります。

同じ時期に、ユーラシア大陸を横断して、欧亜をつなぐ電信線が二本、一本は北の方からヴラジヴォストークまで、もう一本は南の方から香港《ホンコン》まで来ていて、この二つを長崎でつなぐということになって、明治五年、日本は他国の電信会社の都合で世界の通信網に加入することになりました。日本からヨーロッパへは郵便だと一カ月ぐらいかかるのですが、電信ですと一日のうちに届く。政府は岩倉らの留守中に

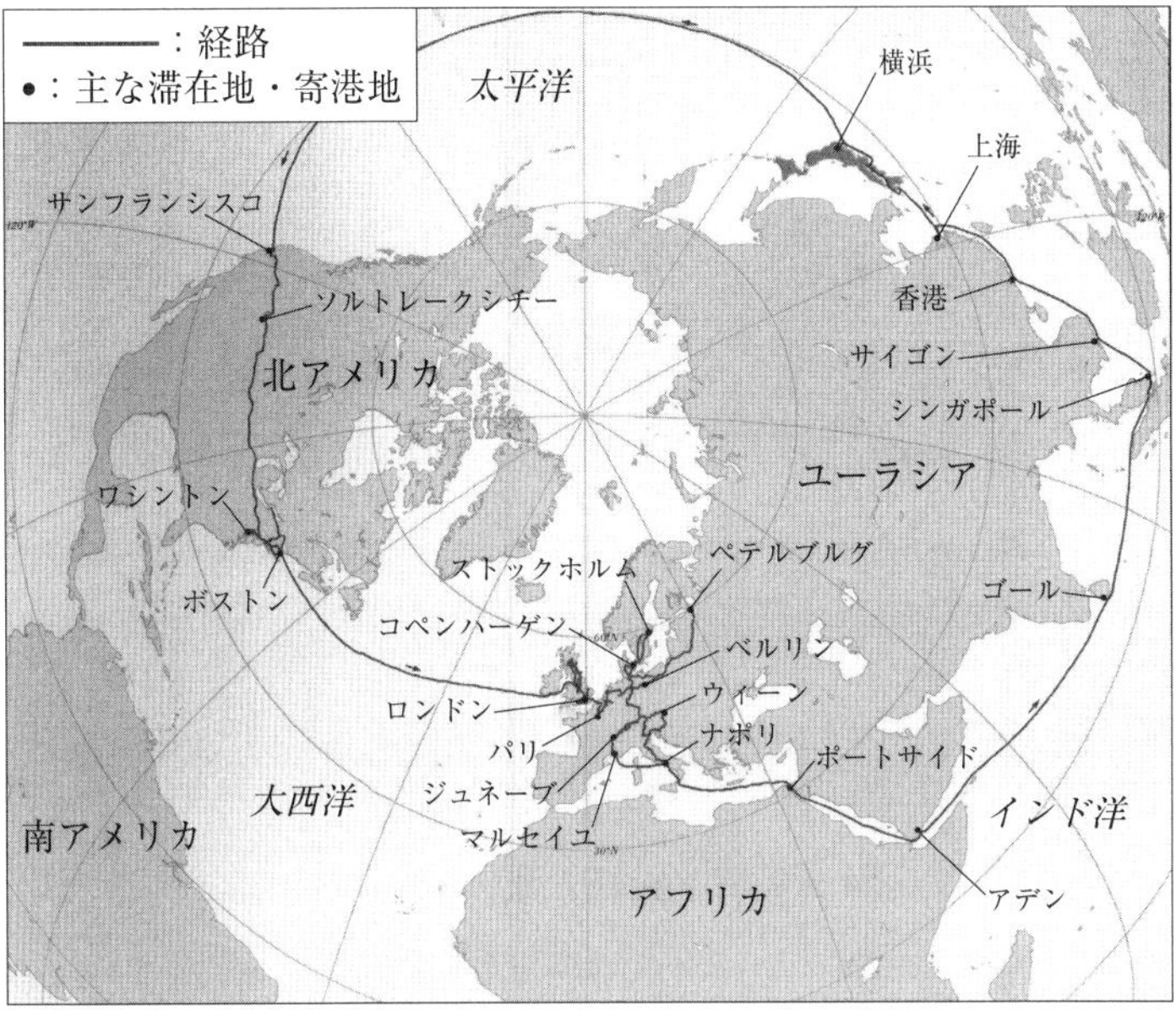

図１−10　北極から見た岩倉遣外使節の世界周航コース

生じた内紛のため岩倉使節団に帰国を督促しましたが、その第一報には、この電信線が使われました。明治六年のことです。日本は新しい政府ができた直後に、世界的な交通路と通信が使えるという状態になって、それを大いに活用したわけです。

日本が変わったことによって、東アジアが激変しました。周辺の国々とずいぶん摩擦を起こしました。よく日本が最初から中国や朝鮮を侵略しようと思っていたのだろうという人がいますが、日本政府のトップは、決して自分から戦争をしかけようとはしませんでした。それでも日本が従来の外交とやり方を変えたため、ずいぶん摩擦は起きました。

清朝・朝鮮との摩擦

清朝とは、明治四年（一八七一）に日清修好通商条約を結んで国交を開きました。三〇〇年ぶりのことです。朝鮮に対しては、新しい政府ができたのでもう一度交友を新たにしよう、国交をもう一度結び直そうと申し込んだのですが、これが上手くいかない。七年間も紛争が続いて、危うく戦争になりかねなかったのですが、何とかそれを回避しました。

それまで東アジアにあったルールでは、天皇の「皇」という字が使えるのは中国の皇帝ただ一人だったのですが、日本はそれを守らなかった。日本人にとって「皇」という字を使うのは当たり前のことで、英語訳でも「エンペラー」が使われています。ところが朝鮮側は、けしからん、この字は中国の皇帝一人だけが使えるものだから、もし日本が天皇に使ったら、中国と日本が対等になって、中国の臣下である朝鮮は日本の下位に位置づけられてしまう。朝鮮と日本は今まで対等に付き合ってきたのに、何で引きずり下ろすんだ、と。これまで国際関係を律してきたルールを日本側が一方的に変更したのはけしからん、というわけです。

日本としては、この変更は西洋型の国際法にもとづいて、「朝鮮も日本も対等に国交を開きましょう」ということだったのですが、大変ないざこざになりました。これを機に日本側では征韓論の熱が上がって、戦争寸前まで行くわけですが、ヨーロッパから帰ってきた木戸孝允だの、大久保利通《おおくぼとしみち》だのが必死に止めて、何とか戦争しないで済ませました。明治九年に日朝修好条規（江華条約）が結ばれ、翌年、征韓論者の西郷が西南戦争で敗北した結果、その後しばらくは朝鮮と事を構えないで済ませられたのです。

中国との間では、琉球をめぐって紛争が起きました。明治一二年、琉球を日本が併合したからです。江戸時代を通じて琉球は形の上では両属、形式上は清王朝の臣下ですけれども、実質は薩摩が藩吏《はんり》を送って支配している。しかも建前上は琉球王国として独立国、という複雑な立場だったのですが、これまた日本は西洋の国際法に従って日本の国境のなかに取り込み、沖縄県にしました。これが中国側の神経を逆なでして大紛争になったのですけれども、両方の国とも戦争のできる状態ではなかった。

「東アジア」の誕生

中国は内陸側で大国ロシアと国境を接し、当時厳しい緊張関係にあったので、日本とは争いを拡大しないという方針を取らざるを得なかった。日本側は西南戦争の直後で、政府は極度に疲弊し戦争はもうこりごりだった。両方とも戦争したくなかった。それで口喧嘩で済みました。しかし口喧嘩で終わらせる理由を何とかひねり出さなくてはならない。そこで考え出したのが、われわれの共通の敵は白人国家のロシア、われわれ同文同種の人間は団結して奴らと対決しようという、後にアジア主義と言われる主張でした。共通の敵を作ることで対立を緩和するという、意図的な操作が行なわれたのです。

しかし実はこの苦肉の策を通じて、世界システムの下に東アジアというサブシステムがあるという、想像力が生まれることになりました。

それまでの国際秩序の想像力は、二国間関係だけです。二国間関係が束になったものが国際秩序だと考えられていたのですが、この時から、面としての東アジアを考えることが始まります。日本の明治維新が、東アジアという想像力を生み出したことになります。その後、明治二七年に日清戦争が起き、それをきっかけに日本が植民帝国に激変するのですが、これは明治維新の範囲を超えた話です。

明治維新がもたらしたもの

明治維新で何が起こったのか。それは双頭・連邦の非常に複雑な国家が単一構造に変わった。それをきっかけにして社会が脱身分化した。意外な説明と思われるかもしれませんが、文官が試験で任用されるようになって、日本はやっと中国・朝鮮並みの国になったのです。

ところが日本はそれを超えて、突進していきました。国の形を中国モデルから西洋モデルに切り替えて、国民に平等な権利を与え、公教育を行ないます。新聞・雑誌というメディアも発達し、日本のお金持ちたちは、それを購読して勉強し始めました。それを基礎として、憲法により国民の政治参加が制度化される。こうしたことは、お隣の国には起きなかったのです。遅れていた者が、追い越した。大きな政治変革を経験したことによって、あっという間に歴史の逆転が起こったのです。

明治維新後の日本というものは、二〇世紀に入ると良いことばかりがあったわけでなく、戦争があって町が全部破壊されたという悲惨なことが起きたとしても、日本人にとってはトータルで言うと肯定的な歴史だったというのが、たぶん常識だろうと思います。それに対して、中国であれ、韓国であれ、北朝鮮であれ、お隣の国の人たちは全然そうではない。近代というのは侵略を受け、民族が滅びようとしたみじめな時代だった、いまやっと自らまともな歴史が作れるようになった、その感覚が常識だと思います。近代の歴史のイメージは、日本と隣国との間に大きな差があります。

この「差異」はどうして生まれたのか。「日本人は生まれながらに非常に優秀なんだ」というのは、間違った説明です。それでは今の韓国・中国の発展は説明できない。ただ一つ、早く問題に気が付いて改革した方が先に進んだ、という話なのではないでしょうか。今の私たちも、もし時代の状況を正視しなかったら、どんな未来が待ち受けているか、わかりません。一九世紀後年の東アジアの歴史は、そう問いかけているように思います。

第2章

積極開国論か、攘夷論か

相異なる世界観のはざまで揺れ動いた幕末の徳川政権

奈良勝司

1　世界観としての攘夷論・開国論

〝幕府側〟を研究する

私はもともと幕末の、いわゆる幕府側の研究をずっとやってきました。そのなかでもとりわけ最強硬派、これは改革派でもあるのですが、いわゆる尊王《そんのう》攘夷《じょうい》派や倒幕派と最も激しく対立をした勢力の研究をずっとやってきました。ですので、今回この連続講演会にお呼びいただいたときに、「なぜ私に声がかかったのだろう」と、最初は不思議に思いました。山口県に入った途端に打払いをされてしまうのではないかとか、半分本気で心配をしていたのですけど、ご趣旨をうかがっていると、今、明治維新というものを、月性《げっしょう》さんも含めて、幅広い視点から包括的に考えていきたいということでしたので、私も及ばずながらその観点から、自分の研究成果を紹介させていただきたいと考えています。

タイトルは「積極開国論か、攘夷論か」ですけれども、別の講演で、「攘夷論」のお話もあるということなので、やはり「積極開国論」の方を中心にしつつ、ただどうしても触れないわけにいかないので、「攘夷論」の方も併せて補足的に言及しながら、進めていきたいと思います。

とくに私としては、単なる対外政策論だけではなくて、もう少し深く、人が生きていくときに自分のことをどう考えるのか、世の中のことをどう捉えるのか、そういう次元の話と地続きにあるものとして、言わば世界観として、「開国論」や「攘夷論」が存在していたのだという考え方をして、その観点から話をしていきたいと思います。

政権内部からも批判を浴びた開国派

冒頭に史料を引用します。まず、文久二年（一八六二）の五月一四日に老中板倉勝静《いたくらかつきよ》に宛てて山田方谷《やまだほうこく》が書いた上書《じょうしょ》です。板倉勝静というのは――私は「幕府」という呼び方があまり好きではありませんので「徳川政権」と呼びますけれども――徳川政権の有力老中、山田方谷はそのブレーンを務めていた人で、儒者です。板倉の建白書の半分以上はこの山田方谷が書いているという、知恵袋のような存在でした。彼がこう言っています。

> 関東旧来より之御処置、皆其恐怖より事を被誤《あやまられ》候のミニ之有《これあり》、癸丑甲寅（二度にわたるペリー来航）之際ハ墨夷《(アメリカ)》を恐れ通信を諾《ゆる》せられ、丁巳戊午（ハリスとの条約交渉）之頃ハ英仏を恐れ条約を締《むす》はれ、（中略）今日と成てハ外夷との戦争を恐れ已ニ奉せられし勅命を背かれんとする事、一ツとして恐怖に不出《いでざる》ハ無之《これなし》
>
> 「板倉家書類　備中高梁　松山」（祭魚洞文庫所蔵）

これはどういうことか。徳川政権の身内が、徳川政権がこの一〇年間曲がりなりにも進めてきた開国政策というものを、全否定しているわけです。老中のブレーンからこのような激烈な身内への批判が飛んでいるわけです。

維新史研究の盲点

もう一つ、これは芝原拓自さんという、かつての代表的な明治維新史研究者の方が一般向けに書いた小学館の『日本の歴史二三　開国』（小学館、一九七五年）から引用します。

　幕府有志たちは、艦隊の湾内侵入に驚愕し、徹夜協議のすえ、当面はペリーに屈して後事をはかることに決した。

「艦隊」とはペリー艦隊のことです。つまり開国政策というのは、思想的な背景があったりとか、確信を持って自ら能動的・主体的に行なったものではなくて、恐怖に駆られ追い詰められて消極的に選ばれたものにすぎないのだという、そういう理解が、ここには典型的に現われていると思います。

このように、徳川政権の開国政策は、当時でも身内から批判されるし、研究史においてもおおむね評価されない。となると、「積極開国論」なるものはいったい何だったのか。この点が、実は明治維新史研究の大きな盲点になっていました。しかしながら、明治維新史の最大の出来事、最も大きな変化の一つは、それまでのいわゆる鎖国から開国になったことですから、ここはぜひ解き明かさなくてはならないというのが、私の現在の主たる問題関心の一つになっているわけです。

2 「武威」が統べる世界

凍結された戦国時代

このように問題を考えていく際には、そもそも近世社会とはどういうものであったのかということの根本から捉え返していかなくてはならない、ということになってきます。そこで非常に重要なキーワードになってくるのが「武威」です。「武威」の世界観というのは、一八世紀中に定着をしたもので、対外観であると同時に自己認識でもあったのです。

ご存知のとおり、近世日本というのは鎖国をしています。最近では「海禁《かいきん》」と言うようですが、松前・対馬・長崎・琉球という四カ所の窓口（「四つの口」）を管理して、対外関係を厳格に統制したのですけれども、アイヌ・朝鮮・オランダ・琉球などとの付き合いがあるわけです。しかし対外的にも対内的にも、「武威」というものが一貫して強く意識をされておりました。東アジアのなかで日本というのを見たときに、中世から近世にかけての一つの大きな特徴は、「武家政権」であるということです。中国や朝鮮では文人政権が長く続くのですが、日本は鎌倉以降、ずっと武家が権力・政治を担っているわけです。江戸時代というのは非常に奇妙な時代でして、歴史上稀に見る天下泰平、二世紀以上にわたる平和な時期が訪れるのですけれども、それを実現したのは武家政権であって、しかも平和になった後も武家政権であることを止めなかった。それが江戸時代の最大の特徴の一つです。

これはある意味では「戦国時代の凍結」です。戦国時代の体制とか状況をそのまま瞬間冷凍するように固めてしまう、そういう形で統治体制が敷かれていたことになります。人によっては「兵営国家」という表現を使う方もいます。あるいは、戒厳令がそのまま日常化した状態である、と言う人もいます。

神話化され、肥大化した「武威」

そうなるといったい何が起こるのか。現実には天下泰平が訪れて、二〇〇年以上戦乱が起きない、非常に平和な時代です。こんな平和な時期というのは、世界史的に見ても多くはありません。その一方でそれを実現したのは「武」であるといって、その観念は強固に残り続ける。全然戦争は起きない、生まれてから死ぬまで一回も戦争が起きないのだけれども、「武」というイメージはずっと正当化されたものとしてある社会。もっと言えば、「武」というものが神話化して、万能なものとして、イメージだけが肥大化していくわけです。

例えば「泰平武威勇士鏡《たいへいぶいゆうしかがみ》」という絵画があります。五人の歴史上有名な武者が描かれているものです。すごく勇ましくて、強くて、武士として優れた人々の働きによって今のこの泰平が保たれているのだという、物語的理解です。こういうものが刷られて、たくさん流布するわけです。日本はこの「武威」でもって周囲ににらみを利かしているから、国内の平和が保たれているのだという観念が非常に力を持つわけなんですね。

したがって、四つの窓口を通じて付き合いのある国を、決して対等の存在とは見ていません。日本の

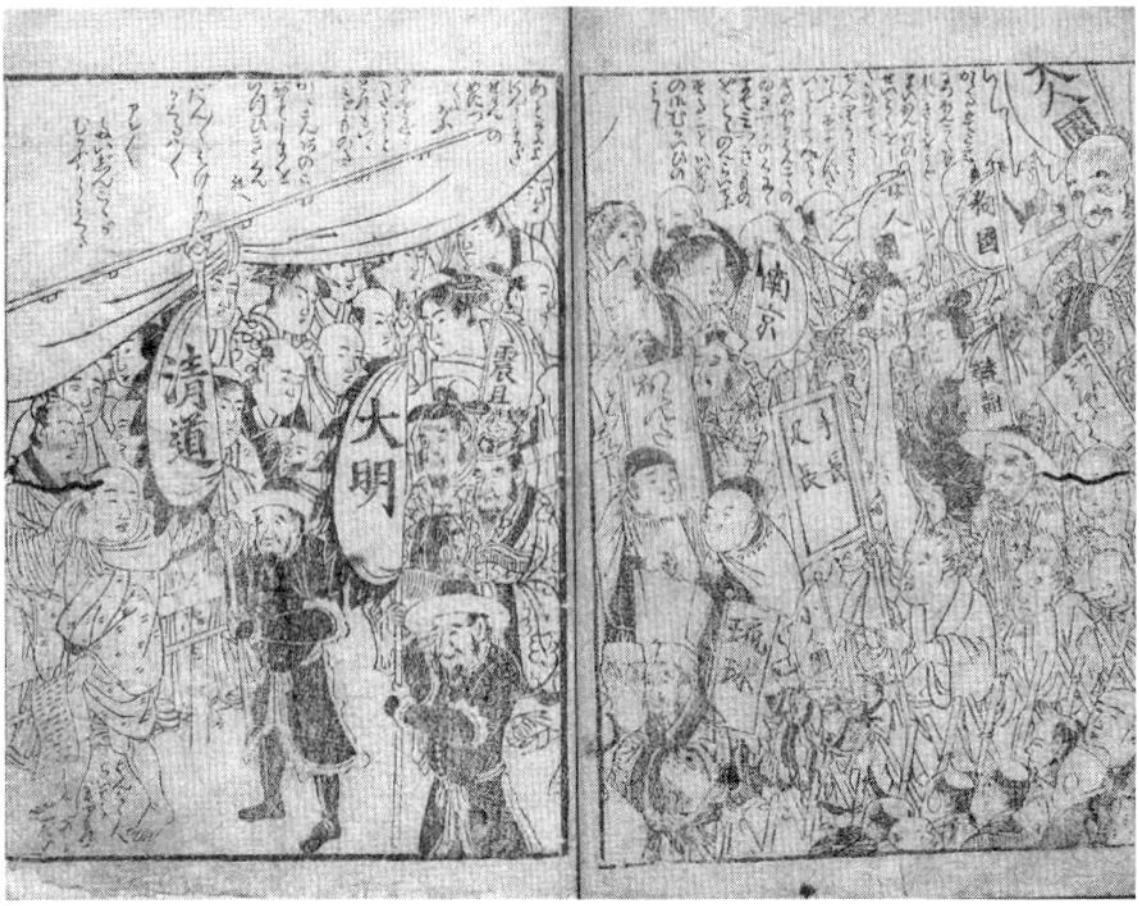

図2−1　『天下一面鏡梅鉢』（国立国会図書館所蔵）

「武威」に恐れをなして、臣下として従っている存在として見るわけです。

当時は朝鮮通信使というのが来ていました。琉球使節というのもありました。あとオランダ使節も江戸に来ていましたけれども、これらは解釈上、皆家来が江戸にやって来るものとして捉えられています。ですからオランダ使節などは、江戸城に行くと、珍しいから見せ物にされます。

たとえば謁見の際、御簾《みす》の裏には高貴な武士やその婦人方がいる。その前に立たされていろいろなことを要求されるわけです。まず歌を歌わされる、次に踊れと言われる。あるいはビールを飲め、酒を飲んで酔っ払って見せろ。他にも猿の真似をしろとか、男女でキスをしろとか、いろいろな要求が出される。オランダ側としては、もちろん国家としてそうした召使い的な位置づけを認めるわけではないけど、現場レベルでは従わざるを得ない。そういう状況というものがありました。

他にも『天下《てんか》一面《いちめん》鏡《かがみの》梅鉢《うめばち》』という、世界万国からいろいろな外国人が貢物を持って、大挙して日本にやって来るという絵を描いた本が一八世紀後半に売り出されて、ベストセラーになりました（図2－1）。荒唐無稽ですが、大衆的に流布をするということになります。

うさんくさい最強神話

このように、泰平の世の中にあっても世界最強であるというカッコ付きの事実が、支配の正当性を担保しているわけです。ただし、これは実は、なかなかうさんくさいものでもありまして、最強であると思っているから誰も逆らわない、誰も逆らわないから結果としてその人が一番強いということが維持されるわけです。本当に強いから続いているのか、そう思い込んで誰も逆らわないから続いているのか、それがよくわからなくなっている。ボクシングの世界チャンピオンが、チャンピオンで居続けられる一番いい方法って何でしょう？　試合をしないことです。チャンピオンの称号を持ったまま、どんな挑戦者が来ても理由を付けて試合を避けることです。戦ったら勝てるけれど私は戦いませんよ、これで最強でいられるのです。

もともと徳川家康が天下統一したときには、最強の軍事力で天下を治めていたのですけど、一七〇〇年時点でもそうなのか、一八〇〇年時点でもそうなのか、誰もわからない。わからないのだけれども、最強であるという物語はずっと続いていくという、そういう構造です。ですから潜在的には危ういものであった。その危うさが具体的に表われて出てくるのが、一八世紀末から一九世紀初頭にかけての、ロシア問題と呼ばれるものです。

作られた「鎖国祖法観」

寛政四年（一七九二）にラクスマンが、文化元年（一八〇四）にはレザノフが来航する。いずれもロシア使節で通商を求めてくるのです。これに対して公儀権力は次のような「諭書《さとししょ》」を返します。

兼て通信なき異国の国、日本の地に来る時は、或《あるい》は召捕、又は海上にて打払うこと、いにしへより（の）国法にして、今も其掟《そのおきて》にたがうことなし

これは研究史では、一般に「鎖国祖法観の形成」と呼ばれるものです。日本は昔から鎖国をしていて、それが国の決まりである、国法なんだからあなたたちとだけ付き合うわけにはいきませんよ、というわけです。ところが、実際にはそれ以前にそういう法律があったわけではないので、このときに作ったわけです。このようにして、ロシアという新たな隣人を牽制し遠ざけようとした。正確には、オランダのように臣下として振る舞ってくれるのだったらそれでもいい。それがいやだったら追い返す。そういう方向性です。

ロシアという新たな存在がやって来たのだけれども、ここでは「武威」にもとづく自己完結的な世界というものを、自覚的にこれからも維持していこうという、そういう政策を取っていくわけです。ところが、ロシアという国は軍事大国ですし、彼らなりのプライドもある。とくにレザノフは失礼な扱いを受けたので、非常に怒って樺太《からふと》などの襲撃を部下に命じて国境紛争が生じたりします。

ロシア自体はこの後、ナポレオン戦争が起こって、シベリアどころではなくなって引き上げますが、問題はこれで終わらなくて、ロシアが去った後も西洋船がちょくちょく日本にやって来るという状況が

構造化してしまいます。だいたい一九世紀に入った頃からペリー来航の時期まで、ものすごくたくさん来ています。一年に数隻は来ています。だから、ペリーって突然来たわけではないのです。ペリーが来るまでに、外国船は一〇〇回以上現れているのです。それを全部追い払っているから事件にならなかっただけで、ペリーは線密な準備をして、こちらの言うことを聞かなかったから一大事件になっただけです。

危機に瀕した「武威」神話をどう護るか

そのような事態になると、先ほどの神話化した「武威」というものが危機に瀕してしまうわけです。おれは強いぞということで、相手が委縮し言うことを聞いてくれているうちは世界が丸く収まるのですけれども、おれは強いぞと言っても、訪ねてくるのをやめない西洋列強が出てきたときに、どうするのか。非常に大きな難問に突き当たることになります。

こうなると、究極的には「武威」を放棄するか、それともしないかです。このうち「武威」を放棄することを拒否する、つまり物語化し神話化した「武威」をあくまで捨てないで事態を乗り切ろうという場合、具体的にどうやるかといいますと、為政者のレベルでは意外なことに、避戦を徹底します。戦わない。先ほども言ったように、ボクシングの世界チャンピオンが年を取ってもチャンピオンであり続ける最善の策は戦わないことですから。

その避戦を徹底するには二つの手があるわけです。一つは打払い政策です。異国船打払い令というものを出して、「来たら殺しますよ」という宣言をする。日本は国是《こくぜ》として鎖国政策を取っているので近づかないでください。付き合うつもりもないし、無理に来たら打払いますよと明言してしまうわけです。ただし、これは好戦論ではありません。戦いたいから打払い令を出してるのじゃなくて、相手に戦う前に逃げてほしいから出してるのです。だから実際に戦争をするつもりは、実はほとんどない政策なわけです。

もう一つは、それでも来た相手に対してはどうするかというと、水と薪《たきぎ》をあげるわけです。最低限の食糧・燃料を渡して穏便に引き取ってもらう。ですから、この両方の政策を順番に、あるいは状況に応じて使い分けることで結果的に避戦を続けていく。戦わないことによって「武威」は空洞化するかもしれないけれども、維持することができる。

外国は臣下、でなければ敵

ここで一つ押さえておきたいと思うのは、このような考え方をした場合、外国というのは敵か臣下にしかならないということです。付き合いのある人びとや外国は、臣下に位置づけられます。アイヌ・朝鮮・オランダ・琉球は全部臣下です。相手もそう思っていたかどうかは、別問題ですが……。臣下にならないのであれば敵だ、打払い追い返す敵である。つまり敵になるか臣下になるかという、究極の二者択一を迫るわけです。日本にとって、一九世紀以降の対外関係というのは、こういうふうにして進んでいくわけです。現実に西洋列強が進出してきたのだから仕方ないだろうと思われるかもしれませんが、これは当時の日本の歴史的な意識の影響です。戦国時代のスペインやポルトガルとの関係は、これと全然違います。スペイン・ポルトガルだって当時は世界有数の軍事大国ですけれども、日本人は彼らに敵か臣下かという二者択一で応接していたわけではありません。キリシタン大名だって出てきましたし、ふつうに交易をする人たちも出てきます。ですからこれは一九世紀的な対応の特徴なのです。

3　民衆のなかの「武威」神話

地図皿に表われた対外意識

以上は為政者のレベルで見てきましたけれども、一般民衆の間ではどういう対応が出たか。民間でもこうした自己中心的な意識を内面化していく動きが、一九世紀ごろになって非常に高度化してきます。日本は「武威」によって平和に守られているユートピアだ、というイメージが流布されるのです。

その象徴的な事例が地図皿です。デザインとして日本地図を書き込んだ伊万里焼《いまりやき》の皿（古伊万里）ですけど、これが天保年間、一八三〇年代に大流行します（図2-2）。地図のデザインは皿だけではなく、油壺や徳利や印籠や湯呑など、さまざまなものにも施されています。

当時、一般に使われていた地図には、他にもありますけどテーマとの関係で単純化すると、中世以来の「行基図《ぎょうきず》」と、一八世紀後半に長久保赤水《ながくぼせきすい》が作った「赤水図《せきすいず》」の二種類がありました。さらに最新の技術が盛り込まれた伊能忠敬《いのうただたか》の「伊能図《いのうず》」がありますが、これは国家機密でしたから、一般に流布して

図2−2　伊万里焼の地図皿
（東京国立博物館所蔵）

いたわけではありません。しかし赤水図というのは、かなり精巧なもので、ほぼ現在の形に近いものです。当時の民衆には、すでに現在の私たちに近い地図情報があったということです。

それに対して、地図皿のデザインは、図2―2のとおり極端なデフォルメが施されていて、現実の地理情報や最新の知識を少しも反映していません。系統としては明らかに「行基図」の親戚で、上下左右がほぼ対称になっており、東北地方は実際よりも小さくなっています。知識や情報の不足、あるいは技術の問題でもなく、こうしたデザインが自覚的に好まれたのです。また、「日本」という標記はどこにもなく、「周防」とか「長門」とか、律令制下の国名だけが記されています。中心に「山城」（京都）あるいは「平安城」（皇居）を位置させ、周りに菊の御紋や鶴や異国船をあしらっているものもあります。尖鋭な対外意識の表われを感じます。

地図皿のデザインのもう一つの特徴は、実在とフィクションが入り混じっているということです。日本周辺の海域にいろいろな国が描いてあって、松前・蝦夷《えぞ》・朝鮮・琉球などはいいのですが、問題は小人国・女護国《にょごこく》といった架空の国も登場することです。女護国とはいわばアマゾネスの国で、井原西鶴の浮世草子『好色一代男』などにも出てきます。女性しかいないので、そこに男がたどり着くと、全員に相手をさせられて、精力を失って死んでしまう、そういうフィクションの世界をない交ぜにしている。『天下一面鏡梅鉢』と同じで、こうした虚構的なものが加わることで、この絵図の物語性・神話性が高まっているのだと思います。

地図鏡に表われた尊大な自国意識

実は地図皿と同じようなデザインがあしらわれたもののなかには、「地図鏡」というのもあります。現物の鏡は京都の北野天満宮に奉納されているもので、これ自体は近世初期のものですけれども、天保年間（一八三〇～四四）にその拓本を取ることが流行します。たとえば、ある拓本の地図の下の説明書きを拡大してみると、「天保九年」と書いてあります。天保九年（一八三八）に拓本を取ったのです。もともとこれは豊臣秀吉の朝鮮出兵のときに加藤清正《かとうきよまさ》が奉納した鏡、と言われています。この拓本では、説明書きの内容は非常に尊大な自国中心意識、あるいは対外膨張意識で、「武」というものを強烈に押し出しています。「朝鮮を征伐する」「武士にとっての宝である」「これを見て激昂しない武者はいない」などなど――つまり、この鏡を見ると、朝鮮出兵のときに「武威」が高まったことが思い出されて、武士は皆興奮状態になるということが書いてあるのです。いっしょに書かれている歌には、

わが国の光をよもにます鏡　千歳《ちとせ》をふとも曇りあらすな

とあり、これも非常に尊大な自国意識で、日本の光というものは世界中に広がって照らしていくのだ、「千

図２−３　米俵を軽々と担ぐ力士
（瓦版「力士力競」）

歳をふとも」ですから千年たっても曇ることはないであろう、永久にその輝きが続いてほしい。そういう願望、願いというものが、天保年間に武士や民衆の意識に働きかけて一般化が進んでいる。

ですからペリーが来たときにも、そういうお国自慢というか、強く見せようという意識や行動が庶民の間でも出てきます。有名なのは、力士（相撲取）を連れてきて、米俵を軽々と担がせて、アメリカ人をびっくりさせる（図2-3）。どうだ日本人は力が強いだろうというのを見せるわけです。そういう絵なども多く残っています。あるいは応接図なども、現実とは逆にペリーが非常にかしこまって、オランダ人のように這いつくばっている図もたくさん刷られて流通しています。

今日この頃も同じ風潮？

このように、一九世紀になると西洋列強、他者というものを意識するようになるのですが、他者を意識しつつも命綱としての神話というものを捨てない。つまり「武威」概念というものを捨てない。自分が実際には最強ではなくなっているのだけれども、最強であるという称号を下ろさないわけです。現実を受けとめずに、願望とか神話に浸って優先させるということを続けていくわけです。

ちょっと脱線しますけれども、現在の日本を考えてみると、例えば日本のＧＤＰが中国に抜かれて三位になって、国力が相対的に落ち斜陽になっていくのと反比例して、「世界のなかで日本のここがすごい！」「日本のモノづくりはすばらしい！」といったテレビ番組が増えてきています。私の記憶だと、八〇年代には、自分で日本人はすごいという番組はほとんどなかったと思うのですけど、実際に国力が弱くなってくる、あるいは危機感が高まってくると、逆に自分自身で自分を鼓舞するようになるのです。そういう自己満足を肥大化させるということは、けっこうあるのかなという気がします。

4　「武威」を保つために「武」を底上げする

幕末攘夷論の台頭

もっとも、実力は弱いのに「武威」を捨てないという強がりは、それが虚勢を張りつつの避戦として機能しているうちは、見方によっては可愛いもので、どこにでもあるお国自慢と大して変わりません。地図皿にせよ、自足的で平和的な世界を楽しんでいるだけと考えられなくもない。しかし、幕末になるとそうはいかなくなってくる。そこで大胆な展開と転回が起こります。これが幕末の攘夷論から、のちの富国強兵、殖産工業というものにつながっていく大きな流れだと私は見ています。つまり、感覚的な「武威」に沿うよう、現実の「武」やその土台となる国力を底上げしていこうという動きが出てくるわけです。

ただし、そのためにはいろいろなものを犠牲にしなくてはならない。例えば身分制です。武士は全人口の七パーセントぐらいしかいませんから、武士だけでは「武威」が保てない。ではどうするかというと、農民にも武器を持たせる、農兵構想というのが出てきます。武士だけではもう役に立たない、夷狄《いてき》を打払えないから農民・町民などにも軍事力を開放して強い軍隊を組織していこうという考え方が出てきます。

つまり、「武威」という形で結晶化していた世界観の核みたいなものを絶対に守ろうとすることによって、逆に武士身分という枠組みのほうが流動化してしまうわけです。農兵構想というのは、下から言う人もいます。月性などはまさにその代表格だと思います。しかし、他方ではけっこう上からも言います。武士身分の人たちは、武士階級だけでは勝てないとわかっているので、農民がいやだと言っても武士の方から農民に「お前たち武器を持て」と言う。例えば韮山代官《にらやまだいかん》の江川太郎左衛門《えがわたろうざえもん》などは、そういうふうにして農兵を組織していくわけです。

このように、幻想としての「武威」を守るために、実際の「武」を底上げする。その目的のためには手段を選ばない。ありとあらゆる手を使って社会を改造する、というのが幕末変革の実は骨子にあります。坂本龍馬《さかもとりょうま》にせよ、西郷隆盛《さいごうたかもり》にせよ、維新の志士・英雄と呼ばれてきた人たちのほとんどは、大きく分ければこの流れに入ってきます。ということは、徳川政権も例外ではないということです。

攘夷派幕臣たちのジレンマ

幕府は開国派だというイメージがあるかもしれませんが、実は攘夷派の幕臣がたくさんいます。ですから、幕臣が開国論を唱えるとよく命を狙われて、半分は在野の攘夷派に殺されるのですが、もう半分は同じ幕臣に殺されます。徳川政権のなかにも、開国なんてとんでもないという連中がたくさんいる。代表例をあげれば、江戸開城のときに出てくる山岡鉄舟《やまおかてつしゅう》。彼などは典型的な攘夷派幕臣です。

繰り返しになりますけれども、「武威」というのは近世社会の大原則です。譲れない大前提だったわけです。その「武威」という建前を、あくまで捨てないでいようと思うと、幕末には攘夷派になるしかない。そういう構造が大きなものとしては存在しているわけです。徳川政権もそれからは無縁ではいられない。それがいやだと言うと「征夷大将軍やめろ」と言われる。征夷大将軍だったらきちんと攘夷をしなさい、攘夷ができないのだったら征夷大将軍をやめなさい、という板挟みに苦しむことが、幕臣の多くの人が経験する悩み、ジレンマになっていく。

5 「武威」からの脱却へ

学問熱・教育熱

それに対して、まったく違うものの考え方をする人たちも実は出てきます。「武威」を守るという立場との対比で言うと、「武威」から本格的に脱却していこうという試みが、一八〇〇年前後の世紀転換期から登場します。

為政者の方で見ると、これは学問として、主知主義の勃興として出てきます。江戸時代に作られた藩校の数をデータ化したものを見ると、一八世紀の末から一九世紀にかけて爆発的に増えていることがわかります。

これは教育革命というような呼ばれ方をすることもあるのですけども、一九世紀になると日本人が学問に目覚めるわけです。全国各地に藩校ができる。寺子屋も普及する。日本人は江戸時代から非常に知識への社会的要求が強くて基礎的学力がすごく高かったということが言われるのですけれども、これは江戸時代を通してというより、江戸時代後半以降の傾向です。

このように全国的に広がる学問熱・教育熱の中心になったのが、昌平黌《しょうへいこう》、昌平坂学問所《しょうへいざかがくもんじょ》と呼ばれるところです。東京のＪＲ御茶ノ水駅を降りると、神田川を挟んで向かい側に見えるのが昌平黌の跡地です。

近世中期までの学問観

昌平黌の話に入る前に、近世中期までの学問観を見ておきましょう。

学問は物よみ坊主《ぼうず》衆、あるひは出家などのわざにして、士《さぶらひ》のしわざにあらず、がくもんすきたる人はぬるくて武用の役に立がたしなど云て（後略）

中江藤樹《なかえとうじゅ》『翁問答』

あるいは、

天下の治め方は、車を作るよふに、皆寸法しつくりきまりたる物也（中略）乱世を救ふには、孔・

孟の仕方にすれば救える也、治世を治むる仕方にてはなきと知《しる》べし　海保青陵《かいほせいりょう》『稽古談』

あるいは、

国を治るには、何か知れぬ六ケ鋪《むつかしき》ことをばよけて仕舞《しま》ふことなり、学文《がくもん》がはやれば国が富む、いかなる訳で富むか一向六ケ敷ことなり（中略）天は学問沙汰も読書沙汰もなし　海保青陵『経済話』

最後は、

なふても能《よ》きものは儒《じゅ》也、儒は只苦ありたる事を書物で見て知りたるなり、其上に片意地にて治国の邪魔をするもの也（中略）儒は尊《たっと》ひ〱といふても国益の論にかゝり、何の功もなきもの也　海保青陵『養盧談』

冒頭の引用文などは、月性さんが読んだら怒るでしょうが、要するに学問そのもの、あるいはそれに携わる儒者というものをまったく役立たずと見なして罵倒する雰囲気が世間にあったのです。

さらに、江戸時代は天下泰平で平和な期間が続きますので、先例社会、バランス調整の社会で、だいたいやることが決まってくるのです。先例を守っていれば世の中廻っていくというふうになるわけです。そうなると、新しい知識で新しいことを言い出す人などは、日常生活や統治をまわす智恵の提供者以外は邪魔なわけです。学問無用、学者不要というわけです。

世紀転換期に求められた学問

こういう風潮に対して、佐藤直方《さとうなおかた》（一六五〇～一七一九）という儒者が八つ当たり的に反論して、『学談雑録』という本のなかでこう言っています。

士農工商ともに、年の暮には、一夜明けたらば、どこもよからうよからうと思ふて、行水して身の垢を落す様に思ふもの也、さる故に元日からむせうに目出度目出度、春じや春じやと云、をかしきこと也、何が目出度やら、愚と云べし、学者は心得あるべきこと也、今年も去年の様に暮すであらふかと恐れ謹む筈也

学者というものは、今年が去年と同じように過ぎていくとは思わないものだ、と言ってるのです。今年は本来であれば未知の未来なのです。去年はこうだったかもしれないけれど、今年はまた何か違うことが起こるかもしれない。未来は不透明である。そのことについていろいろ考えて行動していく、それが学者なのだということです。だから寛政一二年（一八〇〇）前後、ロシア問題から始まる世紀転換期というのは、大きく列島世界が揺れ動く時期ですので、その時期に学問が大流行を見せるというのは、非常に象徴的で理にかなった出来事だったのです。

昌平黌は知の総合集積所

昌平黌というのは、儒学の学校、なかでも朱子学の学校というイメージが強いかもしれません。「寛政異学の禁」という言葉がありますので、非常に強力な思想統制をして、朱子学以外許さなかったという印象があるかもしれませんが、実際はかなり違うものでした。

例えば、伊能忠敬が書いた日本の地図。先ほど国家機密と言いましたけれども、これは昌平黌に納め

られていた。だからしっかりと昌平黌の印鑑が押してある。つまりこのような最新の地理学の情報なども集積されている場所なのです。決して狭い意味での朱子学のことだけを取り扱って他は排除しているわけではない。天文学の知識もたくさんあります。昌平黌にいた儒者は意外と蘭学者たちと仲が良かったのです。そういう意味で知の総合集積所のような様相を呈していたというのが、当時の昌平黌の実体でした。

昌平黌で勉強した人に対しては、試験制度がありました。昌平黌は大名家臣や庶民にも開放されていましたが、ただし大名家の子弟は基本的に試験は受けません。試験には、年少者に対する「素読吟味《そどくぎんみ》」、年長者に対する「学問吟味」がありましたが、後者は司法試験の最も難しいものと考えれば、そう間違っていないと思います。基本的に五年に一度行なうのですけれども、甲科・乙科・丙科っていう三種類の及第があります。なかでも甲科及第・乙科及第は本当に難しくて、数名しか合格しない。これは言ってみれば日本版科挙のようなもので、法律できちっと決まっていたわけではないのですけれども、実質的に官吏登用制度として機能していくことになります。

学問吟味及第者の面々

図2-4として学問吟味及第者の一覧を掲載しました（全員ではなく、写真が残っている者を中心とした、あくまで一部です）。岩瀬忠震《いわせただなり》がいます。栗本鋤雲《くりもとじょうん》がいます。中村正直《なかむらまさなお》もいます。幕末から明治に知的エリートとして活躍した、本当にいろいろな人物が集まっている。だいたいは学者になるか、幕臣、それも外

木村喜毅（1848）　永井尚志（1848）　岩瀬忠震（1843）　栗本鯤（1843）　堀利熙（1843）　水野忠徳（1838）　戸田氏栄（1828）

小出秀実（1859）　内田恒二郎（1856）　池田修理（1856）　塚原昌義（1853）　中村正直（1853）　田辺太一（1848）　向山一履（1848）

図2-4　学問吟味及第者（年号は合格年）

国関係の部局の幕臣に抜擢されています。このような人たちは武士である場合もありますし、武士じゃない場合もあります。栗本鋤雲などは、もともと医者です。

ただ、武士であっても同時に自分たちは秀才だという強烈なプライドを身に着けていきますので、その分、「武威」というものからは離れることができるようになる。「武威」を相対化できるようになる。身分としては下級武士かもしれないけれども、自分たちは剣の腕で世に出たのではなくて、学問で国家の役に立っているという、プライドとアイデンティティーを身に着けていくわけです。

外国人に友好的な民衆の存在

次に民間でも、現実に外国人と接触した人びとは、かなり友好的な交流をしていたケースが少なくありませんでした。例えば一九世紀前半、ロシア使節のレザノフ（図2-5）が長崎にいるときに付けていた日記を見ると、驚くほど友好的な日本人がたくさんいたことがわかります。政府が鎖国を決めたという情報を知ったとき、こういう反応が起こる。

民衆の間では不満が広がり、長崎の住民、特に商人たちや職人たちはとても不満を感じているという。そして京からたくさんの商人たちが貿易しようという思惑を抱いてここに集まっているとのことだ。また奉行たちや大名も今回の幕府の決定には、まったく満足していなかったという。（中略）庄左衛門が私がひとりの時を見計らって、次のような内容のことを話した。「民衆はあなたたちと、通商したいと望んでいるのです。」　レザノフ『日本滞在日記　一八〇四―一八〇五』（岩波文庫）

レザノフを追い返すことで、徳川の「鎖国体制」が事実上確定されてスタートするのですけれども、そのときにそれを残念がる民衆が長崎にたくさんいたのです。レザノフの記録なので多少は割り引いて考える必要があるのですけれども、ロシアと通商したい、ロシアと交際をしたい、帰らないでくれ、ロシアに連れて行ってくれ、今回の徳川の決定は大きく間違っている、今回鎖国を決めた老中を私たちが協力して倒すから、それまで待っていてくれと、実にいろいろなことを言われたと書きとめられています。非常にリアルな生々しい史料です。

図2−5　レザノフ画像

もう一つ、実際に異国人と接触した沿海地域の漁民たちは、かなり友好的な関係を持っていた例があります。これには驚いたのですけれども、水戸の大津浜でイギリス人と交流した漁師は、ゴキブリをプレゼントされています。これ、現在では嫌がらせになってしまいますが、当時の感覚ではそうではない。つまり、太平洋の海の上で何日も過ごしていると娯楽がない。そこでどこかに寄港したときに、そのイギリス人たちはゴキブリを捕まえて、それをペットとして退屈を紛らわしていたのです。だからゴキブリといえ、イギリス人にとってはとても大事なものだったはずです。それをプレゼントされたんです。それはイギリス人の愛情の表われであるし、現地の漁民もそれを感じていたということです。

6　古賀一門が培った思想

「古賀門」とは何か

先ほど述べた学問的な動き、昌平黌をめぐる人たちの動きを、もう少し掘り下げて見ていきます。昌平黌では、学生は誰か儒者の弟子になることが決められていて、その数字がわかります。各儒者に所属した弟子の数というもののデータ（坂口筑母『幕末維新儒者文人小伝』三）を見ると、一番多い「古賀門」というのがあります。弘化三年（一八四六）から慶応元年（一八六五）までの間に一二一名という数字が出ている。二番目の安積艮斎《あさかごんさい》も半分古賀門みたいなものなので、上位をおおむね古賀門が占めているということです。ではトップの古賀門とはいったい何なのか。

具体的には、古賀三代――祖父・父・息子と三代続いての儒者の家系です。初代が古賀精里《こがせいり》。寛政三博士の一人で、寛政異学の禁を主導した一人とされる有名な儒者です。その息子が古賀侗庵《とうあん》、その息子

図2-6　大塚先儒墓所に並ぶ儒者の墓（東京都文京区）

が古賀謹一郎《きんいちろう》で、彼は明治維新後、今の東大につながる学校の初代校長に任命されたという人物です。ただ大事なことは、昌平黌は世襲制ではない。古賀門以外では、世襲した人は一人もいません。だから古賀三代が儒官になったのは、すべて彼らの実力です。

隔絶した存在

図2-6は、大塚先儒墓所という東京の文京区にある墓で、別名「儒者捨て場」というひどいあだ名が付いているのですけども、私が見に行ったときに撮ってきた墓石の写真です。関東大震災で壊れたという話もあるので作成年代には要検討の部分もあると最近は思っていますが、それでも関係者の意識が反映しているのは間違いない。右上にあるのが柴野栗山《しばのりつざん》、右下が尾《び》藤二洲《とうじしゅう》、この二人は寛政三博士の残りの二人です。真ん中に古賀精里・古賀謹一郎とあって、左に古賀侗庵です。柴野栗山と尾藤二洲はともに非常に有名な儒者ですけれども、古賀謹一郎・古賀精里の方が墓石が大きい。でも、とんでもなく大きいのが

古賀侗庵の墓石です。だから古賀侗庵っていう人はちょっと飛び抜けているな、かなり特別な存在だなというのが、何となく感じられる。

古賀侗庵は、佐藤一斎《さとういっさい》とともに、昌平黌のなかに役宅をもらっていたのですが（これも例外的な特別待遇です）、その家に蔵書が何万冊もあって、「万巻楼《まんかんろう》」というあだ名を付けられていた。ある人物が付けた江戸の蔵書家ランキングでは第六位に入っています。一位は昌平黌、二位から五位までは別の機関か大名で、単独個人で六位にランキングされたのです。ものすごい物知りで、あらゆる情報を収集して「博覧強記」と呼ばれていました。

こうしてみると、先ほど紹介した学問吟味及第者たち、昌平黌のエリートで後に幕臣や学者になっていく人たちに、古賀侗庵の大きな影響が及んでいたことが推測できますね。それを後で詳しく見ていきたいと思います。

侗庵の思想

しかしその前に、古賀侗庵自身は、いったいどういう思想、あるいは政治的意見を持っていたのか。当時の彼の書いた著作から見ていきたいと思います。

まず彼を理解するための大前提として、「変通《へんつう》の理《ことわり》」というものがあります。「理」というのは朱子学にとっての非常に大事な概念です。朱子学というのはとても体系的な学問で、宇宙そのものを全部説明できる。すべてにルールがあって、からくりがあって、構造というものがあって、こうなったらこうなるというように全部決まっている。それが「理」です。ただし侗庵の場合はそこに「変通」が加わるから、変わっていくのです。一九世紀の変動していく世界のなかで誰よりも多くの本を読んで、情報を集めていた古賀侗庵は、朱子学者として「理」という確固たる背骨を立てながら、しかし時代によっていろいろな変化が起こっていく、情勢というものは変わっていくのだという真理も同時にわかっていた。そういう基本と応用というものを組み合わせた理論を打ち立てるわけです。彼はこのことを口癖のように言っていたと、弟子たちが語り伝えています。

国家や人種に上下はない

では侗庵の政策意見とは、どういうものであったか。彼の『侗庵新論《とうあんしんろん》』という著作から、口語訳で紹介します。儒者にとって中国はすごく大きな存在ですが、侗庵は中国が自国中心的すぎると批判します。「中国は自国を誇って他の国が存在することを考えない。彼らは自らを理想と考えるが、それはあたかも井の中の蛙のようである」。

ただ、これだけなら国学者も同じことを言いますが、侗庵は同じ論法で日本も批判するのです。「日本の風紀は質朴でその簡潔な政治体制は万国に優れている。しかし近年では、日本もまた中国と同じようになっている。自らを自賛して隣国を卑しむ過ちは、西土（中国）と同じだ」と。

西洋についてはどうかというと、『殷鑑論《いんかんろん》』のなかで、「華夏《かか》（中国の古称）も戎狄《じゅうてき》（異民族）も同じ人である、類である」と言っています。侗庵は、西洋にもたくさん聖人は存在したと述べて実例もあげて

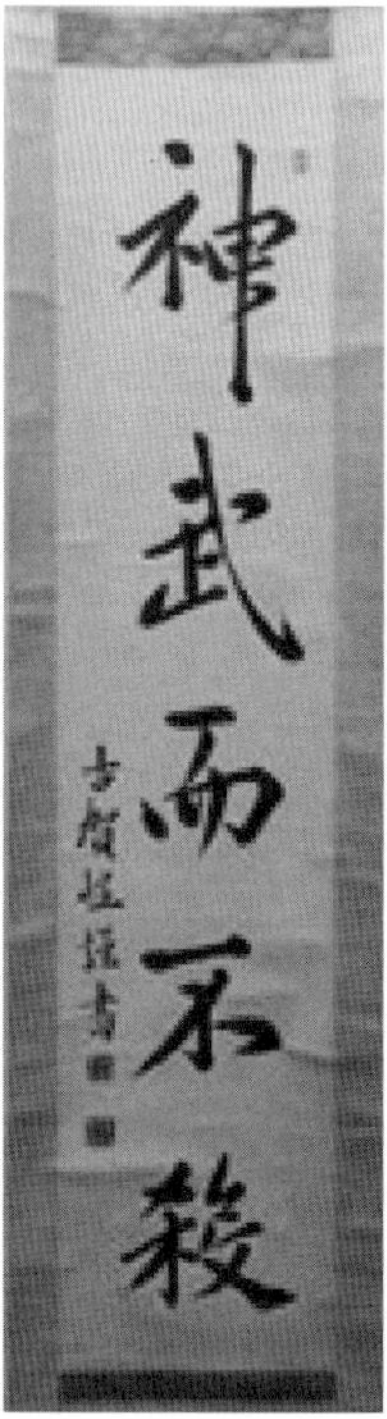

図2-7　古賀侗庵の一行書

います。人類皆同じ、国家や人種の上下関係はないのだと言って、彼はある種の国家対等観を出していくわけです。このあたりが、先に述べた「武威」によって周辺の国々の上に立つという世界観と、決定的に違うわけです。

「信義」としての国家間契約

では上下や中心がない世界で、国と国はどうやって交際するのかというのが問題になってくるのですけれども、彼はそこで「信義」というものを持ち出します。これは『海防臆測《かいぼうおくそく》』という有名な著作ですが、侗庵は、「もし西洋諸国が虎狼の心をもって日本を侵略しようとしても、我々の理が真っすぐで義が正しく、付け込まれるような疵がなければ、彼は愧じてそうする言葉を見つけられないだろう」と述べています。

この「信義」とは、ほぼ条約のことを言っています。国家間の契約のことを言ってるわけです。そういうものに彼は着目して、重視していくのです。このように言ったら、彼は軍事力のことを全然考えないで、ただ相手のことを信じるだけの人かというと全くそうではなくて、彼は軍事強化の提言もしています。つまり現代的な感覚での絶対的平和論者というわけではない。しかしだからといって、約束の力をはなから信用せずに猜疑心に凝り固まっているわけでもない。軍備は軍備で整えるのだけれども、国家間契約の信義というものは非常に大事だと言っている。

図2-7は私が骨董屋で見つけた、古賀侗庵の書いた一行書ですけれども、「神武にして殺さず」と書いてあります。「神武」というのは神武天皇の神武とも読めますし、日本は「武威」の国であることを示すとも読めるのですけども、しかし、「神武にして殺さず」なのですね。日本は「武」の国という言説を歴史としていちおう認めるが、それに囚われて対外姿勢を硬直化させはしない。古賀侗庵という人物を簡潔に表している史料の一つではないかと、私は思っています。

このような彼の考え方というのは、結果として西洋型の主権国家体制、あるいはウェストファリア・システムと呼ばれるものと非常に親和性を持っています。国家対等観をベースにして、そのうえで各国がもちろん軍備は軍備で整え、条約あるいは国家間契約の信義にもとづいて交際や、時には戦争をするという、こういう世の中の捉え方です。

7　幕末期徳川政権の昌平黌エリートたち

三人の浦賀奉行

幕末になって、古賀侗庵の弟子たちはどうなっていったか。先ほど言ったように、幕末政局では「武威」概念を思考の前提においた勢力が徳川政権の外にも内にもたくさんいます。彼らは直接的な攘夷論・打払い論を唱えるか、直接打払いは唱えないけれども、自分たちの軍事力を増強していずれ敵を凌駕しようと、軍備充実論・富国強兵論というものを唱えていきます。そういうなかで幕末期、徳川政権に入っていった昌平黌エリートはどうなっていったのか、ということです。

図2-8は、江戸中後期における浦賀奉行の石高です。浦賀奉行は、けっこう高禄の旗本がなるので、最大だと七〇〇〇石で、ほとんど大名みたいなものです。ところがペリーが来る直前に、不自然に石高が低い人が三人、浦賀奉行になっているのです。浦賀奉行の歴史のなかでも異常な、四、五〇〇石です。浦賀奉行の常識から考えると低い石高なのに、抜擢された人がいる。この三人が戸田氏栄《とだうじひで》、水野忠徳《みずのただのり》、井戸弘道《いどひろみち》で、全員が昌平黌の学問吟味及第者です。彼らは門地は低いのですけれども、非常に頭が良くて才能があるから抜擢された。しかも老中たちも、ある程度彼らのそういう実力がわかっているから、ペリーが来そうなときに彼らを浦賀奉行に付かせたのです。浦賀奉行は定員が二名なので、三名はおかしいのですけども、水野忠徳は直前に転任します。移ってどこに行くかといったら、長崎奉行。当時、

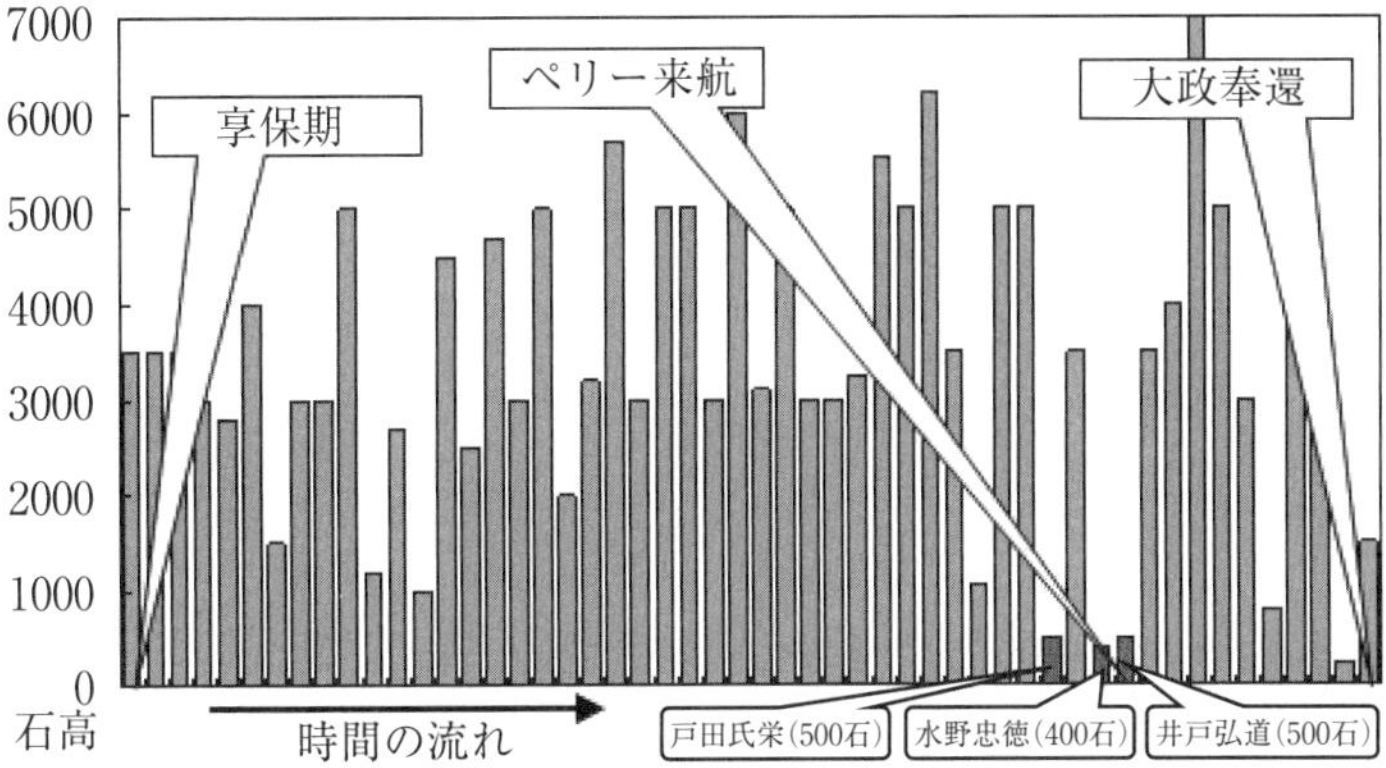

図2−8　江戸時代中後期の浦賀奉行所の石高（『南浦書信』をもとに作成）

異国船が来たときに最大の要所となる浦賀と長崎に、飛び切り優秀な人間を置いておこうというのが、当時の徳川政権上層部の方針でした。

ただ、これら戸田・水野・井戸といった人物は、研究史では今まで全然評価されてきてなかったわけです。評価どころか、彼らは「幕権固守の使命感にあふれ」「例外なくいわゆる親仏派となって」ゆき、おかげで日本は「半植民地化の脅威にさえ見舞われ」ていくという、否定的な文脈でしか語られてこなかった（芝原拓自『日本の歴史二三　開国』）。

しかし、例えば学問吟味及第者で後に明六社《めいろくしゃ》の中心人物になった中村正直は、たいへん面白いことを言っています。「人の本当の姿というのは、鏡を通して見ないと分からない。山の姿は山からでは見えない。川の姿は川からでは見えない」（「論遺人於外国使審其情形」）。

つまり物事の本質というのは、距離を取って外側の離れたところから見ないと見えない、と言うのです。そこで彼は、儒者だけれどもイギリスに留学します。幕末時点で一種の価値相対主義になっているわけです。

〝負け組〟の政治思想

彼らがあまり研究されてこなかった理由の一つは、負け組だったからです。徳川政権は幕末には負け組なので、薩長だけ研究しておけばいいと、研究者もずっと思ってきた。ところが薩長の本質を知るためには、明治維新政府の本質を知るためには、薩長だけ見ていたらわからない。薩長が明治維新で勝ったのは事実だとしても、彼らが何を否定したのか、彼らが潰した徳川政権の改革構想というのはどういうものだったのかというのを見ないと、本当の意味での明治維新および明治以降の近代日本というのはわからないのではないかと、私は考えているのです。

学問吟味試験の合格組を中心とした、私が「条約派」と呼んでいる徳川政権の有司たちの政治思想をいくつか、趣意を要約して紹介しておきます。

前述の戸田氏栄は、ペリーが来たときの浦賀奉行でしたが、周りはみんなペリーを打払えと言っているときに、同僚にこんな書簡を送っていました――「日本は他の国家と同等の格式で交際すべきである。また、日本は国内環境にのみとらわれるべきではなく、国際状況の視点から交渉の体系を構築しなくてはならない」（嘉永六年〈一八五三〉一一月八日付・井戸弘道宛書簡『南浦書信』）。

これまた前述の、長崎奉行だった水野忠徳は、契約観念の重要性を強調して、こう述べています――「我々はそう簡単には彼らの要求を聞き入れてはいけない。しかし一度条約が妥結されれば、それを厳格に執行して新たな我々の基準にしなければならない」（『懐往事談』）。

明治期の啓蒙知識人として著名な中村正直は、攘夷論の長州藩を批判して、こう主張しました――「徳川政権には外交の決定をする権利があり、それは自分たちが天下の事務を委任されているからである。」（元治元年〈一八六四〉八月付・建白書）。

また、私がドイツのルール大学にいたとき、ベルリンの連邦アーカイブで見つけた史料のなかで、当時フランス公使だった栗本鯤《くりもとこん》は、ヨーロッパ人相手にこんな演説をしています――「外国と結んだ条約は、一言一句に至るまで履行して、約信を全うしなければならない。また徳川政権は今なお、大名に対する国家的管理の権利を保持している」（慶応四年〈一八六八〉正月フランスでの演説書）。

明治維新は「武威」を克服しなかった

こういった、古賀侗庵やその弟子たちの思想や政治路線を、最終的に否定したところに明治維新が成し遂げられるわけですが、そのことの意味を考えてみたいと思います。

一つ大きく言えるのは、この講演の初めに提起した「武威」の世界観を克服するのかしないのかという選択で言えば、維新政権は原理的には克服しない、相対化しないというところで成立したということです。国家対等観に立つことを究極的には拒否する。そして「武威」の世界観で近代社会の国際交流をやっていくとはどういうことかというと、結局物事が勝ち負けになっていく。自分と同等の他者というのを基本的に想定しませんから、その自足的世界というのは、周囲の他者を同化（征服）しようとする、頑張って同化する、またその新しい境界の外には別の他者が現れる。ゆえにまた同化していく。これを永久に続けていく。キリがない、という話になってくるわけです。

また、奇妙なことに、この原理はその時点での強者への無制限の同化、具体的には西洋化ももたらしました。自分と違う別の同等の存在が隣にいるのはよろしくないということになれば、相手を征服するしかない。しかし強国に対してそれはすぐにはできない。そこで、相手を征服するまでは自分が相手の真似をする。ですから近代日本は、対外膨張を急《せ》き立てられたように進めていく一方で、他方では外国人も驚くくらい西洋化していくわけです。それは、相手に勝つためにはまず相手にならなければいけない、という論理が力を持つからです。相手に多少負けてもいいから魂は売らないというのも一つの選択肢なのですけれども……。イギリスより強くなるために、まずはイギリス以上にイギリスらしくなろうというのが、西洋化、富国強兵の政策だった。積極的開国論の人たちを鏡にすると、そういうことも展望できるのではないか、という問いを投げかけて、私の話は終わらせていただきたいと思います。

第3章

「攘夷」とは何か
長州毛利家が意図したこと、実現したこと

青山忠正

1　政治動乱のキーワード

何をどうすることなのか

月性《げっしょう》というと「男児《だんじ》志《こころざし》を立てて郷関《きょうかん》を出《い》づ」の詩、この詩そのものは、私は高校生のころまでには知っていたのですけれど、それが、この遠崎《とおざき》妙円寺《みょうえんじ》の月性の作であるということは知りませんでした。だいぶ年齢が経ってから、「人間《じんかん》到るところ青山《せいざん》あり」の「青山」というのは骨を埋めるべき場で、自分の名前と関係あるあの詩は月性さんが作った詩だということに、ようやく気が付いた次第です。

詩そのものはそのくらい有名なのですが、まだまだ月性の事蹟と、現実の歴史との関連につきましては、よく知られていないところが多いようです。私もこの機会に改めて、月性について学んでいきたいと思うわけです。

今日お話するのは、月性などが唱えたことがスタートになって、やがて長州藩が「攘夷《じょうい》」を標榜して

政治活動を行なっていくわけですが、その「攘夷」という言葉の内容、言い換えれば、そもそも何をどうすることなのか、というのは意外と盲点になっています。それをもう一度改めて考え直してみよう、そういう意図に立つものです。

無勅許調印から始まった

慶応元年（一八六五）一〇月、もうそれこそ月性さんが亡くなってからだいぶ経ったころですが、天子統仁《おさひと》――ふつう「孝明天皇《こうめいてんのう》」と言われますが、「孝明天皇」というのはあくまでも死後に敬意を表して贈られる「諡《おくりな》」で、現役で帝位にあるときからそう呼ばれていたわけではありませんので、名前で言えば「統仁さん」ということになります――その天子が安政の通商条約を勅許します。

この措置によって、日本は主権国家として世界システム、世界的な意味での国際関係、これは欧米の列強が主導しているわけですが、これに参入することが決定するわけです。

しかし、その初めになりました安政五年（一八五八）の通商条約の調印――ちょうど月性が亡くなるころです――その条約調印が無勅許であったというところを起点にして、その後の政治的な動乱が始まったわけですが、それが勅許されて正当な条約として確定する。そこまでの経過を導いた主たる概念として、「攘夷とは何か」ということを考えていこうというわけです。

2 「攘夷」とは外国船打払いのことではない

漢詩に託す政治思想

そもそも「攘夷」と「開国」というのは対概念《つい》として用いられることが多いのですが、「攘夷」というと文字どおり「夷狄《いてき》」、つまり「外国」を打払うことを言うのかというと、必ずしもそう簡単ではないのです。

そこで史料を読んでみますと、文久二年（一八六二）七月、長州の攘夷論が盛んになっていくちょうどその時期に、周布政之助《すふまさのすけ》が詩文を賦しております。周布政之助は、皆さんご存知のとおり、生前の月性と付き合いがあった人です。

このころの人びとは、自分の思想を表現するのに、「漢詩」という手段を用いることがよくあります。詩を作るといっても、いわゆる現代でいう詩人とは違い、そのなかに政治的な意味を含めた内容が示されているということが多くあります。要するに政治的意見の表明という意味合いが強いわけです。

周布がこのころに賦した詩のなかに、こういうものがあります（周布公平監修『周布政之助伝』東京大学出版会、一九七七年）。読み下し文で紹介します。

「国力を振るい、皇基《こうき》を立てんと欲す／大廈《たいか》のまさに傾かんとするを独木支《どくぼく》う」――大きな建物が倒れようとするのを、一本の木がこれを支えているというのは、長州のことを諷したものでしょう。

「世を挙げ、滔々《とうとう》として名利《みょうり》に走る／至誠ただ鬼神の知るあらん」――一本筋を通そうとしているのは我が長州だけだ、というようなことを言いたいのだろうと思いますが、それに付け加えて、次のような句を続けております。

「攘は排なり、排は開なり、攘夷して後、国開くべし」――こう言っているのです。「攘夷して後、国開くべし」というのは、たいへん不思議と言えば不思議です。でもこれは当時の人びと、とくに長州のいわゆる攘夷論者と言われるような人びとに、おおむね共通した考え方だろうと思います。決して周布だけが特別なのではない。

いったん「攘夷」に決したうえで……

もう一つは『続再夢紀事《ぞくさいむきじ》』という、越前藩の記録です。文久二年（一八六二）九月二三日条ですから、周布の詩と同じころになります。周布政之助・桂小五郎《かつらこごろう》・中村九郎《なかむらくろう》といったメンバーが江戸で、政事総裁職に就任したばかりの前越前藩主松平春嶽《まつだいらしゅんがく》と会見しました。まもなく一一月に、攘夷督促勅使として三条実美《さんじょうさねとみ》が江戸に下ってくるころで、この周布らは春嶽に対してこういう言葉を述べています。

「幕府に於いても速やかに其議《そのぎ》に決せられたし」――幕府でも速やかに攘夷という方針を決せられたい。続けて――「尤《もつと》もいったん攘夷に決せられしうえ、さらに、我より交わりを海外に結ぶべきは勿論なり」

こういうことを言うのです。これは先ほどの周布政之助が言う「攘夷して後、国開くべし」と同じことです。いったん「攘夷」に決したうえで、さらにこちらから交わりを海外に結んでゆくのだ、ということになります。すると、「攘夷」というのは、単純に外国船を打払って寄せつけないということではない。それではつまりどういうことなのか。

手続きを踏んで主体的に

現行の通商条約、安政五年（一八五八）に調印された英米以下五カ国との通商条約、これはただ今現在、文久年間（一八六一〜六四）の時点では、そのまま承認はできない、ということです。なぜかと言いますと、国内の合意を得ていません。幕府がいわゆる独断で結んだ条約だからです。

諸藩側・諸大名側の合意を得ていませんし、天皇の勅許も得ていない。そういう意味では手続き的にも不備である。だからこれはいったん破棄せざるを得ないという。いったん破棄したうえで手続きを踏んで、さらに国内の合意をも調整して、主体性を持った内容において外交に臨むべきである。

だいたいそのようなことを、周布の詩や、あるいは『続再夢紀事』に掲載される周布・桂らの言葉は示している、と考えられます。

こういう史料は、昔からその気になればすぐ気が付くところに存在しているのですが、意外と軽視されているというか、うっかり見過ごされがちでした。もっぱら夷狄を打払うというようなことの方が、目に見えやすいせいか、強調されてきておりますが、決してそういう意味で、攘夷とは単純な打払い論ではもともとないものです。

このあたりは、一九世紀、一八〇〇年代のことを考えるのに、近代以降の、さらには現代の言葉でもって考えても意味が通じない、ということの一つの典型だろうと思います。

当時の言葉として意味内容を捉える

例えば文久元年というのは、西暦で言えばだいたい一八六一年ですが、改元されたのは万延二年からです。なぜ改元されるのかというと「辛酉革命《しんゆう》」だからです。それから三年おいて、元治《げんじ》と改元されますが、これは「甲子革令《かっし》」です。その後、また四年おいて戊辰《ぼしん》の年が巡ってきて、明治元年になります。これは「戊辰革運」です。

以上、十干十二支《じっかんじゅうにし》の組み合わせによる年の数え方で、辛酉革命、甲子革令、戊辰革運の「三革」ですから、改元するのは当然です。

ところで元治元年（一八六四）、甲子革令の次の年は、乙丑《いっちゅう》（きのとうし）年で、この年は改元しないのが慣例です。甲子革令から戊辰革運までの間は、改元ばかりしていますと意味がなくなりますので、改元はしません。ところが一八六〇年代の場合には、翌年の四月に「慶応」とわざわざ改元されている。よほど特殊な理由があるわけで、その理由とは、「東照宮二百五十回忌」、家康が亡くなってからちょうど満二四九年、数えの二五〇回忌です。それを記念して日光東照宮で四月に大法会《だいほうえ》を行なうのですが、それにちなんで、あるいはそれをめでたいことと捉えて、わざわざ乙丑の年であるにもかかわらず改元した。この「乙丑の年であるにもかかわらず」というところが、干支による改元の習慣というのがわかっていないと、どうもピンとこないところです。

だからこの当時、つまり前近代の事柄を考えるのに、近代の考え方でいくら考えても空回りします。その当時の前提を復元し、それを踏まえていかないと理解が届かなくなります。「攘夷」というような言葉についても同じことです。

3　攘夷実行へ―天皇の意図と幕府の策略

華夷秩序の維持が最優先

孝明天皇は夷狄ぎらいであって、徹底した攘夷論者であるということが一般には言われていますが、これも正直言って少し勘違いです。

そもそも天皇は、いわゆる「和親条約」については承認しています。和親条約と言っても当時の言葉ではないので、嘉永七年（一八五四）三月の「神奈川条約」と言うべきなのですが、いずれにしてもこの条約というのは、異国船に対して、下田と箱（函）館への寄港と、そこでの薪水《しんすい》食糧の供給を許したもので、「皇国」、つまり中華の国である日本から、夷狄への恩恵です。

これは南京《ナンキン》条約の場合でも、同じ論理です。「南京条約」というのはアヘン戦争の講和条約ですが、清朝から、夷狄であるところのイギリスに対して、いわゆる開港を許してやったもの、恩恵を与えたもの、という理屈です。恩恵を与えるのですから、「華」と「夷」の秩序はきちんと保たれている。同じ意味で和親条約というのは、天皇にとっても別に国体を損なうようなことは何もない、ということで承認されるわけです。

夷狄を近づけること自体が一様に不可、けしからんということでしたら、近世を通じてのオランダの出島《でじま》居留というのも理解不能になります。オランダというのは、夷狄は夷狄なのですが、出島におとなしく住んでいまして、定期的に将軍のもとにも挨拶に来ます。その途中、京都の洛中にも定宿《じょうやど》がありまして、そこに泊まったりもするのですが、天皇も公家もいっさい文句は付けません。

自分が夷狄であることを認めて、その礼を取る夷狄ならば、いくらいてもかまわない。問題はその「華」と「夷」の秩序をきちんと踏まえるかどうかという、その区別が近代以降、言語的な前提として失われてしまっているので、説明がしにくいし、理解もしにくくなるということです。

「通商条約」というのは天皇も公家の大多数も認めようとしませんが、それは自由貿易というのが対等のもので、「華夷」の秩序を無視してきます。そういう意味で「国体」を損なうからです。とくに天皇から見ますと、自分の代でそのような事態になっては「皇祖皇宗《こうそこうそう》」に対して、ご先祖様に対して申し訳が立たない、だから賛成できない、ということを主張するわけです。ですから、天皇は頑固な華夷秩序論者であって、西洋国際標準（グローバル・スタンダード）を受容するわけもありませんが、しかし一方的に夷狄を打払え、というようなことを言っているのではありません。

無勅許調印だが違勅ではない

通商条約調印の直接の責任者である大老の井伊直弼《いいなおすけ》にしても、その点は同じです。彼に言わせても、条約調印はあくまでも「一時の権道《けんどう》」、仮の一時しのぎであります。武備が整った暁には「鎖国」に戻すというふうに釈明しまして、天皇もこれを了解します。

安政五年（一八五八）の十二月の晦日にいわゆる「叡慮氷解《えいりよひようかい》の勅諚《ちよくじよう》」というものが将軍・大老に対して出されています。これもあまり知られていないようです。天皇が、いずれは「鎖国の良法」に戻すのだなということを、念を押しまして、それなら「方今のところ御猶予」、今のところはこれでよろしい、と了解したものです。

そういう意味では、いわゆる安政通商条約というのは、無勅許のまま調印してしまったのは確かなのですが、別に違勅というわけではない。事後了解はきちんと得ている。そのあたりの事実が、とくに昭和初期の明治維新史についての議論のなかでは一方的に無視されてしまって、井伊直弼がいわば国賊扱いされてしまっているのです。

ちなみに、井伊大老の立場を中心に補足すれば、次のようなことになります。もともと、幕府の官学、昌平黌《しようへいこう》の教授の古賀侗庵《こがとうあん》などは早くから、いわゆる積極的な開国論を唱えていました。その感化を受けた外国奉行たちと、井伊直弼などとは、全然考え方が違う。

ここも現代では理解できないところでして、例えば自民党政権だったら、安倍総理と各閣僚とが、一八〇度意見が食い違うという事はあり得ない。政党内閣制である以上、そうなります。

ところが当時はそういう事はありません。譜代大名筆頭の彦根の殿様の井伊直弼が大老になるのですが、外国奉行に就任する連中は、旗本です。岩瀬忠震《いわせただなり》なども禄高はたいしたことはありませんが、古賀門下に連なる人びとで、積極的に外交・貿易を進めようという考え方です。国学を教養の基盤とする井伊大老とは正反対です。

だから同じ幕府と言っても一枚岩でくれるものではありません。大老・老中クラスのトップと、現場の官僚とでは、考え方が正反対という場面が、しばしばあるわけです。

そこが大変わかりにくいところですが、そこを押さえておかないと、そうした矛盾を含めて、まとめて解決するためには、いったんこの条約を破棄しないとどうにもならないという意味で、長州が、条約破棄の攘夷論を唱えてくるということが理解できないのではないでしょうか。

攘夷実行は幕府に一任

以上、申しましたことを踏まえて考えないと、「攘夷実行」、文久年間（一八六一〜六四）以降の攘夷の実行についても、なかなか筋の通った理解ができにくくなってしまいます。

文久二年（一八六二）の一二月五日に、将軍の徳川家茂《とくがわいえもち》は、先に三条実美《さんじょうさねとみ》がもたらしていた攘夷督促の勅書に対して、「勅書謹んで拝見（中略）策略等の儀は御委任なし下され候条《そうろうじょう》、衆議を尽くし、上京の上、委細申し上げ奉《たてまつ》るべく候」――勅書は謹んで拝見しました、攘夷実行の戦略については委任していただいたので、諸大名との間で徹底して議論を行ない、さらに上京したうえ、詳しいことは申し上げます、ということを回答します。

翌年三月、家茂は初めての上洛を行ないます。家茂は亡くなるまで、元治元年（一八六四）・慶応元年（一八六五）と三回上洛しますが、その最初は文久三年三月の上洛です。

これも政治過程のうえでは画期となる大きな事件なのですが、高校の教科書などでは、まず触れられていないと思います。

上洛のうえ、三月七日に勅書《ちょくしょ》が降《くだ》されて、「征夷将軍の儀、これまでどおり御委任遊ばされ候」という天皇側からの申し渡しが行なわれます。具体的に言えば、「攘夷実行の策略」を将軍に任せる、という意味です。すなわち、夷狄は遠ざけさえすればいいので、戦争をやるかどうかはそのときの状況次第で、将軍に任せるという意味です。そして、将軍がこの時点で実際に意図しているのは、交渉による通商条約の破棄です。いきなり大砲を撃つことではありません。

襲ってきたら反撃せよ

そこで四月二〇日に、「外夷拒絶」を命じた布令が諸大名に対して出されます。いわゆる攘夷実行の命令です。このときは二通り政令が出ます。

まず天皇から諸藩へ発令されたのは、「外夷拒絶の期限、来る五月十日（と）御決定相成り候《そうろう》間《あいだ》、益々軍政相整え、醜夷掃攘《そうじょう》これ有るべく仰せ出され候事」。醜夷掃攘とはありますけれども、これも、別にいきなり大砲を撃てと必ずしも言っているわけではない。

もう一つは、将軍から諸大名へ発令されたもので、「攘夷の儀、五月十日拒絶に及ぶべき段、御達し相成り候間」――この「御達し」というのは天皇から将軍に対してそういうお達しがあった、という意味だと解釈されます――「銘々右の心得を以て自国海岸防禦筋、愈々《いよいよ》以て厳重相備え、襲来候節は掃攘致し候様、致さるべく候」。襲ってきたらば反撃せよ、と言っているだけです。

だから五月一〇日拒絶に及ぶというのは、将軍側としては交渉によって条約を破棄する、その開始の期限が五月一〇日だと言っているわけで、五月一〇日を期日としていっせいに外国艦に対して攻撃せよ、ということを命じているわけでは決してないのです。つまり一方的な打払いなど、天皇も将軍も命じてはいません。それは確認しておくべきです。

久坂玄瑞の孤独な戦い

将軍令は五月一〇日から横浜で外国公使団と条約破棄の交渉に入る、という意味ですが、外国側は当然これに応じません。交渉としては膠着状態になります。

実際に五月一〇日に外国艦を砲撃したのは、長州の久坂玄瑞《くさかげんずい》。この当時は正確には義助《よしすけ》と改名していますが、玄瑞一党だけです。そういう意味で長州とて、別に一枚岩で固まっているというわけでは決してありません。

文久三年五月一〇日に、長州がアメリカ商船ペンブローグ号を攻撃し、その後六月にフランス艦隊からの報復を受けますが、そのときの各艦の航跡を、直接の被害を蒙っていないイギリス軍側が調査した図がロンドンのナショナル・アーカイブスに保管されています（『山口県史だより』三〇、二〇一三年）。

なお、補足しておきますと、アメリカのペンブローグ号は非武装です。そのため、馬関総奉行（下関総司令官）、家老の毛利能登《もうりのと》は部下に攻撃命令を下していません。非武装商船を攻撃するのは理が通らないということです。

その軍令を無視した形で、久坂玄瑞は洋式帆船に搭乗して、側に近づいて攻撃しますので、それはかなり無理、無茶だと思います。わざわざ船で近づいて攻撃しておりますので、当時の、いわゆる万国公法から見ても、かなり無理な行動だろうと思います。

ただ、翻《ひるがえ》ってみますと、それではペリーが浦賀に来てやったことは正当なのかと言われれば、これはお互い様みたいなもので、確かに軍艦四隻で圧力をかけて条約調印を迫る。幕府側が長崎に回航せよと言っても、言う事を聞かずに居座るというのは無理な行動で、そういう意味で言えばお互い様です。

その当時のことでありますし、現代でも、ある意味ではそうかもしれませんけれども、力には力という論理は、それはそれで、彼らにとっては十分な合理性があると考えられていたのでしょう。

4 「鎖港党」撲滅戦略としての下関戦争

天皇主導の長州排斥―八月一八日の政変

今度は、外国側から見た場合の「攘夷」と呼ばれる行動の意味は何か。彼らは攘夷派のことを「the

Sa-ko Party」と呼んでおります。「Sa-ko」とは港を閉ざすの「鎖港《さこう》」で、「Party」は党派の意味です。

まず国内の情勢から見ますと、天皇自身は長州の久坂玄瑞一党の行動をたいへん危険であると見て、排斥を企てるわけです。その場合、長州の武士たちだけではなく、それと結んで朝廷を動かしている議《ぎ》奏《そう》の三条実美――「議奏」というのは簡単に言えば関白の補佐役で、朝廷内部の執行部で、そのポストについている三条実美の背後には、長州あるいは土佐系の過激グループがあります。

したがって彼らを排斥しようと思えば、自分の側でも武力の備えが必要であり、天皇は薩摩・会津などが支援するということを確認したのちに、政変を起こします。これがいわゆる八月一八日の政変です。

これも教科書風には、公武合体《こうぶがったい》派の会津藩と薩摩藩は尊王攘夷派の長州藩を京都から追放した、というような言い方がされていますけれども、ポイントになるのは朝廷内部の人事異動でありますから、天皇自身が中心にならないと政変にはならないはずです。

薩摩側・会津側がたとえそれを考えても、人事権を持っている天皇自身が中心にならないと動かない、そういう意味で中心となっているのはあくまでも孝明天皇です。

七卿脱走

このとき、三条実美に対しては、他人面会禁止・他行《たこう》禁止、つまり屋敷でじっとしていなさいという処分がまず下されるのです。長州に対しては、国元に兵を引きあげよ、という令が出されます。その玄瑞以下が国元に兵を引き上げる際に、三条ら七人の公卿もいっしょに脱走してしまいます。

あくまでも脱走です。江戸時代、公家は許可がない限り山城国の外には出られませんので、長門国、周防国まで落ちのびるというのは、脱走であります。

そのせいで天皇が激怒して、三条実美は八月二四日付ですが、議奏を罷免されるということになります。したがって脱走しなかったならば、その後の展開は、少なくとも七卿に関しては、ずいぶん違ってくると思います。処分はあくまでも他人面会禁止・他行禁止です。それを無視して脱走するので天皇が激怒するという、そういうのが正確なところです。

天皇激怒の宸翰

その年が明けて文久四年、四月に改元されて元治元年（一八六四）になりますが、文久四年の正月二七日、将軍宛ての宸翰《しんかん》（天皇の自筆文書）が出ます。家茂はこのとき、二度目の上洛をしていまして、さらに在京の諸侯四二人を率いて参内して、その場で書面が開示される。

書面を小御所《こごしょ》の上段の間で開いて、それを将軍以下諸大名がぐるぐると拝見して回るという行事をやります。これは異例のことであります。本物の宸翰であるということを実際に見せるのです。その内容は——

「長門宰相《さいしょう》の暴臣《ぼうしん》の如き」——長門宰相は参議毛利慶親《もうりよしちか》の別名、長州の殿様です。その家来を「暴臣」と言っていますが、これこそ具体的に代表をあげれば久坂玄瑞ということになります。

「その主《あるじ》を愚弄《ぐろう》し、故《ゆえ》無きに夷船を砲撃し、幕吏を暗殺し、私《わたくし》に」——これは「ひそかに」と読むのかもしれません――「実美等を本国に誘引す」と天皇は述べております。「故無きに夷船を砲撃」ですから、これは、自分は外国船を砲撃せよという命令を出した覚えはない、勝手にやったのだ、と言っているわけです。

さらには、「斯《か》くの如き狂暴の輩、必ず罰せずんば有るべからず」――必ず処罰すると、天皇はたいへん憤《いきどお》っている。

この史料を掲載している『孝明天皇紀』五（吉川弘文館、一九六九年）が公刊されたのは、昭和四〇年代以降になってのことですから、それまでは知られていなかったのだろうと思います。ごく一部の人間は知っていますけれども。学界でもほとんど知られていなかった史料だと思います。

横浜のみ鎖港へ―天皇・将軍の方針転換

その一方で、政策的な方針はと言いますと、天皇・将軍とも合意のうえで、横浜のみ鎖港という方針に転換します。これは通商条約の一部改定です。

つまり条約の全面破棄というのは、どう見ても不可能、戦争ももちろんそう簡単にはいかない。だからせめて一部改定して、横浜港を鎖港する、そういう形で貿易の大部分を停止する、その方針に転換するということです。

実際に、将軍が上洛する直前、文久三年（一八六三）の末には外国奉行の池田長発《いけだながおき》を団長とする池田使節団というのが、すでに横浜を出航してフランスへ向かっております。だから本気なのですけれども、フランスに着きましてもフランス政府から全然相手にされませんので、池田は元治元年（一八六四）の五月に勝手に独断で交渉を中断して帰国の途についております。

というわけで通商条約については、全面破棄はもちろんのこと、一部改訂の横浜鎖港も駄目だという、行き詰まりになってくるわけです。

横浜鎖港阻止のための下関戦争

一方外国側は、こういう状況をどう見て、どう対処しようとしていたのか。それが一番はっきりするのが、下関戦争ということになってくるわけです。

西暦で申しますと一八六四年の八月一八日、日本の暦では元治元年七月一七日、この時点で駐日英公使のオルコックがイギリス極東艦隊の司令長官キューパー提督に宛てて発信した極秘のメモがあります。下関戦争の開戦直前、艦隊が横浜に集結中というときに、オルコックから艦隊の司令長官に宛てた極秘のメモです。その大意を読んでみます。（英語原文は保谷徹『「欧米史料による下関戦争の総合的研究」研究報告書』、平成一〇—一二年、科学研究費補助金　報告書。二〇〇一年、所収）。

「長州の敗北の証は」——長州をここで負かせば、ということです——「長州が愛国的で頑固な鎖港党として躍進し、大君と諸列強に挑戦したにせよ、程度の差はあれ、その党派を落胆させることになろう」——横浜港を封鎖するには横浜港そのものでなくてもいい。下関海峡を封鎖しますと、長崎から下関海峡を通過し、さらに瀬戸内海を経由して、横浜方面に向かうルートを封鎖することになります。

そういう意味で長州の「the Sa-ko Party」とは、横浜の鎖港党、外国側から見ると、そういうことです。そこで下関で長州を負かせば、鎖港党の勢いを削ぐことになるであろう。

「それにしても彼らの行動を麻痺させ、平和と良好な外交関係の維持を叫ぶ穏健派の大名を勇気付け、大君《たいくん》（政府）の一部と、その良き感化を受けた大名―今まで両者が追随してきたものより、もっと理性的でまっとうな政策を掲げる―に処を得させる何かが絶対に必要だ」――「大君（政府）の一部」とは、積極的な貿易推進論者の外国奉行のことです。そして、この場合の「何か」というのはすなわち、下関を攻撃するということなのです。

「京都の鎖港党」に方針転換を迫る

さらに、オルコックの同じメモに、「兵庫と大坂の確保は、京都の鎖港党の裏切り的な企みに対抗する安全保障の手段として、条約列強に与えられている権利である」とあります。ここで「京都の鎖港党」という言葉に注目を願いたいのです。

つまり、鎖港を企む連中の本拠はあくまでも京都である、その一番のヘッド、頭にあるのは京都の帝《みかど》である、その帝の考え方を改めていただく以外にないので、そのためのデモンストレーションとして下関を攻撃する、ということなのです。下関そのものは、決して最終的な目標ではありません。

だからといって、その外国側にしても、日本と全面的に戦争ができるかと言えば、それは簡単ではありません。武力だけの問題では済まなくなってきている。

というわけで、イギリス陸軍も日本側の砲台を丁寧に観察します。そのために、わざわざ香港《ホンコン》に駐屯していたイギリス陸軍の工兵部隊の将校が長崎に出張して、調査にあたります。仮に日本側と全面開戦となった場合には、各条約締結国の国民が住みついて商館を営んでいる居留地を防衛しなければならない。これがカギになります。そういうわけで、長崎の状況というのが問題になってくるのですが、これは後でお話しします。

5　下関戦争の成り行き

英紙が伝える下関戦争の経過

その話に進む前に、『ザ・イラストレイテッド・ロンドン・ニュース』（金井圓編訳『描かれた幕末明治』雄松堂出版、一九七三年）という、ロンドンで刊行されていた週刊新聞の銅版画記事で、下関戦争の経過を時系列で見てみましょう。

ちなみに、当時、日本とイギリスとの通信は、船で行けば二カ月間くらいかかりますので、記事は事件からざっと三カ月くらい後に出ます。

図3‐1は一八六四年一〇月二九日付で、横浜集結中の英・仏・蘭・米四カ国連合艦隊の模様です。

図3‐2は一一月一九日付で、上段は下関を砲撃中の連合艦隊の大型艦です。下関側の砲台からの射程距離外に碇を下ろして砲台を攻撃するわけです。砲撃される方は、射程距離外から撃ってこられ、手

も足も出ません。それでも反撃したと見えまして、下段の画面では、その水柱が立っています。しかし、実際に命中したというケースはまずないです。

その一方で、小型で高速の艦がこれも何隻か、全部で一八隻のうち半々くらいに分かれますけれども、小型高速の艦艇が上陸用の兵員を載せて接近してくるわけです。

図3-3は一二月一〇日付の記事で、もう上陸してしまった後の内陸部での戦争の模様です。これを見ると、当時、イギリス軍でも装備しているのは先込《さきご》め（前装式）の単発銃であります。元《もと》込《ご》めでもないし、もちろん連発でもないという、そういう段階だということが、この画像でよくわかります。

そのイギリス兵が狙って撃っているのは、奇兵隊《きへいたい》です。当時、長州毛利家の正規家臣団は七月一九日の禁門の変で京都へ行っていまして、まだほとんどが帰国していません。戦いが行なわれる

図３−１　横浜に集結した四カ国連合艦隊（『ザ・イラストレイテッド・ロンドン・ニュース』1864年10月29日付より）

図３−２　下関を砲撃する連合艦隊（同11月19日付より）

図3-3　下関上陸後の戦闘（同12月10日付より）

図3-4　下関砲台を占領した連合軍（同12月24日付より）

のは八月五日から六日ですから、残って外国側と戦っているのは、おおむね奇兵隊で、この場面で撃たれているのも奇兵隊ということになります。

図3-4は一二月二四日付の砲台占領の記事です。ちょうどクリスマス・イヴの土曜日でした。

パリで見る下関戦争の残骸

図3-5は、私自身が撮ってきた写真です。下関戦争でフランス軍に分捕られた長州の大砲が、パリのアンヴァリッド（廃兵院）の前庭に無造作《むぞうさ》に転がされています。案内板も何もありませんので、どうして確認できるかと申しますと、砲身にレリーフされている三ツ星一文字の毛利家紋が証拠です。

図3-5　フランス軍に分捕られた長州の大砲

というわけで、下関戦争は戦いとして見た場合には、大砲の撃ち合いでは勝負になりませんでしたが、陸上戦になってからはだいたい互角で、死傷者はどちらも七〇人くらい。しかし、大局的に見れば、負けは負けであります。長州は講和方針に転換し、下関海峡の通航保障などを中心とする講和条約に調印しました。

長崎湾の防備が全面戦争を防いだ

こうして元治元年（一八六四）時点で、四カ国の攻撃目標はもっぱら下関に向けられていたのですが、全面戦争の可能性も否定できない。もし仮に全面開戦となった場合に、前に少し述べたように、外国側としては長崎の居留地を防衛しなければならない、ということがあります。

これはカギになるところです。長崎湾というのは、図3-6に見られるとおり、非常に細長い、ちょうど靴下みたいな形状をしています。その奥の方に居留地があるのですが、その居留地を含む長崎湾の日本側の警備の状態について、香港から出張してきたイギリス陸軍の工兵少佐レイが調査をして、香港の副長官代理に宛ててこのような報告を発しております。

「砲台の数の多さ（砲数は一五〇門以上と推定）、多様な水平分布と艦船が接近しなければならない海峡の狭さから、私が思うには、砲台がたとえ十分に機能しなかったとしても、攻撃はおそらく失敗するでしょう。あるいはいずれにしても多くの人命と、おそらく何がしかの艦数は犠牲になるでしょう。（中略）（長崎）外国人居留地は、一方面軍《いちほうめんぐん》に相当する兵力がなくては、まったく防衛することはできません」（保谷徹『幕末日本と対外戦争の危機』吉川弘文館、二〇一〇年）。「一方面軍」というのは万単位の軍隊で、これは突入する側にも相当覚悟がいるだろうと思います。

キューパー司令長官の意見も、この点同じです。「ここ（長崎）は高台にある巨大な砲台で囲まれている」（保谷前掲書）と言っています。

図3-7は江戸時代に書かれた長崎港図です。ご承知と思いますが、長崎というのは坂が多く、周囲

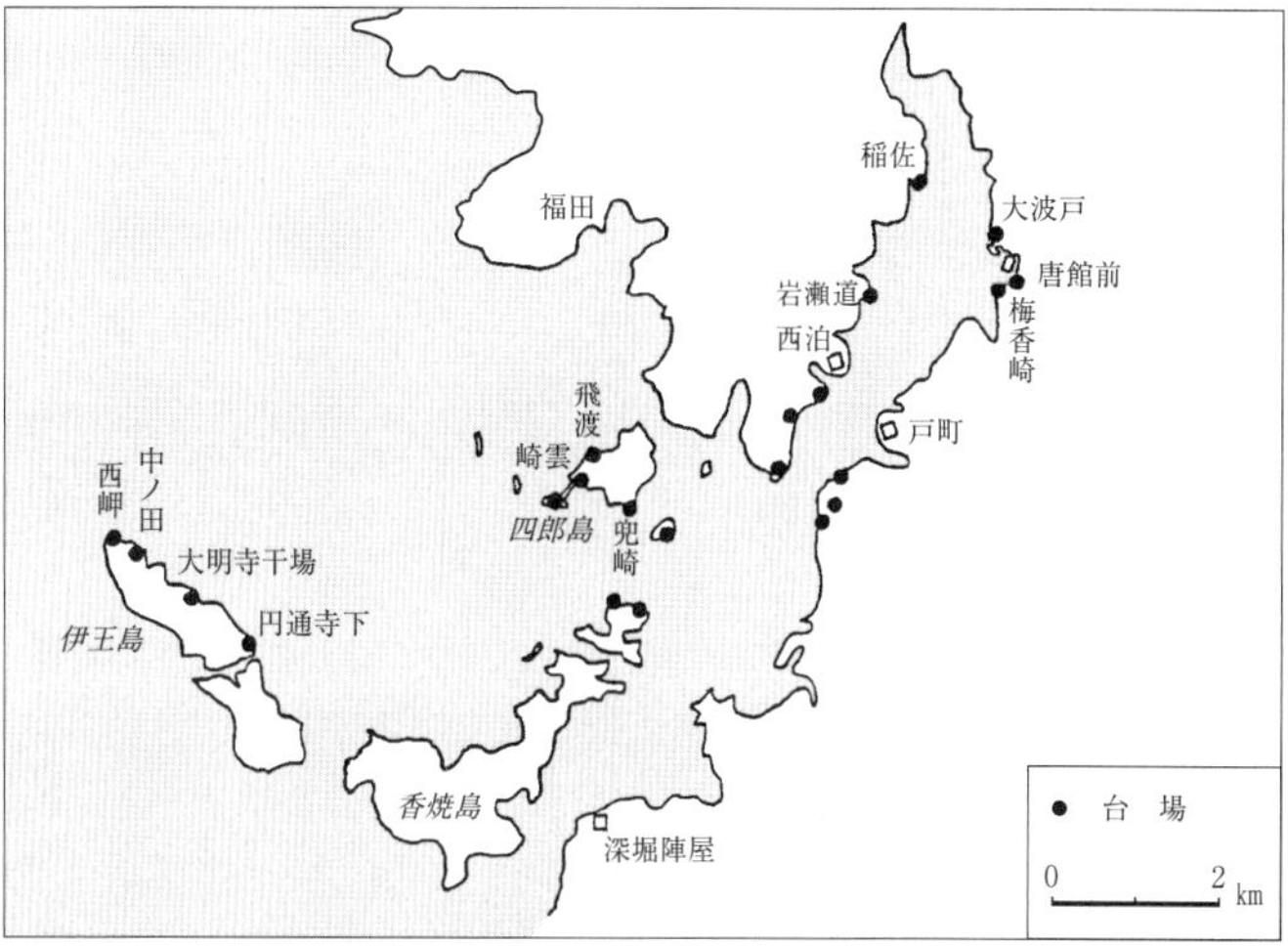

図3-6　嘉永6年の長崎湾周辺略図（原剛『幕末海防史の研究』名著出版、1988年をもとに作成）

図3-7　江戸時代の長崎港（川原慶賀筆、神戸市立博物館所蔵）

は山になっていまして、そこに全部砲台がありますから、長崎湾自体が一つの立体要塞のようなものです。ここへ艦隊が突入して来れば、周りの砲台から袋叩きに合うのは必至です。

というわけで、外国側から見てその外国人居留地を防衛するというのは不可能。ということは、日本と全面開戦になった場合には、長崎居留地はもう見殺しにするしかないという状況になるわけです。しかし実際に見殺しにするわけにはいきませんから、そういう意味でそう簡単に日本と全面開戦はできない、というのが結論になります。

中国の場合には、第二次アヘン戦争で北京にイギリス軍とフランス軍に乗り込まれて（一八六〇年）、皇帝が逃げ出すという騒動が起きます。日本の場合、そういう可能性が全然なかったわけではないのですが、守りやすい地形のおかげで長崎の防衛が厳重だったことが、日本に対する外国側の全面開戦をガードする役目を果たした、つまり京の仇を長崎で討ったことに、結果的にはなるのです。

下関戦争は国家体制の矛盾の象徴

その点で、誤解を招きかねない言い方になりますが、下関というのはちょうど適当な標的なのです。先に手を出しているのは下関、長州側ですから、これに対する報復ということで、外国側としても大義名分がきちんと立つわけです。大義名分が立たないで市街地などに砲撃を加えて、非戦闘員を殺傷したりしますと、とくにイギリスの場合、議会で野党から非難攻撃を受けたりします。議会というのはそういうものです。

現に文久三年（一八六三）七月の鹿児島での薩英戦争のときには、イギリス艦隊は鹿児島城下にロケット弾を撃ち込んで、非戦闘員を殺傷する結果になり、これについて議会で追及を受けています。ところが下関ならば、先に長州側が無差別砲撃を加えているということに対する報復として大義名分が立つ。と同時に、幕府にせよ、諸大名にせよ、長州を救援したりはしません。だから下関戦争のとき、対岸の小倉（小笠原家）側は何もせずに傍観しているわけです。

そもそも出撃前の基地として、横浜に外国艦隊が集結するというのも変な話です。日本国内に出撃基地を構えて、同じ日本国内を攻撃に出かける外国艦隊を黙って見送るという、これもたいへん矛盾した話です。

こういう矛盾を解決するには、日本全体を一つの統一国家にするしかないわけです。だから明治二年（一八六九）の版籍奉還《はんせきほうかん》と、さらに明治四年の廃藩置県《はいはんちけん》を経て、そういう意味で統一的な政府の下に置かれる国家ができ上がっていくし、またそうでなければ対処ができない。日本側にとってはそういう状況でもあったわけです。そういう意味では、下関戦争というのは国家体制の矛盾を象徴する事件でした。

条約の全面履行を天皇に迫る

下関戦争が戦われたのは八月の五日・六日・七日ですが、それが終わって二週間くらいの八月二三日、外国奉行の竹本正雅《たけもとまさつね》は、横浜で外国公使に会見して、鎖港要求の撤回を通告します。これが外国側から見れば、まさしく下関戦争の効果であり、下関を叩いて見せたことによって、鎖港要求の撤回をも実現させたということです。

それを追いかけて九月六日、イギリス公使オルコックは将軍宛てに、以下のような通牒を発します（保谷前掲書）。

「ミカドは条約の廃止を要求して、正統な君主への不服従か、あるいは西洋の四大列強に対する戦争のあらゆる惨禍を自国に惹き起こすのかという、二者択一を大君（将軍）に強いました」――帝に逆らうか、それとも世界の四大列強相手に戦争するか、その二者択一を帝は将軍に向かって突きつけた、と言っています。

問題はあくまでも帝が条約の廃止を要求したということであり、その条約を調印した将軍に対して無茶苦茶な二者択一を強制した、と言っているわけです。

「何故なら、取り結んだ条約を同意なしに取り消すことは戦争宣言することなのです。（中略）ミカドは、それゆえ、もはや何の思い違いも許されません。彼が条約廃止を求め続けるのであれば、彼は戦争も求めなければなりません」――英文の翻訳なのでちょっと不自然な日本語ですが、ミカドとしては、もう条約廃止をあきらめるか、それとも戦争するか、どちらかしか残された道はない、それを示すこと、これが下関攻撃の外国側の本当の意図です。

だから下関を攻撃して長州の攘夷党、あるいは長州藩の考え方を改めさせるというようなことは、少なくとも外国側の史料を見ている限り少しも出てこない。

もっぱら出てくるのは、ミカドと将軍ばかりです。最終的にはミカドに考え方を改めてもらう、ということが目的です。そういう意味で、下関に対する攻撃というのは天皇と将軍に向けて通商条約の全面履行を要求して、警告を発したものです。通商条約を全部受け入れるのでなければ、兵庫であれ、大坂であれ、下関と同じ目に会わすことができるぞ、というデモンストレーションでした。

長州攘夷論勢力の消滅

毛利家としては開戦直前、外国艦に対してみずから開戦はしない、防衛戦闘に限るということを決定していますし、何とかして戦争にならないように、実際に講和を策しています。

それを外国側が相手にしないので戦いになってしまいますけれども、主力になって戦っているのは奇兵隊で、その指揮者は事実上、山県有朋《やまがたありとも》などです。攘夷論者の中心勢力、久坂玄瑞以下は七月一九日禁門の変ですでに戦死しています。周布政之助もご存知のとおり、九月の末には自刃することになります。ですから、いわゆる長州の攘夷論勢力というのは、八月五日以前、下関戦争が始まる前に力を失ってしまっています。何が何でも外国船と戦うというメンバーは、事実上この時点では残っていません。

そういう意味で、長州藩はこの下関戦争で攘夷の不可能を悟って開国論に転換したというのは、後に話の辻褄を合わせるために作ったような話です。政策転換があるとすれば、戦争以前に行なわれてしまっています。

最後に、条約の勅許ですが、簡単に元治元年（一八六四）中に条約勅許がなされたわけではありません。翌慶応元年（一八六五）の閏五月に将軍家茂が三回目の入京参内を果たして、翌日、大坂城に下って、ここを第二次征長戦争の本拠にします。翌年六月、その征長戦争が始まります。

6　「攘夷」の終わり

四カ国艦隊の大坂湾侵入

征長戦争開戦の九カ月前、慶応元年（一八六五）九月一六日に、このチャンスを捉えて英・仏・蘭・米四カ国の公使団は、軍艦九隻に分乗して紀淡海峡を強行突破し、大坂湾に侵入します。海峡の両側には砲台があるのですが、通航する艦隊を黙って見送っているのです。

英公使館のアーネスト・サトウも、この艦隊に乗り組んでいて、彼の日記のなかに出てきますが、ただ兵隊がウロウロしているだけで、敵対する様子は見せなかった、というようなことを書いています。

そこを九隻の艦隊が突破して大坂湾に侵入してくる。これもなかなか緊張した場面だと思うのですけれど、そのうえで兵庫沖に停泊して、対応次第で攻撃を加えるという構えを見せます。実際にやるつもりだったかどうかというと、はっきりと断言できません。

ちなみにこのころ、イギリス公使はオルコックからパークスに交代していますが、方針は同じです。

慶応元年一〇月四日の御前会議

これを受けて一〇月四日に朝議が開催されます。関白、天皇側近の朝彦《あさひこ》親王、議奏・武家伝奏。武家側では、一橋慶喜《ひとつばしよしのぶ》・松平容保《まつだいらかたもり》らが出席し、天皇は「御透聴《おんすきぎき》」といって、御簾《みす》の内で議論を聞いているのです。この当時、天皇が姿を現わして会議に参加することは、ありません。

そういう形式での御前会議が開かれて、翌五日になって、在京有力諸藩の留守居または周旋方が召集されます。一五藩、三〇数名が集められて、「虎の間」というのが参内者の控えの間ですが、ここに一人ずつ呼び出されて、意見を聞かれます。

ここで会津の外島機兵衛《とじまきへえ》などは、もういい加減に攘夷論などは止めにして「四海兄弟《しかいけいてい》」とお考えになるように、というようなことを申し述べます。土佐の津田斧太郎《つだおのたろう》も、日本や中国の盛衰に比して、よく利害を考えてほしい、と答えます。

これが、その場の意見の大勢でして、これを踏まえて天皇もやむを得ず、通商条約を勅許するという回答を下したのです。

「条約の儀、御許容被為在候……」

一〇月五日夜の、天皇から将軍宛て勅書、「条約の儀、御許容被為在候《あらせられそうろう》あいだ、至当の処置、致すべく候事」（『孝明天皇紀』五）、これで通商条約が勅許され、この措置をもって、日本は、この当時のグローバルな世界システムに基本的に参入するということが確定したわけです。

ですけれども、もちろん先に申しましたとおり、グローバル・スタンダードというのは、すぐ全国全階層に受容されるわけでもありません。そういう意味での異文化の理解は、この時点をスタートラインとして進行していくことになります。

最後のまとめとしては、長州が提起した「攘夷」というのは、ややこしい曲折をたどりますけれども、こういう形で天皇から通商条約の勅許を引き出す結果になって、日本が世界に参入していくための一つの歴史的な階梯を成した、と言えようかと思います。

第4章

洋上はるか彼方のニッポンへ

欧米列強は何を目ざし、どう動いたのか

後藤敦史

1　日本だけの物語としてではなく

外から見る日本

私、生まれは福岡県ですが、育ちはずっと広島です。小さいころは、大畠瀬戸を挟んで対岸の周防大島に、家族でよく海水浴に来ていました。今日の午前中に、久々に周防大島を見ることができ、とても懐かしい気持ちです。

さて、今日お話するのは、一九世紀中ごろ、とくに一八四〇年代から五〇年代にかけての日本と、その日本を取り巻く国際環境に関してです。その意味では月性《げっしょう》の活躍した時代とまさに重なっています。ただし、今日のお話に月性はほとんど出てきません。この点どうかご容赦下さい。一九世紀中ごろの日本というものを外から見たときに、欧米列強が何を目ざして日本へやって来たのか、というところをお話していきたいと思います。月性が生きた、その当時の世界とは、どのような世界だったのか。これが、

今日のメインテーマです。

「外圧―討幕―近代化」物語からの脱却

一八五三年、日本の暦で言うと嘉永六年、江戸湾、今の東京湾の浦賀に黒船、つまりペリー艦隊がやって来て、そこから幕末の動乱が始まった――翌一八五四年（安政元）、日米和親条約が結ばれて開国し、一八五六年に今度はアメリカの初代総領事のタウンゼント・ハリスが来て、一八五八年に日米修好通商条約が結ばれ、その条約は天皇の勅許《ちょっきょ》を得ていなかったために幕府に対する反発が強まり、一八六〇年（万延元）には桜田門外の変が起き……というふうに、次から次へと幕末の動乱というものが語られます。それらを総括すると、まさに黒船来航による外圧を受けた結果、否応なく不平等条約が結ばれ、それを行なった幕府政治自体への批判の高まりから討幕運動が繰り広げられ、明治維新が起き、日本の近代化が始まった――というのが、「黒船来航」に端を発する「物語」の大筋であることは、皆さんご存知のとおりです。

しかしながら、このように外圧―討幕―近代化という軸で語られる「物語」は、日本列島内部のこととしては確かにそれでいいのかもしれないけれども、当時の国際環境の捉え方があまりに一面的ではないか、という点で実は大きな欠陥があります。その当時の国際的な条件というものをきちんと踏まえておかないと、例えば古くて新しい問題、つまりその後の日本がなぜ、他の東アジアの諸国に比べて近代化に成功していったのか、というような問題も、結局は日本人が頑張ったから、という形で、すべて日本のなかで完結する〝日本特殊論〟に陥る恐れがあります。

なお、実はこの点は、鵜飼政志さんという幕末外交史研究の第一人者がすでにするどく指摘しているところです（『明治維新の国際舞台』有志舎、二〇一四年）。私も、幕末外交史を学ぶ一人の研究者として、鵜飼さんが鳴らす警鐘に、強く共感をしている次第です。

2　アメリカ西漸とアヘン戦争

黒船来航を世界史的に見る

このような日本史の側からだけ見た明治維新の「物語」を克服するためには、まずは当時の日本列島を、世界史のなかにきちんと位置づける、という作業が必要です。ただし、今日のお話で、幕末から維新にかけての時期について、すべて詳しく世界史から見ていく、ということは不可能ですので、ここでは、私がとくに研究をしているペリー来航をめぐる国際環境、という点にしぼって話を進めていきたいと思います。

「黒船来航」というのは、日本の近代化の出発点として語られます。この事件が、日本の歴史のなかでいかに衝撃的な事件だったか、ということは、例えば、日本でスマートフォンが普及するようになったときに「携帯業界の黒船来航」と言われたように、日本の在来の商品や産業に大打撃を与える可能性のあるものの比喩として現在でも使われる点にも示されています。現代の日本人の歴史認識にも、大きな影響を与えているわけです。

しかし翻《ひるがえ》って考えてみると、日本の歴史にとって大事《おおごと》だからといって、世界の歴史にとって大事であるとは限りません。世界史全体で見たときに「黒船来航」というのはどういう条件のもとで起きたのか。それが世界史的にどういう意義があるのかというところを検討していく必要があるだろうと思います。そうでなければ日本の開国、さらには幕末、そして明治維新というものを世界史のなかに位置づけることが不可能になってしまう。

といっても、このテーマ自体は、別に目新しいということではなくて、これまでもさまざまな観点で研究が進められてきています。

従来の研究をごく大ざっぱにまとめると、ペリー艦隊を派遣したアメリカには、次の三つの目的がありました。まず初めに、北太平洋を通じる蒸気船航路を開いて、その航路上にある日本列島を、蒸気船を動かすのに必要な石炭を補給する場所として利用する。その蒸気船航路の最大の目的というのは、迅速に東アジア市場に到達して、当時の覇権国家であるイギリスに対抗する、というところにありました。

二番目として、当時、太平洋で盛んに操業していた、アメリカの捕鯨船の避難港として利用する。

さらに、新しい市場として日本を利用する。こういう三つの直接的な動機がアメリカ合衆国にはあった、と言われてきたわけです。

蒸気船航路開設とアメリカの世界戦略

この三つのなかで、学説的には捕鯨船の避難港こそが重要だったという主張もあるのですが、これからお話していくように、一番目の蒸気船航路を開く、その航路上に位置する日本を利用するということが最大の目的であった、というのが私の考えです。

実はこの目的から言うと、アメリカにとって日本を開国させるということ自体は、目的というよりも手段である、と言い換えることができます。つまり、アメリカにとっての最終目的は、あくまでも蒸気船航路を開いて迅速に東アジア市場に到達して、そのうえで覇権国家イギリスに対抗する。その世界戦略を達成するための手段なのです。日本開国というのは、アメリカの世界戦略にとっては一つの手段であって目的ではない。これが、日本開国を世界史のなかで考えるうえでも、重要な前提となります。

例えば、もしも日本がどうしても条約を拒んだとすると、日本と条約を結ぶというペリー艦隊の目的は失敗ということになります。しかし、それでアメリカの世界戦略自体が失敗するわけではないのです。日本との交渉が失敗した場合に備えて、アメリカ側は、小笠原諸島や琉球など、日本周辺の島を石炭補給地として利用することも計画に入れていました。そういったことを踏まえて、アメリカの世界戦略がどのように形成されたのか、どういう結果に終わったのか、という話をこれからしていきたいと思います。

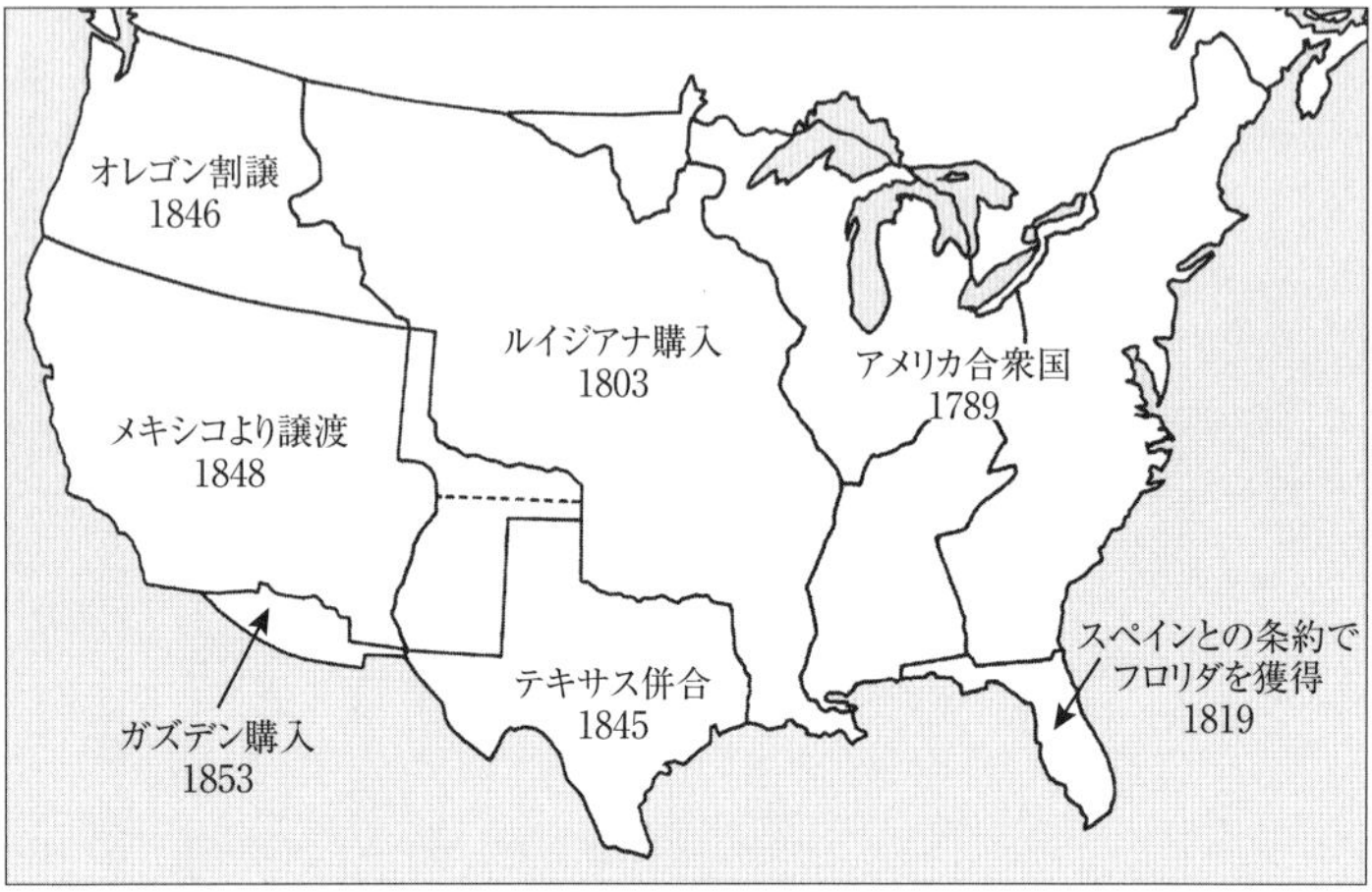

図4-1　アメリカ合衆国の領土膨張（1789～1867年）（山岸義夫『アメリカ膨張主義の展開』勁草書房、1995年をもとに作成）

西へ西へ――一八四〇年代のアメリカ

今日のお話は、とくに一八四〇年代と一八五〇年代を対象にしています。なぜ一八四〇年代から五〇年代なのか。それは、日本の開国を理解するうえで、一八四〇年代が決定的に大事だと私は考えているからです。一八四〇年代において、アメリカ合衆国が日本を開国させようという動機が生まれ、それが五〇年代の日本開国につながった。この一連の流れを、これから確認していきたいと思います。

ご存知のように、アメリカ合衆国が独立・建国したのは一八世紀の後半ですが、当時から今と同じような領土があったわけではありません。イギリス植民地だった一三州が独立したときには、東海岸しか領土がなかったわけです。以後、西へ西へと領土を進めていくのが、独立から一九世紀前半にかけてのアメリカの歴史です（図4-1）。

アメリカ・メキシコ戦争でカリフォルニアを獲得

西へ西へと大陸を進んで行って、太平洋側に到達したのが一八四〇年代です。これから、山岸義夫さんの研究を参考にして、アメリカのフロンティア拡大の歴史を見ていきたいと思います（『アメリカ膨張主義の展開』勁草書房、一九九五年）。

一八四五年、アメリカは、メキシコからの独立を企図していたテキサス共和国を併合します。これによってアメリカとメキシコとの戦争が勃発します。テキサスの領有をめぐるアメリカ・メキシコ戦争（米墨戦争）ですが、この戦争に勝利したことによって、一八四八年、アメリカはカリフォルニアを獲得します。

さらにそれ以前の一八四六年には、イギリスからのオレゴン割譲に成功しているわけで、一八四〇年代後半に、アメリカは相次いで太平洋側に領土を獲得することに成功しました。

ちなみにこのアメリカ・メキシコ戦争ですが、実はペリーもこの戦争に関わっていました。彼は海軍の軍人として、この戦争に参加しています。そして、後のペリー艦隊の部下たちというのは、アメリカ・メキシコ戦争のときにペリーの部下だった人たちから選ばれています。

「明白な天命」に随って

以上のように、アメリカ合衆国は「明白な天命」、つまりアメリカが西へ西へと領土を拡大するのは神から定められた天命＝「マニフェスト・デスティニー　Manifest Destiny」であるというスローガンを掲げて、西へ西へと進んでいきました。

一八四〇年代に太平洋側に到達したとき、それでアメリカ合衆国の領土的野心が終わったかというと、決してそうではありませんでした。陸地を西へ西へと進んでいく西漸運動は、確かに一八四〇年代に終点に到達したのですが、アメリカ合衆国がその先に見たものは何だったか。そう、太平洋です。太平洋という海が、アメリカ合衆国のまさに眼前に広がったわけです。アメリカ合衆国は大西洋だけではなく、まさに両側で大西洋・太平洋という二つの大きな海を擁する大陸国家となったわけです。次には何を目ざすか。海洋国家になることです。海を制するということです。

南京条約がもたらした地政学の大変化

アメリカ・メキシコ戦争の少し前に、時間軸を戻してみましょう。一八四〇年代の初頭、太平洋を挟んで西側、東アジアと言われる地域で、世界史的にも有名な事件が起こりました。一八四〇年～四二年にかけて中国で起こったアヘン戦争です。ここでは、吉澤誠一郎さんの研究などを参考に、アヘン戦争の歴史的意義を確認していきたいと思います（『清朝と近代世界〈シリーズ中国近現代史一〉』岩波書店、二〇一〇年）。

アヘンの密貿易をめぐってイギリスと清朝が戦った戦争ですが、このアヘン戦争は日本の歴史にも大きな影響を与えました。この戦争の情報と、さらにイギリス軍艦が日本に来るかもしれない、という情報がオランダから伝わると、当時の徳川幕府は一八二五年（文政八）に発令していた異国船打払令を撤廃し、日本にやってきた異国船が困っている場合には薪《たきぎ》や新鮮な水・食糧を提供しましょうという、薪《しん》水給与令《すいきゅうよれい》へと転換します。

東アジア全体の地政学的な条件に与えた影響という点では、一八四二年に結ばれた南京《ナンキン》条約がとても重要です。それまで清朝は西洋諸国に対しては広州《こうしゅう》一港でしか貿易を認めていなかったのですが、この南京条約によって、一気に福州《ふくしゅう》・厦門《アモイ》・寧波《ニンポー》・上海《シャンハイ》と、全部で五港が開港となりました。当然イギリスの商人たちが新たな商売を求めてやってきますし、そういったイギリス人たちの生命や財産を守るために海軍の活動領域も広がります。

東アジア海域での覇権競争が激化

その新しい活動領域の先に日本列島がある。しかも、当時、東アジアの海は測量が進んでいなかった、つまり海図がなかったのです。そこでイギリス海軍は、日本を含めて測量活動を行ないます。その結果、例えば一八四五年（弘化二）にはイギリスの測量艦が長崎にやって来る。一八四九年（嘉永二）にも、今度は長崎ではなくて、江戸湾までやって来るという事件が起きています。端的に言うと、それまで日本に接近してくる異国船というのは、捕鯨船などの民間の船がメインだったのですが、一八四〇年代以降は軍艦がやって来るという事例が増えてきます。これは、日本の歴史にとって、大きな変化の一つとなりました。

いずれにしても、イギリスは東アジアにおける活動拠点を獲得しました。しかし、ここでさらに重要となる点は、新しい活動領域を得たのはイギリスだけではなかった、ということです。イギリスが得た条約の恩恵を、アメリカやフランスも自分たちの利権として求めました。そしてその獲得に成功したのです。一八四四年にアメリカが望厦条約《ぼうかじょうやく》、フランスが黄埔条約《こうほじょうやく》を結んで、イギリスと同じ特権を得たわけです。

ふと考えると不思議な気もします。イギリスは清朝と戦争して特権を得た。しかし、アメリカ・フランスは別に戦争したわけではない。ある意味、「ただ乗り」です。ところが清朝にとってみると、当時、イギリスやアメリカやフランスは野蛮な国です。「外夷《がいい》」なのです。そのような「外夷」に対しては、開港地を与えて、つまりは恩恵を与えて、コントロール（「羈縻《きび》」）しやすくしておいたほうがいい。恩恵である以上、イギリスに認めたことはアメリカ・フランスにも認めてあげる。これが、清朝の外交の基本方針でした（坂野正高『近代中国外交史研究』岩波書店、一九七〇年）。こうしてイギリス・アメリカ・フランスといった国々において、東アジア海域における活動が活発化していくわけです。

3　アメリカ合衆国の太平洋進出

イギリスが抑えていたアジア航路

東アジア海域での活動は、アメリカにとってどういう意味があったのか。世界史的な交通の変化という歴史事象も含めて、杉浦昭典さんの研究をもとに、見ていきたいと思います（『蒸気船の世紀』NTT出版、一九九九年）。

当時、欧米諸国がアジア最大のマーケットである中国に行こうとしたら、どのルートを通るか。アフリカ大陸最南端の喜望峰を経て、インド洋を通り、東南アジアを経て中国へ至る。これが、当時のスタンダードな航路でした。

一八四〇年代以前のアメリカ合衆国も、基本的にはこのルートでした。というのも、海に面した領土は東海岸にしかなかったからです。東海岸から出発して、喜望峰を通って中国に行く。ペリー艦隊も、軍港のあるバージニア州ノーフォークを出て、喜望峰経由で日本へとやって来ています。しかし、一八四〇年代後半に太平洋側に到達したことによって、アメリカにとってみればこのアジアに至るルートに関する条件が、大きく変わってきたのです。

太平洋は確かに大きな海だけれども、この海を挟んでアメリカはアジアと隣り合う国になった。一方、アメリカが従来の大西洋経由のルートを利用する限り、イギリスには勝てません。例えば喜望峰のケープタウンなどがそうですが、このルートの重要拠点というのは基本的にイギリスが抑えているわけです。アメリカがこの大西洋、喜望峰経由のルートを使う限り、イギリスの恩恵を当てにせざるを得ないのです。

太平洋航路の焦点は日本

しかし、アメリカ合衆国は一八四〇年代に太平洋側に到達し、なおかつ一八四四年の条約で中国に新たな活動拠点を得て、東アジアとの貿易の活性化というものが期待されるようになりました。しかもアメリカは太平洋を挟んでアジアと向き合った。言い換えると、隣り合ったのです。となると、太平洋を直接横断するルートを開いてアジアに行こう、という期待も高まるわけです。太平洋を直接渡る航路を開くことができれば、イギリスに勝つことができるかもしれない。イギリスを抑えてアメリカこそが世界ナンバーワンになれるかもしれない。そういう構想が生まれてくるわけです。

実際に一八四八年五月、アメリカ議会において、下院海軍委員のキングという人物が蒸気船航路の開設に関する報告書を議会に提出しています。ここで、三谷博さんも示された図1-7（二一ページ）をもう一度ご覧下さい。これは、キングによるその報告書に添付された、蒸気船航路の計画図で、図の作成者は、マシュー・モーリーという海軍の海洋学者です。この計画で一番重視されたのは、アリューシャン列島を経て、津軽海峡を通って中国へ行くというルートです。大圏航路と呼ばれるこの航路を通った方が、距離は短くなる。当時、キングは喜望峰経由のルートだと一万八〇〇〇から二万マイルだが、太平洋上の大圏航路だと約半分の距離で中国に到着する、と計算していました。

なお、キングはその報告書において、日本の港を利用しようということを想定していたわけではありません。確かに津軽海峡を通るルートを推奨しているのですが、日本との外交関係といった話は書かれていません。しかしいずれにせよ、この構想が出てきたことで、アメリカ合衆国にとって日本列島が一つの焦点として浮かび上がってくることになります。太平洋航路上の蒸気船航路計画が持ちあがるなかで、だんだんと日本との国交樹立がアメリカにとって避けて通れない課題になってきたのです。

石炭補給基地として

アメリカにとっての日本の重要性、という点で言えば、まずは、石炭補給地としての可能性があげられます。当時の蒸気船技術においては、この太平洋航路を石炭の補給なしに横断することはできません。どこかで石炭を補給する必要があります。一八四八年のキングの報告書では、アリューシャン列島沿いが想定されていました。ただし、アリューシャン列島となると、ロシアとの交渉という問題がある。しかもアリューシャン列島に、はたして石炭資源があるのかということも調査しないといけません。それだったら、まだ条約は結んでいないけれども、欧米の強い国々と交渉するよりも簡単そうで、なおかつ石炭資源が見込める日本が、交渉相手として浮上してくるわけです。

具体的には、一八四九年（嘉永二）、アメリカ東インド艦隊のプレブル号という船が長崎を訪問します。何のために来たのか、という点はすぐ後でお話しますが、プレブル号の艦長ジェームズ・グリンは、長崎での経験をもとに、後にアメリカ海軍に上申書を提出して、アリューシャン列島で石炭を補給するという構想は捨て、日本を利用すべきだという意見を提言します。

捕鯨業振興のために

さらにグリンが提言するように、日本と国交を開くことには、もう一つ大きなメリットがありました。当時、アメリカ合衆国にとって、捕鯨は非常に重要な産業でした。エリック・ジェイ・ドリンさんの『クジラとアメリカ』（北條正司他訳、原書房、二〇一四年）という本を参照に、アメリカの捕鯨史を確認していきますと、当初、大西洋を主な漁場としていたアメリカの捕鯨船は、一八世紀の末ごろに、南米最南端のホーン岬経由で太平洋へと乗り出してきます。太平洋にはマッコウクジラがたくさんいたわけです。当時の欧米の捕鯨漁は、食肉目的ではありません。クジラから取れる鯨油が主な目的です。明かりを灯す油であったり、ロウソクの原料であったり、いろいろな用途に使われていたのですが、ある意味で鯨油が欧米の社会そのものを支えていたと言っても過言ではありません。

太平洋へ繰り出していったとき、主にアメリカの最も手ごわい競争相手になったのはイギリスの捕鯨船です。イギリスとアメリカの捕鯨船は、太平洋で競争を繰り広げていくことになります。しかし、最終的に世界の捕鯨業でトップシェアを握っていくのは、アメリカです。一九世紀前半にかけて、アメリカ捕鯨業がイギリスのそれを抑えて世界のトップに立ちました。アメリカ国内においても、捕鯨業はアメリカの全産業のなかで第五位に位置する、それだけ重要な産業だったわけです。

未踏・未調査の海

ところが太平洋は、地図で見てもわかるとおり、とても広い。確かに一五〜一六世紀の大航海時代から、太平洋はヨーロッパ人に知られていましたし、マゼランの船団のように太平洋横断に成功した船もあります。さらに、スペインによるガレオン貿易は、まさにメキシコとフィリピンを結ぶ太平洋貿易だったわけです。しかし、太平洋で科学的な調査が本格的に始まったのは一八世紀のことです。有名なジェームズ・クックの探検隊や、それより時期はさかのぼりますが、ベーリング海峡を発見したロシアのベー

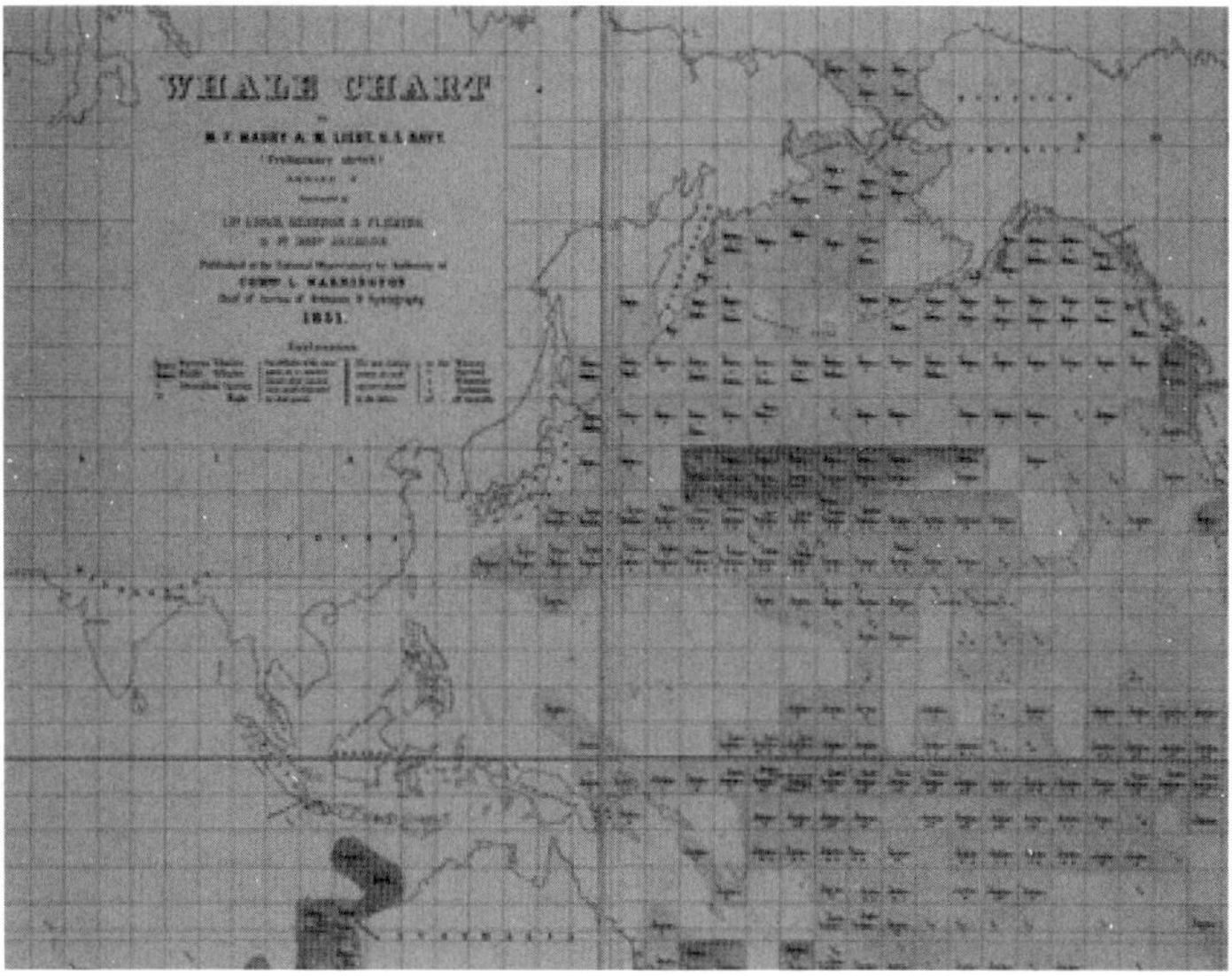

図4－2　「ホエール・チャート」（アメリカ議会図書館所蔵）

リング艦隊、これらは全て一八世紀に太平洋を探検した船です。

しかし、一九世紀に入っても、その広大な太平洋には、まだまだ未調査の海域が多く残されていました。そして、当然ながら、未調査の海には海の地図、つまり海図がありませんでした。安全な航海のためには海図が必要で、逆に言えば、海図のない航海というのはかなり危険な行為です。そのため、太平洋上の未調査の海の情報は、とても重宝されていました。例えばペリー艦隊も、日本に来たときに日本近海の測量を実施しています。単に日本と条約を結ぶというだけではなく、また日本との交渉のついで、としてでもなく、対日外交に付随する重要な任務の一つとして、ペリーは日本近辺の水路情報も集めていたわけです。

なお、図4-2は「ホエール・チャート」（クジラ海図）といって、一八五一年にアメリカの国立海軍天文台が発行したものです。太平洋を区域に分けて、スパームホエール（sperm whale マッコウクジラ）とライトホエール（right whale セミクジラ）がどの区域でよく捕れるかを、視覚的に表わしています。マッコウクジラもセミクジラも、良質な油が採れるクジラとして、欧米の捕鯨船による主な捕獲対象となっていました。

アメリカの海軍天文台という公的機関が、捕鯨漁という特定産業のための海図を作成している。これ自体が、アメリカが捕鯨業をいかに重視していたかという一つの傍証とも言えます。一方、これらの情報を海軍がどうやって得たかというと、実は捕鯨船から提供してもらっていました。商業的利益を求めてどんどん太平洋へ進出し、活動している捕鯨船だからこそ、同海域の情報をたくさん持っています。その捕鯨業者たちから太平洋の情報提供を受けて、その見返りとして作製されたのが、この「ホエール・チャート」だったのです。

日本近海に捕鯨船が殺到した

南太平洋から始まった捕鯨漁は、だんだん北へ北へと活動の場所を移していきます。そして一八一〇年代の終わりごろに、日本近海でたくさんの鯨が捕れるということが「発見」されるわけです。図4-2の「ホエール・チャート」を見てわかるように、日本列島のとくに南東のあたりに漁場が密集していて、ここを目ざしてアメリカの捕鯨船、イギリスの捕鯨船が日本の近海にたくさん姿を現わします。

一八二五年（文政八）の幕府による異国船打払令は、この太平洋における捕鯨漁の隆盛、という歴史を抜きに語ることはできません。打払令の発令のきっかけになったのが、その前年の一八二四年に、常陸国の大津浜（現茨城県）というところにイギリスの捕鯨船員が上陸し、さらに薩摩藩領であるトカラ列島の宝島というところにもイギリス人たちが上陸したという事件でした。欧米の捕鯨船が日本列島近海でたくさん活動する、という状況があったからこそ、日本では異国船に対する危機意識が高まったのです。

ここで、先ほどの話を思い出してほしいのです。一八四〇年代以降、東アジアの国際環境の変化を受けて、海軍の船が日本近海に姿を現わします。しかし、それ以前から、たくさんの捕鯨船が日本の近海で活動をしていました。日本史という枠組では、異国船、とひとことで済ましがちなのですが、アジア・太平洋の国際環境の変化を踏まえると、異国船と言ってもその時代ごとに特徴が異なるのです。このような国際環境の変化を具体的に検討していくことが、世界史のなかに幕末・維新期の日本の歴史を位置づけるうえで、重要なことだと言えます。

「残酷な処遇」を防ぐために

話を戻しますが、日本近海で活動する捕鯨船が増えると、次のような問題も生じてきました。太平洋は広大な海で、海図も不十分であったため、海難事故に遭う捕鯨船が増加したのです。日本列島の近海ももちろん例外ではなく、アメリカの捕鯨船が漂流するという事例が増えていきます。先ほど、一八四九年（嘉永二）にプレブル号という軍艦が長崎に来たと述べましたが、実はこの船は、日本に漂着して長崎に拘留されていた捕鯨船ラゴダ号の船員たちを受け取るためにやってきたのです。

当時、徳川幕府は、日本のどこであれ、欧米人たちが漂着してきた場合には長崎に送って、長崎からオランダ船で帰国させていました。このラゴダ号というアメリカの捕鯨船も、もともとは蝦夷地《えぞち》に漂着したのですが、船員たちは長崎まで護送されて、オランダ船を介して帰国する予定だったのです。ところがアメリカ海軍は、オランダを通じて、アメリカ捕鯨船員たちが長崎にいるという情報を得て、直接受け取りにやってきました。その結果、幕府も、ルールから外れるけれども、渋々長崎で引き渡すことにしました。プレブル号艦長のジェームズ・グリンは、このときの日本での経験を踏まえて、捕鯨船員たちが日本で悲劇に合わないよう、日本と条約を結ぶべきだ、そして石炭補給地として利用すべきだ、ということを提言したわけです。

日本側としては、キリスト教の流入は防がないといけない、だからむやみに日本人と外国人を接触させるわけにはいかないために、拘留をする、自由な行動を制約する、という措置を取っていました。踏《ふみ》絵《え》もさせています。ラゴダ号の船員たちは、こうした日本側の対応を「残酷な処遇」としてジェームズ・グリンに報告したのです（『〈国際ニュース事典〉外国新聞に見る日本』①本編、毎日コミュニケーションズ、一九八九年）。船員たちの体験は、アメリカの新聞にも載ります。捕鯨船員保護のためにも日本との国交樹立が必要、というグリンの提言が、一定の重みをともなってアメリカ国内で影響力を強めていくことになります。

東インド艦隊司令長官オーリック

一八五一年、ついにアメリカ海軍は東インド艦隊司令長官のジョン・オーリックという人物に対日外交を命じます。条約締結に関する権限をオーリックに付与したのです。

東インド艦隊というのは、一八三五年以来、中国近海に常駐し、東アジア海域におけるアメリカ人の生命や財産を守ることを主要な任務としていた艦隊です。その通常の任務に付け加えられるかたちで、オーリックには対日外交の権限が与えられたのです。

実はジョン・オーリックは、ペリーの前任者にあたります。オーリックは東アジア海域に向かう途中でトラブルを起こして、解任されてしまいます。彼は、途中ブラジルのリオデジャネイロまで駐ブラジル公使を乗せていったのですが、その公使と金銭トラブルを起こして、東インド艦隊の司令長官にはふさわしくないとして解任されたのです。しかし、もしオーリックがトラブルを起こすことなく、そのまま日本に来ていたら、日本の歴史に刻まれたのは「ペリー来航」ではなくて、「オーリック来航」だったかもしれません。

4　ペリーは何を成し遂げたのか

ペリーの野心がもたらした対日外交優先

そのオーリックの後任になったのが、ペリーです（図4-3）。ペリーについては、サミュエル・モリ

図4−3　ペリー画象（東京国立博物館所蔵）

ソンさんによる詳細な伝記があります（座本勝之訳『伝記ペリー提督の日本開国』双葉社、二〇〇〇年）。ペリーは一七九四年の生まれで、東インド艦隊司令長官就任時点で五七歳でした。彼としては、海軍のキャリアも終りかけていますので、最後は当時アメリカ海軍の花形と考えられていたヨーロッパの地中海艦隊の司令長官を希望していたようです。ところが、彼に立てられた白羽の矢は、対日外交の任務のともなった東インド艦隊司令長官でした。彼自身、海軍で卓越したキャリアを積んできたうえに、ペリー家はアメリカ海軍の名門一族でしたから、自分の経歴の最後を飾る事業として対日外交を任じられたからには、それを歴史的偉業として成し遂げたい、とペリーは野心を膨らませたと考えられます。

そこでペリーは、東インド艦隊の通常任務よりも、対日外交を優先させるということを、アメリカ海軍に認めさせます。オーリックの場合には、東インド艦隊の任務の、いわばプラスアルファとして対日外交が任じられました。一方、ペリーは東インド艦隊の通常の任務よりも優先される任務として、対日外交を位置づけたわけです。ペリー艦隊の公式の遠征記録である『ペリー艦隊日本遠征記』には、こう書かれています。

艦隊には十分な艤装《ぎそう》が認められ、また、多くのことが提督の判断に任されることが必要となり、遠征隊の司令官には、外交上、軍事上の異例の権限が与えられた。（中略）この遠征隊の最大の目的は、通商のために日本への友好的な入国を成就することと、わが国の蒸気船が太平洋を横断する際に必要な石炭の貯蔵所を、適当な地点に設置することだった。（オフィス宮崎編訳、上巻、万来舎、二〇〇九年）

このように、ペリーは中国海域におけるアメリカ人の生命・財産の保護よりも、対日外交を優先していくことになります。

なぜイギリスではなくアメリカだったか

それでは、当時の東アジアの国際環境のなかで、日本を開国に導いたのは、なぜアメリカだったのでしょうか。この問いは、当時世界の覇権を握っていたのはイギリスであったのに、なぜイギリスではなく、アメリカだったのか、という問いとしても成り立ちますし、実際にこれまでもそのような問いとして多くの研究者によって考察されてきました。

まず端的に言うと、イギリスにとって、日本はそれほど魅力的ではありませんでした。一八五九年（安政六）に来日したイギリスの駐日公使（日本に来たときには総領事）オールコックは、「対日貿易などはなくてもよいであろう。かれらが供給している茶や絹などは、どこからでも手にいれることができる」と言っているわけです（山口光朔訳『大君の都』下巻、岩波文庫、一九六二年）。ただし、誤解がないように説明しておくと、オールコックはだから日本などどうでもいいという趣旨でこのような発言をしたわけではありません。そうではなく、いったん国交を持った以上は、イギリスの国際的威信にかけて対日外交をおろそかにしてはいけない、という文脈での発言です。それでも、経済的価値という点では、オールコックが言っているように日本に対する期待は明らかに低かったと言えます。

一方、アメリカにとってみたら、日本列島はアジア最大の市場であった中国へ太平洋経由で行く途上に位置しています。だからこそアメリカでは、日本を開国させるという機運が高まったわけです。しかしイギリスが中国に行くのは大西洋・インド洋ルートであり、日本は中国のその先にあります。日本を開国させようという機運がアメリカほど高まらなかったのも、当然といえば当然のことだったのです。

しかも、ここが大事ですが、当時の国際環境から言って、イギリスは日本を開国させようにもできなかったとも言えます。当時のイギリスにとっては、日本の問題よりもはるかに重大なことが、次々と東アジアで起きていたのです。

太平天国の乱

東アジアでは、一八五〇年代に入ると、まず太平天国《たいへいてんごく》の乱（一八五〇～六四年）が中国で起こります。この乱そのものの経過など、説明は割愛しますが、これは清の国内における内乱ですので、当初はイギリスも含めて欧米諸国は不干渉・中立を保ちます。その一方で、欧米の各国には、現地で活動している欧米人たち、つまりそれぞれの国の自国民を守るという任務が生じてきます。実際に各国の海軍は、現地で商売している人たちから生命・財産の保護が期待されるし、要請もされるわけです。

ここでアメリカの話にもどりますと、東インド艦隊の通常任務は、東アジア近海にいるアメリカ人たちの生命・財産の保護です。太平天国の乱という状況のなかで、アメリカ東インド艦隊に期待されたのは、中国にいるアメリカ人たちの保護です。もしオーリックがそのまま東インド艦隊の司令長官を務めていたら、もしかすると、そもそも日本には来なかったかもしれません。なぜなら、オーリックの任務としては、まずは中国でのアメリカ人の生命・財産の保護が期待されるからです。ところがペリーはそうではなかった。先ほど述べましたように、ペリーは通常任務よりも対日外交を優先するということをアメリカ海軍に認めさせていました。だから彼は、次のような行動に出ることになります。

在留民保護の要請を無視して

ペリーの第一回目の日本来航は、西暦一八五三年（嘉永六）七月でした。同年一一月に中国在留の商人たちから保護要請が出たにもかかわらず、ペリーはなかばそれを無視する形で、一八五四年（安政元）二月に二回目の日本来航を果たします。

実はペリーに対しては、一八五三年一〇月二八日付けで、海軍長官からこんな訓令が発せられていたのです。

当省は蒸気船一隻を中国に派遣し、わが政府を代表する弁務官の使用にあて、その使命の大目的を達成するための便宜を彼に提供できるよう希望していました。（中略）現在、中国は歴史的危機にあると思われ、また多数の人々が中国をめぐって、少なくとも日本に対するのと同じほどの注意と関心を寄せるべきものと考えているのです。

（前掲『ペリー艦隊日本遠征記』下巻）

「同じほどの注意と関心」と言っているのは、おそらく海軍長官のペリーに対する配慮があったのだと思います。海軍長官としては、太平天国の乱への対応のほうが、重要だったのではないでしょうか。いずれにしても、この訓令は、東インド艦隊の艦船一隻をこれから派遣する外交官である駐清弁務官の利用に提供せよ、外交官のために軍艦一隻を割くようにと命じた、海軍長官からの公式の訓令です。そして、ペリーは日本に二回目に行く直前にこの訓令を確かに受け取っていたのです。

ところが、ペリーは海軍長官に対して弁務官が到着したら一隻回しますとは回答するものの、結局、全艦隊を日本に結集させます。中国情勢が揺れているにもかかわらず、しかも、そのなかで現にアメリカ人たちが保護してくれと要請しているにもかかわらず、ペリーは対日外交を優先させて艦隊を日本に結集させたのです。

個人的野心と国家戦略

ペリーの対日遠征の事業は、アメリカの対日外交という形で語られることがほとんどです。しかし、アメリカ外交全体として見た場合、実はペリーが行なったことには、彼の個性というか、個人的な判断がかなり反映されています。日本を開国させて、歴史に名を残すといったペリーの個人的な野心によって、中国にいたアメリカ人たちの要請が無視されました。実はその結果として、日本の開国があるわけです。

アメリカの対日外交とひとことで言っても、アメリカ合衆国としては日本だけを見ているわけでは決してありません。東アジアや太平洋全域における国家戦略のなかで、日本をどう位置づけるか、という観点から対日外交は形成されるわけです。そこにペリーの個人的判断が働いて、太平天国で中国情勢が揺れているにもかかわらず、全艦隊を日本に結集させるという事態が起きた。そういったさまざまな歴史的因果関係を考察したうえで、改めてアメリカの対日外交というものを捉え直す必要があります。

なお、ペリー艦隊は確かに日本を開いて、蒸気船航路開設の実現の可能性を高めることに成功しました。しかし、その航路を開くうえで、日本はあくまでも〝点〟にすぎません。一方、蒸気船航路というのは〝線〟です。点を開いただけで蒸気船航路ができるわけではありません。蒸気船航路を開くためには、〝線〟全体を調査する必要があるはずです。

逆に言えば、アメリカは日本を開くだけで、「蒸気船航路が開ける」と思っていたのでしょうか。そうではありません。実はアメリカは外交政策として、蒸気船航路となりうる航路全体を調査する北太平洋測量艦隊というものを一八五三年六月に派遣しています。アメリカの太平洋蒸気船航路開設に関する構想において、ペリー艦隊がその航路上の〝点〟を開く艦隊だとすれば、北太平洋測量艦隊は〝線〟を調べる艦隊です。アメリカの太平洋進出の歴史を見るうえでも、非常に重要な艦隊です。しかし、ペリー艦隊に比べると、知名度は圧倒的に低いです。

ペリー艦隊と測量艦隊

実はこの測量艦隊は、ペリーの行動によってその事業が中断されてしまいます。この測量艦隊が中国海域に到着したとき、まさに東インド艦隊が日本近海に結集し、徳川幕府と条約締結に向けて交渉中でした。測量艦隊は、中国在住のアメリカ人たちの要請を受け、ペリーに代わってアメリカ人の保護にあたったのです。そのため、本来の任務である測量事業も中断せざるを得ませんでした。

ペリーの対日外交をアメリカ外交全体のなかに位置づけるためには、このような測量艦隊との関係性も踏まえた評価が必要です。ただ、これ以上、ペリー艦隊と測量艦隊の関係ばかりお話する時間の余裕はありません。私はその測量艦隊に着目して、『忘れられた黒船―アメリカ北太平洋戦略と日本開国』（講談社選書メチエ、二〇一七年）という本を書きました。測量艦隊に関連させて、当時のアメリカの対日外交を詳細に論じた本ですので、興味のある方は、ぜひ読んで下さい。

5　揺れる国際情勢のなかでの開国

クリミア戦争の勃発

当時の覇権国イギリスに話をもどします。イギリスが日本を開国させなかった、あるいはできなかったもう一つの理由としては、一八五三年から五六年にかけてのクリミア戦争があげられます。クリミア半島と言えば、二〇一四年にロシアが併合を強行し、まさに今現在も国際社会の動揺をもたらしている半島です。当時も今も、ロシアにとってこのクリミア半島は、地政学的に重要な半島であり続けています。一八世紀以来、ロシアは黒海を経て地中海へ出ていくために南下政策というものを展開していました。しかし、ロシアの南下は、当然国際的な軋轢を生じさせます。その一つの結果として、ついに一八五三年、オスマン帝国と開戦します。クリミア戦争の勃発です。

この戦争は、単にロシアとオスマン帝国との二国間の戦争にはとどまりませんでした。ロシアの南下を警戒するイギリスとフランスがともに一八五四年に参戦するのです。このクリミア戦争は、結果的には、ロシアが敗戦し、ロシアの南下も一時的に頓挫をします。一見すると、ヨーロッパ方面の戦争に見えるのですが、実は決してヨーロッパだけの戦争ではありません。アジア・太平洋にも大きな影響を与えたという点で、まさに世界規模の戦争だったのです。

来ては去り行くロシア

その一つが、ロシアの対日使節プチャーチンの行動への影響です。ロシアは一八〇四年（文化元）にニコライ・レザノフという人物を日本に派遣してきましたが、その後、国家使節を派遣することはありませんでした。ヨーロッパでのナポレオン戦争（一八〇三〜一五年）により、極東に目を向けられなくなった、と言われています。結局、一八五二年（嘉永五）、アメリカが日本に向けて使節を派遣するという情報を得たところで、ロシアも対抗的にプチャーチンを派遣します（図4-4）。なお、ロシア側の動向については、和田春樹さんの研究を参考にしています（『開国―日露国境交渉』NTT出版、一九九一年）。

一八五三年の八月、日本の暦で言うと嘉永六年七月に、ロシアの艦隊が長崎に来航しました。結果的には、一八五五年二月（安政元年一二月）に日露和親条約が締結されます。

図４−４　プチャーチン画像

　ここで比較をしてみます。アメリカとの間に結ばれた日米和親条約は、ペリーが最初に来航してから締結まで九カ月です。ところが日露和親条約は、プチャーチンが来航したのはペリー来航から一カ月後のことだったのに、条約を結ぶまでには一年半、およそ二倍も時間がかかっています。なぜ、こんなに時間がかかったのでしょうか。プチャーチンには、北方の日露の国境を確定するという、ペリー以上の任務がありましたから、その影響も当然あります。しかし、国際環境という面で言うと、そもそもじっくり交渉するような状況ではなかったということが、最も大きな理由だったのです。

　一八五三年から五六年にかけてのクリミア戦争という状況のなかで、ロシアはイギリス・フランスと交戦国になりました。クリミア戦争自体はヨーロッパを主な戦場とした戦争でしたが、東アジア海域にも、イギリスやフランスの軍艦はいます。戦争を始めているのに、東アジア海域では無関係、ということにはなりません。実際に、北太平洋海域でも戦闘が起こっています。

　そのため、対日交渉の権限を背負い、日本にいるプチャーチンとしては、とにかくイギリス・フランスの艦隊につかまらないように慎重に行動しないといけません。しかし、慎重であるためには、情報を得ないといけません。そして、情報を得るためには、自ら動かないといけないわけです。

その結果、プチャーチンは幕府側から見たら、まさに来航しては去っていく、というような行動をとらざるを得ませんでした。幕府側から、ということで、日本の暦で見ていきますと、まず嘉永六年（一八五三）七月に長崎に来航し、交渉が始まる前に一〇月には北方へ向かい、一二月に長崎に再びやって来て、ロシア応接掛の勘定奉行川路聖謨《かわじとしあきら》たちと交渉が始まります。ただ、条約締結には至らず、マニラに向かいます。なかなか交渉が進まないわけです。

月性が記したロシア船来航

安政元年（一八五四）九月には大坂湾へも来航しています。月性の『仏法護国論』に、「魯西亜船ノ長崎・摂津ニ来ルモ（中略）其教ヲ到処ニ弘通スルヲ期ス」とあり、大坂湾へのロシア船の来航について記されています（安丸良夫・宮地正人編『〈日本近代思想大系5〉宗教と国家』岩波書店、一九八八年）。月性はキリスト教の布教という目的を疑っていたのですが、大坂湾への来航に関しては、京都に近い大坂湾にあえて進入し、交渉を有利に進めようという意図がプチャーチンにはあったと考えられています。京都に近い大坂湾に、突如、姿を現わしたことで、確かに多くの人びとが衝撃を受け、朝廷と幕府の関係にも影響を及ぼすことになります。しかし、プチャーチンの本来の目論見のように、交渉が有利に進む、ということにはつながりませんでした。ロシア船の大坂湾来航事件については、本題からずれてしまいますので、詳細は、ぜひ拙稿「もうひとつの『黒船来航』」（秋田茂・桃木至朗編『グローバルヒストリーと戦争』大阪大学出版会、二〇一六年）をご参照ください。

誤解で結ばれた日英和親条約

日露和親条約の締結に一年半もかかった要因は、まさにクリミア戦争です。一方、私は先ほど、イギリスは日本に来たくても来られなかった、開国させようにもできなかったと言いました。しかし、幕末史に詳しい方なら、イギリスはクリミア戦争に参戦しているが、アメリカに次いで日本と条約を結んでいるということに気づくのではないでしょうか。しかし、実はその条約も、クリミア戦争という状況があったからこその条約なのです。

イギリスは確かに、一八五四年（安政元）一〇月に日本と条約を締結しています（西暦表記に戻します）。その前月の九月にイギリス海軍の中国艦隊司令官ジェームズ・スターリングが長崎に来航し、そこで交渉が行なわれて条約が結ばれたのです。しかし実は、スターリングは対日外交の権限など有していませんでした。彼はクリミア戦争で現に戦っている中国艦隊の司令官であって、外交権限など持ってはいなかったのです。そのスターリングがなぜ日本に来たのかというと、日本に中立を約束させ、また国際法にもとづいて軍艦の寄港許可を得るためでした。条約を結ぶためではなかったのです。

ところが幕府にとってみたら、そういう国際環境はともかく、欧米諸国が来たときには条約締結の要求であろう、という先入観があったのだと思います。そういう先入観、ないし誤解があって、その場で交渉が始まります。その結果、結ばれたのが日英和親条約です。権限がないにもかかわらず、日本と条約を結んだスターリングの行動に対しては、例えば、イギリス香港総督のジョン・ボウリングという人物が強く批判をしています。なお、この条約に関する詳細は、少し古いですが、ウィリアム・ビーズリーさんの研究が今もなお非常に重要な成果です（W. G. Beasley, *Great Britain and the Opening of Japan, 1834-1858*, London, 1951）。いずれにしても、クリミア戦争に関わる東アジアの国際環境のなかで偶然的に締結されたのが、日英間の条約だったのです。

パワーバランスを保つ外交選択

イギリスとともにクリミア戦争に参戦した国フランスについても言及しておきたいと思います。大学入試でよく出る正誤問題の一つに、「日本はアメリカについで、イギリス・ロシア・フランス・オランダとも和親条約を結んだ」という問いがあります。正解は「×」です。和親条約はフランスとは結ばれていないのです。フランスが日本と条約を結ぶのは、一八五八年（安政五）の通商条約からです。それでは、和親条約の相手国にフランスがいないのは、なぜなのでしょうか。フランスの艦隊は、一八五五年五月に長崎に来航しています。この来航も、イギリスと同様、やはりクリミア戦争に関わる来航です。そこで司令官のモーラベルと長崎奉行との間で、条約締結の可否が確認されます。しかしモーラベルは、スターリングと違い、外交権限がないということで条約に関する交渉を行なわなかったのです。

ここで注目されるのが、幕府側は条約締結自体に否定的ではない、ということです。わざわざ幕府側から交渉の可否を確認しているわけですから。以下、井上勝生さんの研究にもとづいて、説明を続けます（『開国と幕末変革〈日本の歴史一八〉』講談社、二〇〇二年）。

当時の国際環境のなかで、幕府はとにかくアメリカと結んだのとほぼ同条件の条約を、他の西洋諸国と結ぶ、ということを基本的な外交スタンスとしていました。どこか特定の国に寄り沿うことはせず、パワーバランスを保つために、どこの国とも一定の距離を保つ。井上さんの言葉で言えば「等距離外交」という外交を選択したのです。この「等距離外交」が、東アジア海域でロシア・イギリス・フランスが争うという状況のなかで、日本が国際的な紛争に巻き込まれないという結果をもたらした、というのが井上さんの主張のポイントです。

ここで日本開国の国際環境という話にもどせば、ロシア・イギリス・フランスが実際に戦っていて、アメリカはその中立国という立場にあった。また、太平天国という中国情勢のなかで、アメリカについては、ペリーの個人的判断で艦隊を日本に結集させた。ペリー、そしてハリスというようにアメリカが日本を開国させる先駆けになる、という点で、アジア・太平洋の国際環境もアメリカに有利に働いていた、と言えるのです。

なぜソフトランディングできたのか

近代への出発点において、日本はイギリスやアメリカと戦争はしていません。清朝はイギリスとアヘン戦争を起こしていることと比べれば、近代日本の出発点が交渉から始まった、というのは歴史的に大きな意義を有します。この点は、加藤祐三さんが強調してきたところです（『黒船前後の世界』岩波書店、一九八五年）。一方、このように日本が国際社会にソフトランディング（軟着陸）できたことの歴史的意義については、国際的な条件と国内的な条件の双方から考えなくてはいけません。

国際的条件については、これまでお話をしたとおりですが、国内的条件に関しては、老中首座阿部正弘《あべまさひろ》の存在が大きいだろうと私は考えています（図4-5）。老中水野忠邦《みずのただくに》による天保改革《てんぽうかいかく》の失敗を受けて、慎重な政治運営を基本としていた、というところに阿部正弘政権の特徴があります。例えば、アメリカ大統領の親書を全大名に諮問《しもん》する、ということを彼は行なっています。この諮問は、諸大名の幕政介入のきっかけになったと否定的に評価されることが多いのですが、一方で、逆にこの措置を取ったから、幕府に対する公然とした批判が出にくくなった、とも評価できます。通商条約のときとは異なって、和親条約の段階で大きな国内紛争が生じなかったのは、このような阿部の慎重な政治の運営が大きく影響していると思います。こうした国内的な諸条件については、拙著『開国期徳川幕府の政治と外交』（有志舎、二〇一五年）で詳しく述べていますので、関心のある方はぜひ読んで下さい。

図4-5　阿部正弘画像
（個人所蔵）

一八五〇年代の太平天国の乱とクリミア戦争という状況のなかで、幕府はとにかく和親条約を列強諸国と等しく結ぶというスタンスを取っていました。「等距離外交」によって、欧米の紛争に巻き込まれることを避けることができたのです。この外交スタンスもまた、国際社会へのソフトランディングにとって重要な条件になったと評価することができます。

6　ニッポンから洋上はるか彼方へ

アメリカ太平洋戦略の結果

そろそろ結論にもっていきたいと思います。まずは、日本開国を導いたアメリカの、太平洋進出構想の結末を、述べておく必要があります。

太平洋蒸気船航路を開き、東アジア市場に迅速に到達し、イギリスに対抗する、というアメリカの世界戦略のなかで、日本の開国は、その戦略を達成するための手段でした。それでは、日本開国を果たしたアメリカは、構想どおりにその世界戦略を達成できたのでしょうか。

答えは、ノーです。もう少し厳密に言うと、少なくとも一八五〇年代における世界戦略は、失敗に帰しました。

その最大の原因は、南北戦争です。一八六一年から六五年にかけて戦われた、世界史的にも大規模となったこの内戦で、死者は北軍・南軍あわせて、約六二万人にものぼりました。この内戦により、アメリカ合衆国の目線は、国内にもっぱら向けられ、世界への進出自体が、しばらく停滞していくことになります。

一方、太平洋の蒸気船航路そのものについては、一八六七年に定期航路が開設されます。しかし、この開設を担ったのは、太平洋郵船会社という民間企業であって、国家主導ではありません。海運力という点でも、南北戦争の影響でアメリカの海運業は大打撃を被ります。

さらに、一八六九年には、スエズ運河が開通します。D・R・ヘッドリクさんが指摘するように、このスエズ運河開通によって、イギリスは喜望峰経由に比べて格段に早く東アジアに到達することができるようになりました（原田勝正他訳『帝国の手先』日本経済評論社、一九八九年）。一八六七年の太平洋蒸気船航路開設に加え、スエズ運河開通によって、世界の海はまさに一体のものになったと言えます。一方で、アメリカ史から言えば、太平洋の蒸気船航路の早さ、という優位性そのものは、スエズ運河開通によって失われてしまうことになります。

結局、幕末外交史という文脈でも、一八五〇年代まではアメリカが欧米諸国のなかで対日外交をリードしていたのですが、六〇年代には、イギリスに対日外交の主導権が移っていくことになります。

アメリカが、太平洋を一つの舞台に、ふたたび世界的な戦略を本格的に打ち出すことになったのは、南北戦争以後の国内再建の達成を基盤にした、一八九〇年代以降のことです。この二〇世紀アメリカ史につらなる歴史は、もはや今日のお話の範囲を大きく超えてしまいますが、高橋章さんの研究をここでは参考にしています（『アメリカ帝国主義成立史の研究』名古屋大学出版会、一九九九年）。

アメリカ国内史と日本開国

一方、南北戦争は、一八六一年に突然に生じたわけではありません。ペリーが浦賀に来航した一八五三年（嘉永六）も、あるいは日米和親条約が締結された一八五四年（安政元）も含めて、一八五〇年代において、アメリカの南北間では、奴隷制度の問題をめぐって対立がだんだんと激化していました。アメリカ国内が分裂の危機を迎えているまさにそのときに、アメリカによる日本開国が果たされた、ということは、もう少し注目されていいだろう、というのが私の考えです。

というのも、アメリカ議会史料などで、日本開国も含めて当時の太平洋進出に関わる議論を見ていると、どうものすごく激烈にアメリカの太平洋への進出を語る論者が多いように感じるのです。

そういった人たちのなかには、一方で急進的な奴隷制廃止主義者であった者もいます。南北戦争真っ只中の、リンカーン大統領時代に国務長官を務めたウィリアム・シワードという人物が、まさにその代表的な人物です。彼は太平洋膨張主義者であり、かつ急進的奴隷制廃止主義者でした。

一八五〇年代に、南北戦争に向けて国内矛盾が高まっているなかで、その国内矛盾を何とか抑え、アメリカとしての一体性を保ちたい。そのために、アメリカにはこれだけ栄光の未来が待ち受けている、という太平洋への膨張論によって、つまりアメリカが世界ナンバーワンになるのだということを盛んに唱えることによって、アメリカの分裂を避けようとしていたのではないか。

このように考えると、アメリカ外交史にとっての日本開国の意義を、もっとアメリカ国内の動向の精密な分析にもとづいて検証していく作業が必要だろうと思います。国際環境という点に今日は議論の的を絞りましたので、各国間の動きを巨視的、マクロに捉える、という視点ばかりを強調しましたが、一方で、それぞれの国や地域のミクロな状況を、丹念に調べるということも、当然必要です。広い範囲をとらえるマクロな目線と、小さなことも見逃さないミクロな目線と、その両方をあわせることで、幕末・

維新期の日本の世界史的な意義も、もっと明らかになってくるのではないでしょうか。

アジア・太平洋と日本史

最後に、私は今後の歴史研究において、アジア・太平洋という空間がよりいっそう重要になっていくと考えています。現在の国際社会において、アジア・太平洋という地域は、そのいわゆる「統合」の可能性も含めて、大きく注目されています。このようなアジア・太平洋という空間と、日本史が直接的に関わり合うようになったのが、一八五〇年代である、と私は考えています。誤解がないように付け加えると、アジアとのつながりはもっと古い時代からあるのですが、太平洋という空間もあわせたときに、という意味で、一八五〇年代を想定しています。

つまり、開国によって、日本は太平洋という海を明確に認識していくことになります。日本における「太平洋」認識の歴史的な経緯については、遠藤泰生さんの「『太平洋』の登場」という先駆的な論文がありますが（芳賀徹編『文明としての徳川日本』中央公論社、一九九三年）、一八六〇年代にアメリカへ派遣され、太平洋を横断した咸臨丸《かんりんまる》の乗組員たちは、明確に太平洋という海を認識したと考えられます。さらに、その後の近代日本においては、移民というかたちで、日本人たちが次々と太平洋へ乗り出していきます。そのなかで、アホウドリの乱獲という事態も生じたということは、平岡昭利さんの研究に詳しいのですが（『アホウドリを追った日本人』岩波新書、二〇一五年）、こうした点も含め、一八五〇年代以降に、逆に洋上はるか彼方へ進んでいくようになった日本の歴史についても、今後、研究していきたいと思っています。

アジア・太平洋という空間を一つの軸にしたときに、近代日本史は、どう描くことができるのか。そして、その初発に位置する幕末・維新史が、どういう姿で「よみがえる」のか。興味の尽きないところです。

（付記）

講演録という性格上、本文中にひとつひとつ典拠を示す、ということはしていません。本文中であげた文献以外にも、多くの先学の成果に依拠している旨、ご了承ください。

第5章

「尊王」とは何か

国学の誕生から帝国憲法まで

前田　勉

1　幕末に急浮上した天皇の権威

多様な思想・学問が生まれた江戸時代

私の専門は日本思想史です。日本思想史といってもあまり馴染みがないかと思います。日本学術振興会の科学研究費を申請する際の分野で言うと、日本思想史は「哲学・思想」に分類されていますが、日本史の一部分と考えてもよいと思います。つまり、哲学と歴史学の中間の、ちょっとコウモリみたいな領域です。私はこの日本思想史のなかでも、江戸時代を中心に研究しています。

江戸時代は「徳川の平和」という言葉があるように、二六〇年あまり続いた長い泰平の時代でした。この時代は思想的にはとても面白い時期で、儒学・国学、あるいは蘭学（洋学）といった多様な思想・学問が生まれました。例えば、儒学の分野では、中国の朱子学や陽明学を徹底的に批判した伊藤仁斎《いとうじんさい》や荻生徂徠《おぎゅうそらい》といった独創的な儒学者が出てきます。それから今日お話しします国学で言うと、『古事記伝』

を書いた本居宣長《もとおりのりなが》です。あるいは、オランダ語の医学書を翻訳して『解体新書』を刊行した杉田玄白《すぎたげんぱく》は、小学校の教科書にも出てきて、よくご存知かと思います。こういった人たちが次から次へと現われてくる。

そういう意味では、「鎌倉仏教」の親鸞や日蓮や道元などが出現した鎌倉時代と並んで、江戸時代は思想的に非常に豊穣で生産的な、日本思想史上、一つのハイライトと言えるような時代です。最初にこのことを、頭に入れておいていただきたいと思います。

思想史上の重要問題

江戸時代の思想史のなかで一つの重要な問題が、「天皇」でした。天皇は日本の歴史のなかで、思想上いつも厄介な問題を孕んだ存在で、古代・中世、そしてこれからお話する近世（江戸時代）、さらには明治以降の近代と、それぞれさまざまな形で大きな役割を果たしているわけですけれども、こと江戸時代に関して言えば、なぜ天皇が権威として浮上してくるのか、という大問題があります。

慶長五年（一六〇〇）の関ヶ原の戦いで徳川家康が勝利し、慶長八年にときの天皇、後陽成天皇《ごようぜいてんのう》から征夷大将軍に任命されました。家康は天皇から官職を与えられたのですから、名目的には、天皇は将軍の上位にいるわけですが、実質的には家康が軍事力・経済力・政治力を駆使して天下統一を成し遂げたことは周知のとおりです。そればかりか、大坂夏の陣で豊臣秀頼を打ち倒して、豊臣家を滅亡させたその後すぐに、徳川家康は禁中並公家諸法度を定めて、天皇と公家たちを厳しく統制して、将軍の支配下におきました。

江戸時代、天皇は「禁裏様《きんりさま》」と呼ばれて（ちなみに将軍は「公方様《くぼうさま》」です）江戸幕府の管理下に置かれ、京都の御所から一歩も外に出ることはありませんでした。いわばひっそりと暮らしていたわけです。ですから京都の人びとにとっては特別な存在だったかもしれませんけれども、地方にいる武士や百姓・町人たちにとっては、自分たちとは何の関わりもない遥か遠い存在でした。ほとんどゼロの存在だった、と言ってよいと思います。

ところが幕末には、天皇が非常に大きな役割を果たしました。最後の将軍、徳川慶喜《とくがわよしのぶ》の大政奉還の後、戊辰戦争《ぼしんせんそう》の発端となった鳥羽《とば》・伏見《ふしみ》の戦いでは、薩摩藩の本営に掲げられた「錦《にしき》の御旗《みはた》」が、戦いの成否を分ける役割を果たしたことはご承知のとおりです。

つまり、江戸時代の幕を開けた関ヶ原の戦いでは天皇の存在など誰も眼中にはなかった。ところが幕末の幕切れには「錦の御旗」のもとで薩摩藩や長州藩のように官軍になるのか、あるいは、はたまた会津藩のような賊軍になってしまうのか、それが決定的な意味を持っていたのです。

尊王論者の登場

実際、幕末には天皇のために自発的に自らの命を捧げる、そんな「尊王論者《そんのう》」も現われてきました。例えば幕末の志士、長州藩士吉田松陰《よしだしょういん》にとって天皇は、京都にいる「禁裏様」というような遥か遠いものではなくて、自分のこの命を捧げる、自分の命以上に価値のある絶対的な権威でした。

月性《げっしょう》もまた幕末期の尊王論者の一人でした。「勤王僧《きんのうそう》」と呼ばれてきたことは、皆さんご承知のとおりです。彼の『仏法護国論』のなかには、こんな言葉があります。

死ハ均《ひとし》ク死ナリ。衾蓐《きんじょく》（布団）ノ上ニタフレイタヅラニ草木ト共ニ朽《くち》ハテンヨリ、寧《むしろ》銃丸矢石（鉄砲や弓矢）ノ下ニ斃《たお》レ、生《いき》テ勤王ノ忠臣トナリ、名ヲ千歳ノ後ニ耀カシ、死テ往生成仏シ、寿ヲ無量ノ永キニタモツニ如《しか》ンヤト。天下ノ僧侶コノ説ヲ持シテ海内ヲ化導セバ、スナハチ天下ノ門徒信心ノ行者靡然《びぜん》トシテ（なびき従って）風動シ、億万一心、敵愾ノ誠ヲ生ジ、大挙シテ勤王ノ義ニ赴クモカタカラザルナリ。

月性は浄土真宗信者に対して、人間同じく死ぬのならば、空しく草木とともに朽ち果ててしまうよりは、勤王のために命を捧げて往生成仏する生き方を選べと、呼びかけているのです。

帝国憲法における神格化

改めて申しますと、江戸時代の思想史の大問題は、なぜこのように天皇権威が浮上してきたのか、ということです。二六〇年あまりの時間の経過のなかで、天皇権威が、極端に言えばゼロから無限大まで浮上してきたのはなぜか。この問題は、江戸時代に続く明治時代を考えるときにも重要です。

ご承知のように、明治国家は富国強兵と文明開化の路線を推し進め、明治二二年（一八八九）に大日本帝国憲法を公布しました。その第三条には「天皇ハ神聖ニシテ侵スヘカラス」と定められ、天皇の権威は絶対不可侵であると規定されています。

こうした事実を想起するとき、江戸時代における天皇権威の浮上は、明治国家の基軸となる天皇制の成立を探るうえでも、非常に大事な問題だということがよくわかると思います。

宣長が大成した新しい学問

今日の話の結論を先取りして申しますならば、この問題は、江戸時代に誕生した新しい学問である国学の影響を抜きにしては考えられません。

国学とは一八世紀の後半、本居宣長によって大成された学問です。『古事記』や『日本書紀』に表われている、中国の儒教やインドの仏教といった外来思想によって汚染されていないピュアな、清浄な古代の人びとの生き方や考え方を文献学的に解明するとともに、それこそが日本人本来の生き方・考え方であって、今生きているわれわれにとっての理想なのだ、と説く思想です。

こうした古代の人びとの生き方や考え方の中心にあったのが天皇でした。皇祖神である「天照大御神《あまてらすおおみかみ》」は、本居宣長に言わせれば「太陽」です。今ここに輝いている太陽こそが「天照大御神」であって、天皇はその子孫として代々この大八洲《おおやしま》、日本に君臨してきた、だから絶対的な権威なのだ。われわれ日本人はこの天皇の下で生き、この天地が続く限り天皇の「大御心《おおみこころ》」を心として生きていくべきだ――こういうことを、宣長は説き始めたのです。つまり宣長は、天皇をゼロの存在から無限大の存在へと大きく転換させたのです。

今日はこの宣長の思想を最初に取り上げ、江戸時代、なぜ天皇権威が浮上したのかという問いに対す

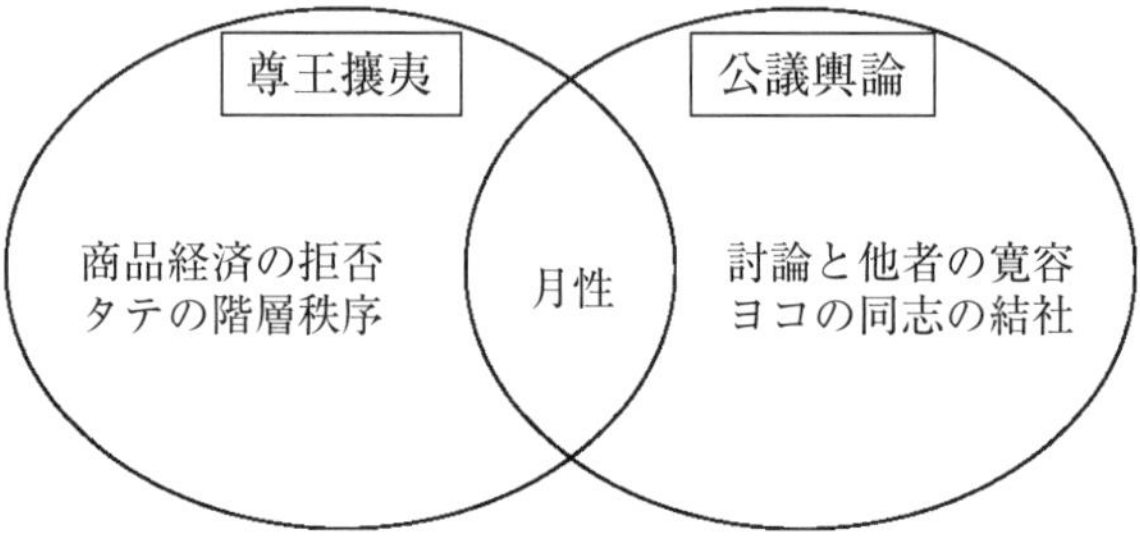

図5-1　尊王攘夷と公議輿論

る、私の考えを述べてみたいと思います。

佐久良東雄と月性

その際、月性と同時代の佐久良《さくら》東雄《あずまお》という一人の国学者を紹介します。佐久良東雄。あまり聞いたことのない人物かと思うのですけれど、この佐久良東雄との対比のなかで、月性の尊王論の特色を述べてみます。さらに国学や国学の影響を受けた水戸学の尊王論と異なる可能性が、月性のなかにはあった、ということも述べてみたいと思います。

月性のなかに、国学や水戸学の尊王論とは異なる要素があることは、先ほどの『仏法護国論』にもはっきり表われています。

そこには、生きているこの現世において「勤王ノ忠臣」となり、死んだ後は「往生成仏」して極楽浄土に行くと説かれていました。これは月性の真宗門徒としての、僧侶としての、疑いのない信仰です。ところが国学者は、死んだ後に「往生成仏」するという仏教の死後観を否定しました。月性と対比する佐久良東雄は、仏教を徹底的に排斥した国学者平田《ひらた》篤胤《あつたね》の門人でした。その意味で同じ尊王論といっても、月性と国学・水戸学との間には大きな違いがあるのです。

さらに月性のなかには、尊王論の枠組みでは捉えきれないような可能性、結論を先に言えば、明治維新を推し進めたもう一つの理念である「公議輿論《こうぎよろん》」の可能性もありました（図5-1）。尊王攘夷と公議輿論、この二つが明治維新を推し進める原動力になっていくわけですけれども、この二つがちょうど重なり合う部分に月性という存在があるのではないか——そんなことを、今日これからお話ししていきたいと思います。

2　本居宣長の人と思想

宣長は聳え立つ山

本居宣長は江戸思想史のなかでひときわ高い山だ、と私は考えています。江戸時代は、最初に申しましたように、非常に多様なユニークな思想家が現われたのですけれども、そのなかで二つの聳え立つ山がありました。それが儒学者の荻生徂徠と、国学者の本居宣長です。

荻生徂徠は寛文六年（一六六六）から享保一三年（一七二八）まで生きていました。一七世紀の後半から一八世紀前半、つまり五代将軍、犬公方徳川綱吉《いぬくぼうとくがわつなよし》の時代から、「暴れん坊将軍」の八代吉宗《よしむね》の時代に生きた人です。これに対して、宣長は享保一五年に生まれ、享和元年（一八〇一）に没しました。だいたい一八世紀の中間から後半、つまり賄賂政治で有名な田沼意次《たぬまおきつぐ》の時代を生きた思想家です。この二つ、一七世紀後半から一八世紀の最初の荻生徂徠の山と、一八世紀の中間から後半の本居宣長の山、この二つの山が江戸思想史を輪郭づけています。この二つの山をどう理解するかということが、江戸時代の思想史を考えるうえでとても大事な、いわば中心の問題になってきます。

膨大な著作群

宣長は古事記の注釈書である『古事記伝』（寛政一〇年〈一八九八〉成）四四巻の著者として知られています。三四歳のときに賀茂真淵《かものまぶち》に出会って『古事記』の注釈を志し、六九歳のときに完成した大著です。延べ三五年間かかっています。気の遠くなるような継続力を持った人です。

宣長は学問というものについて、自分には才能がないとか、もう年を取ってしまったとか、あるいは日常の雑用で時間が取れないとか言って自己弁護をして、「怠りて務めざれば」、結局は何もできないのであって、ともかくも続ける、そうすればどんなに才能がなくたって、あるいは年老いていたとしても、学問というものは必ず、ある一つの形を成すものだと言っています。途中、「思ひくづをれて、止ることなかれ」（『うひ山ふみ』）と、『古事記伝』完成後に学問を志す初学者に諭しています。

彼は膨大な著作を残しています。現在、私たちは全集という形で手に入れることができます。全二〇巻別巻三巻、一巻一巻が分厚いものが二〇数冊に及ぶ大部なものです（筑摩書房）。この膨大な著作を読んで、宣長の思想を捉えることはなかなか難しい。簡単な仕事ではありません。

二〇世紀の代表的な文芸批評家であった小林秀雄、有名な『無常という事』などが高校の教科書に載っていますからご存知でしょう。その小林秀雄は晩年、本居宣長に傾倒しました。読書の達人である小林秀雄さえ、こう言っています――「一読したところでは、まことに曖昧で、要するに何が言いたいのか問いたくなるような印象」（『本居宣長』新潮社、一九七七年）を持つと。小林秀雄が説いているように、一見さらっと読めるようですけれど、奥深いその文章を読み解いて、思想の核心というものを捉えることは至難の業だ、と言ってよいと思います。

大和心、それは桜だ！

図5-2は宣長が六一歳のときに描いた自画像です。着ているのは、自分でデザインした着物です。彼は人生の節目節目で自画像を描いてます。四四歳のときにも、これとはちょっと違う自画像を描いています。七一歳のときには、人に描いてもらうのですけれど。

この横に書かれている歌が、有名な「しき嶋のやまとごゝろを人とはゞ朝日にゝほふ山ざくら花」と

図5-2　本居宣長六十一歳自画自賛像（本居宣長記念館所蔵）

いう歌です。「しき嶋の」は「やまと」に続く枕詞です。つまり、「やまとごゝろ」とは何かと人が問うならば、それは「朝日にゝほふ」、この場合「にほふ」は嗅覚ではなくて、光が照り映えている、そういう山桜花。つまり「大和心」は、朝日に照り映えている山桜花が象徴しているのだという歌を、自画像に書き添えているのです。

「大和心」は、『源氏物語』にも出てくる古い言葉ですが、それほど使われている言葉ではありません。むしろ、珍しい言葉です。これが江戸時代、一八世紀の中ごろ、儒学と神道を結び付けた垂加《すいか》神道《しんとう》という学問のなかで使われるようになりました。ただ江戸時代の人びとの間ではそれほど流通していたわけではなくて、実際のところ宣長が広げた、と言ってよいと思います。

宣長と同時代の国学者である村田《むらた》春海《はるみ》や上田《うえだ》秋成《あきなり》らは、宣長の批判者でした。彼らは「大和心」という言葉に噛みついています。「大和心」、そんなものは本当にあるのか。日本の心、そんなものは存在するのか。つまり江戸時代の人にとっても不思議な言葉として受け取られたのです。今私たちは「大和心」とか「大和魂」とかいう言葉を、ごく当たり前に使っていますけれども、江戸時代の人にとってみれば不可思議な言葉として現われていたのです。しかも言葉自体が新奇なうえに、それが「桜だ」と言い切ったところに、この歌の画期的な意味があるのです。

宣長は日本人の美的感性を規定した

高校の古文では、平安時代で「はな」といえば桜、あるいは梅だと習ったことがあると思います。確かに古代以来、桜が愛好されていたのは事実です。豊臣秀吉が晩年に催した醍醐の花見、八代将軍徳川吉宗が隅田川に桜を植えたことなどは、よく知られています。

しかし、宣長が画期的だったのは、この桜が大和心を象徴するものである、「大和心」＝「桜」だとしたことにあるのです。宣長以前には、この連想はありませんでした。宣長によって初めて、桜が日本人の心を象徴する花だと言い出されたのです。現在生きている私たちからすれば、日本人の心の象徴が桜だという観念は当たり前のことで、何の疑いも持ちません。しかし、この観念は宣長という個人によって言い出された、新奇な産物だったということを知っておくべきです。花というのは梅でもよかったのです。でもそうならなかった。現在のわれわれからすれば、梅では何となく落ち着かない感じがします。

これほどまでに日本人の美的な感性を規定してしまっているのが、実はこの歌なのです。逆に言えば、桜を媒介にして日本人というまとまりを作り上げたのが、この歌なのです。少し難しく言えば、この歌を通して、桜をわれわれの花だと愛《め》でる日本人という共通の感性・美的な価値観を持った国民が作られたのだ、ということができます。

ちなみに、春になると天気予報で「桜前線」の北上といったことが報じられます。ここで「桜」というのは、皆さんご存知のようにソメイヨシノです。ソメイヨシノは江戸時代の終わりから明治初期に、江戸の染井町の植木屋が作り出した新しい園芸種です。ですから宣長が「桜」と言ったときにソメイヨシノをイメージしているのではありません。

全国至るところのソメイヨシノ

ところが明治になって、全国各地の沿道や公園、そして学校にソメイヨシノが植え付けられていったのです。明治になって国民教育をしていくときに、新しい日本国民という一つのまとまりを作っていくときに、まさに桜が、ソメイヨシノが利用されていったわけです。四月の入学式などに満開のソメイヨシノを見てきた皆さんは、朝日に映える美しさ、あるいはその散り際の潔さこそが大和心だ、大和魂だ、というイメージを植え付けられたのです。

先ほどの「しき嶋のやまとごゝろ……」の歌ですけれど、日露戦争後に専売公社が売り出したタバコの銘柄が「敷島」「大和」、それから「朝日」「山桜」でした。さらに言うならば、太平戦争末期、フィリピンから飛び立った神風《かみかぜ》特別攻撃隊の部隊名が「敷島隊」「大和隊」「朝日隊」「山桜隊」でした。宣長が一八世紀の終わりにこの歌を詠んだとき、自分の歌がタバコや神風特攻隊の名前になるなんて考えてもみなかったと思うのですが、それほどまでにこの歌は、日本人に大きな意味を持っていることになります。より正確に言えば、宣長という存在は、決して江戸時代の人ではなく、今、私たちの美的感覚まで規定してしまっている。そういう影響力のある人なのだということを、お話しておきたいと思います。

空想世界への没入

もう一度一五五ページ掲載の、彼の自画像を見て下さい。これ自分で自分を描いたのですが、皆さん、

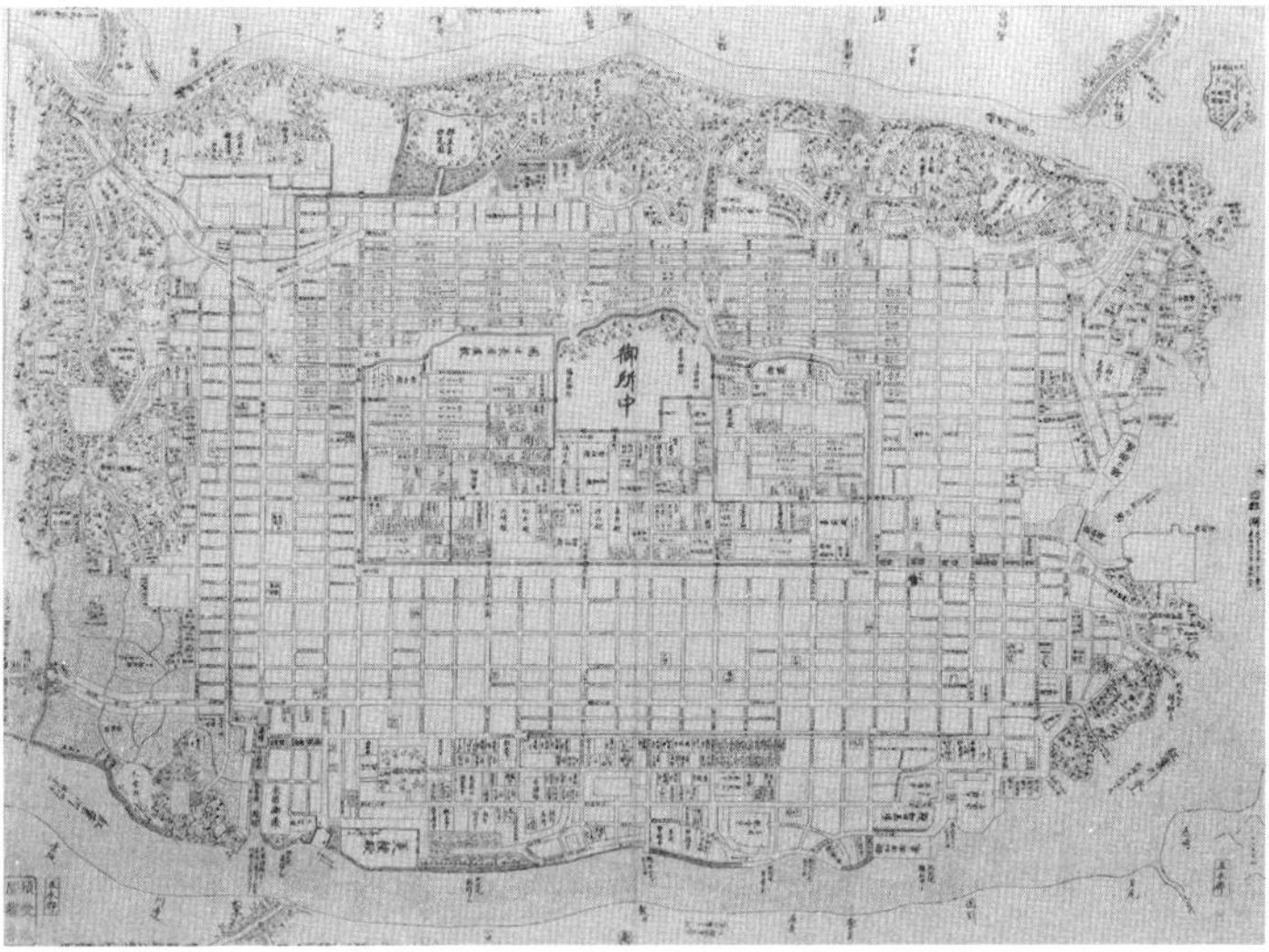

図5−3　端原氏城下絵図（本居宣長記念館所蔵）

どう思われますか。自己愛・ナルシストという言葉がありますけれど、宣長はそういう人物だったのではないか。そこまで言わなくても、まあ、少し変わった人だった、と私は考えています。

そのことを証明するのが、ここにある「端原氏《はしはらし》城下絵図」です（図5−3）。宣長は伊勢国の松坂の小津家の出身です。伊勢神宮の隣に位置する松坂は商業の盛んな町で、松坂商人たちは江戸に店を出して大もうけをしていく。

宣長の生家の近くが三井家の発祥の地なのですね。三井《みつい》高利《たかとし》が江戸で越後屋という呉服商を始めます。「現金掛け値なし」という新しい商売をして、自分の知恵と才覚によって大もうけをしていく。進歩的で、開明的で、斬新なことをやる。そういう人物です。小津家もまた三井家と並んで、大商人になるのです。

ところが、宣長が生きていた時代には、小津家の家運は傾いていました。彼はその小津家を継ぐことになるわけです。一九歳のときに、伊勢山田の今井田家の養子になり、商売の見習いをさせられるわけです。ところが商売の才能がない、というかもともと商売には全く関心がなかった。彼はもうすでにそのころから和歌を詠むことに熱中している、王朝世界を夢見る青年でした。

この「端原氏城下絵図」は、一九歳のときに描いたものなのですが、真ん中に御所があり、周りには町が碁盤の目のように並んでいる。そこには大小の屋敷や寺院・橋があるのですが、これ実は、全部が架空の絵地図なのです。屋敷主も寺院名も、まったく自分で空想してこしらえたものです。

宣長はさらに、その「端原氏」という一族の空想上の系図も書いています。長い系図を書いて、代々の端原氏全員の名前を書いて、そしてそこに年代も入れてあります。自分で作った年代です。一九歳の彼は、まさに現実逃避をして、空想の世界に没入してしまっている。そういう夢見る青年なのです。

「鈴屋」に籠って

結局どうなったかというと、さすがに母親も、これはダメだと思って、江戸の店をたたんで、二三歳のとき、その金で宣長を京都へ遊学させて、医者にするのです。この母親の賢明な判断によって、宣長は商人ではなく、漢方医として生計を立てていくことになるわけです。

二八歳のときに松坂にもどってきて、今は松坂城跡の公園に移築されている旧宅の一階で、小児科・内科を開業する。そして、中二階の四畳半を書斎にして「鈴屋《すずのや》」と名づける（図5‒4）。中二階とはどういうことかというと、下に箱階段があって、登っていって四畳半に入ると箱階段を取ってしまって、誰も入って来られないようにする。こうしてこの四畳半に、彼は一人閉じこもるのです。何で「鈴屋」なのかというと、宣長は鈴が大好きで、疲れてくるとチリンチリンと鳴らす。チリンチリンという音が古代の音だと。この部屋で『古事記』の注釈、『古事記伝』の執筆に励んだのです。

図5−4　鈴屋書斎（三重県松阪市）

日本人本来の姿とは？

宣長は、中国の儒学やインドの仏教といった外来思想に汚染されていない、日本人本来の姿を解明しようとしました。宣長は中国人の考え方を「漢意《からごころ》」と呼びます。宣長によれば、この「漢意」に知らず識らず染まってしまって、日本人本来のピュアなものが失われてしまったのだから、われわれは「漢意」を排除していって、本来の姿を取りもどさなくてはならないのだ、と言うのです。これは日本の文化や思想を考えるときに、とても難しい問題です。玉ねぎの皮剥きのように、表面にある夾雑物を一枚一枚、これは外来思想だ、これも外来思想だといって剥いていって、最後に種があるのか。玉ねぎをどんどん剥いたら何もないかもしれない。そんなことはない。外のものを取り除いていくと固有なものがある、というのが宣長の確信でした。

日本人の心のなかに染みついてしまっている「漢意」は、宣長の言葉によれば、「千有余年、世中の人の心の底に染著《しみつき》てある、痼疾《こしつ》（簡単に治らない持病）」（『うひ山ふみ』）であると言います。この中国的な考え方を排除する、ということは、これは誤解してもらいたくないのですけれど、単に中国人が嫌いだとか、外国人が嫌いだとか、そんな安易なものじゃないのです。「心の底」にまで染みついてしまっていて、自分でも当たり前だ、当然だと思って疑いさえしない考え方が「漢意」であるかもしれない、と自己自身を省みることなのです。

善因善果・悪因悪果こそ「漢意」

宣長が、「漢意」の最大のものと考えていたのは何かというと、「善人は必ず報われ幸福になる」、逆に「悪人は必ず罰を受けて不幸になる」、こういう善因善果・悪因悪果の観念です。これこそが「漢意」だ、と宣長は言います。

中国古典の『易経』には、「善を積むの家には必ず余慶あり、不善を積むの家には必ず余殃《よおう》あり」（「坤卦文言伝」）という言葉があります。善を積んだ家には必ず幸せが巡ってくる、悪い行ないをした家は必ず不幸になるというわけです。また『書経』にも、「天道は善に福《さいわい》し、淫に禍《わざわい》す」（「湯誥」）とあります。天道（日本流に言えば「おてんとさま」）は善人を必ず幸福にするけども、悪人には災いをもたらす、こういう考え方です。皆さんはどうお思いでしょうか。実はこれは中国起源の、「勧善懲悪《かんぜんちょうあく》」の観念なのです。心やさしい花咲か爺は善い行ないをして、最後は幸せになる。時代劇の水戸黄門のように、最後の最後に黄門さまが出てきて善人は報われる。こういう「勧善懲悪」の考え方を、私たちはどこかで信じているのではないでしょうか。あるいは、そういうものを信じたいと願っているのではないでしょうか。どんな苦難があっても、最後には心やさしい善人が幸せになるのだという安心感を、求めているのではないでしょうか。

宣長の危機意識

ところが、この考え方こそが「漢意」だ、と宣長は言うのです。これが「千有余年、世中の人の心の底に染著てある」中国人の考え方だ、と宣長は言うのです。

世の中にはすべてかくの如く、道理に違《たが》へる事、今も眼前にもいと多し。然るを善人は必ず福《さか》え、悪人は必禍《まが》ることは、いさゝかもたぐひなし（間違えがない）といふは、かの売薬を能書の通りにたがはず、よく験《きく》ものと思ひ惑へる、愚昧《ぐまい》の心か、はた能書の如くにはきかぬ事を知ながら、猶《なお》人を欺きて、売つけんとするるか。（『くず花』巻上）

「世の中」は善人が幸せになるどころか、「道理に違へる事」に充ち満ちている。そんな不条理な現実を前にして、善因善果・悪因悪果の観念など、薬の能書きにすぎないといいます。こんなことを説いている者は、薬の能書きを文字どおり信じこんでいる愚か者か、逆に、初めからこんなものは効くはずもない、と自ら知っていながら売りつけようとする狡猾な薬売りかに違いない、と宣長は憤っています。

このような「漢意」への激しい批判は、何より宣長の生きている現実が、善人が必ず幸せになるという楽天主義を裏切る、真逆の世界だったからです。宣長から見れば、現実は、善悪にかかわらず、富めるものはますます富み、貧しいものはますます貧しくなっている世の中であって、悪人であっても富める者は幸せになる、逆に善人であっても貧しいものは不幸になっている。こういう不条理な時代なのだ、と宣長は言います。

世間の困窮に付ては、富る者はいよ〳〵ます〳〵富を重ねて、大かた世上の金銀財宝は、うごきゆるぎに富商の手にあつまる事也。富る者は、商の筋の諸事工面よき事は、申すに及ばず、金銀ゆたかなるによりて、何事につけても手行《てゆき》よろしくて、利を得る事のみなる故に、いやとも金銀は次第にふゆる事なるを、貧しき者は、何事もみなそのうらなれば、いよ〳〵貧しくなる道理なり。

（『秘本玉くしげ』巻上）

江戸時代の商品経済の進展のなかで、富める者は富んでいく、貧しいものは貧しくなる、今はこういう「金銀」の時代だと。宣長はここに秩序崩壊の危機意識を持ったのです。

「せむすべなく、いとも悲しきわざ」

同じ松坂商人の三井高利のように、現金掛け値なしという新しい商法を見つけて、自分の知恵と才覚で「金銀」の時代を乗り切っていく、宣長はそういう強者ではないのです。商売の才覚のなかった宣長は、経済の進展のなかで貧しくなっていく、弱者の立場から秩序崩壊の意識を持ったのです。もともと、お金というのは非常に恐ろしいもので、どんな悪人であってもお金を持てば偉くなる。頭を下げざるをえない。お金のないものは善人であってもバカにされる。こういう感覚が宣長の国学の本質的な部分だと私は考えています。

こういう不条理な時代に、宣長のような貧しく夢見るような者たちの救いはあるのでしょうか。宣長はこの救いを『古事記』『日本書紀』の記紀神話のなかに見出しました。記紀神話のなかに救いは書かれているのだ、と信じたのです。宣長はこの世の中の不条理は全て神の御仕業《みしわざ》だと考えています。神には二神あって、人間に吉をもたらす善い神である直毘《なおび》の神と、凶をもたらす禍津日《まがつび》の神です。

宣長の神の考え方の大事な点は、この直毘神と禍津日神の「御所為《みしわざ》」は、人間の善悪是非にいっさい関わらないとしたところにあります。善い行ないや心を持っていたから、神は人間を仕合せにする、逆に悪い行ないや心があるから罰を下すというわけではないのです。神は人間の行ないの善悪にかかわらず、一方的に吉、あるいは凶をもたらすのです。とくに禍津日神は悪神で、人間はこの悪神のもたらした不幸「あらび」を、ただただひたすらに「せむすべなく、いとも悲しきわざ」（『直毘霊《なおびのみたま》』）だと、どうしようもない、悲しいわざとしてあきらめるしかない。これが宣長の考え方です。

先ほど、世の中の不条理に対する救いと申しましたが、いったいこれが救いになるのだろうか、という疑問が起こるかもしれません。確かに貧乏人は貧乏人のままで、現状に何の変化もありません。しかし、不幸の理由は、はっきりしたのです。現実には幸福になることはないかもしれないが、少なくとも不幸はこの禍津日神がもたらしたのだ、神の仕業なのだという、理由はわかったのです。自分はなぜこれほど不幸なのかと感じている人にとっては、その理由がハッキリするだけでも、一つの救いだと言えるのではないでしょうか。

「大御心」を心として

もちろん、救いはこれだけではありません。宣長にとっての救いは、この富める者は富み、貧しい者は貧しくなるという不条理な世界の中でも、絶対にゆるぎのない階層秩序の頂点に今も天皇がいるではないか。この日本には天皇という存在が京都にいるではないか。これが宣長にとっての救い、希望の光でした。

以下は『直毘霊』の一節です。

そも〳〵此の天地《あめつち》のあひだに、有りとある事は、悉皆《ことごと》に神の御心なる中に、禍津日神の御心のあらびはしも、せむすべなく、いとも悲しきわざにぞありける。然れども、天照大御神高天原《たかまのはら》に大坐々《おおましまし》て、大御光はいさゝかも曇りまさず、（中略）天津《あまつ》日嗣《ひつぎ》の高御座《たかみくら》は、あめつちのむた、ときはにかきはに動く世なきぞ、此の道の霊《あやし》く奇《くすし》く、異国の万《よろ》づの道にすぐれて、正しき高き尊き徴《しるし》なりける

禍津日神の一方的な「あらび」は「せむすべなく、いとも悲しきわざ」なのだが、「然れども」、ここが大事なのです。つまり、この天照大御神、すなわち、太陽は今もここに輝いていて、その子孫である天皇が今も現にこの日本にいらっしゃるじゃないか、天壌《てんじょう》無窮《むきゅう》に天皇は、タテの階層秩序の頂点に君

臨しているではないか、これこそが日本が世界に優れている素晴らしい国である証拠なのだ――こういう信念が記されています。したがって、この日本で生きるわれわれには、「天皇の大御心を心」とする生き方が求められることになります。

いにしへの大御代には、しもがしもまで、たゞ天皇の大御心を心として、ひたぶるに大命をかしこみゐやびまつろひて（『直毘霊』）

「天皇の大御心を心」とするとは、究極の忖度《そんたく》です。「いにしへの大御代」がそうであったように、一人一人が天皇の心を推し量って、天皇の心と一体となって暮らしていく、これこそが日本人の本来の生き方だ、というわけです。

3　佐久良東雄―人となりと尊王の心情

月性の同時代人

こうして天皇は、遥か遠い存在ではなくて、天皇の御心を心とする一人一人にとっての生きる意味を付与する存在として現われてきます。この生き方を、宣長や後の国学者たちは最高善のものとしました。平田篤胤や、これからお話する佐久良東雄といった人たちです。

佐久良東雄は常陸国、現在の茨城県で農民の子として生まれ、一五歳で出家して、天保六年（一八三五）に真言宗の僧侶となります（図5-5）。後に平田篤胤の門人となって、故郷から飛び出すのです。その後、

図５−５　佐久良東雄画像

僧籍を捨てて、大坂の坐摩《いかすり》神社の神官となって尊王に身を捧げます。井伊直弼《いいなおすけ》を暗殺した、あの万延元年（一八六〇）の桜田門外の変の首謀者の一人、水戸藩士であった高橋多一郎《たかはしたいちろう》をかくまって捕えられ、江戸に護送され、江戸の伝馬町の獄中で絶食して死亡します。壮絶な最期を遂げるわけです。

なぜ東雄を取り上げるかというと、まず年齢的に月性と佐久良東雄はほとんど同じだからです。月性が生まれたのは文化一四年（一八一七）、佐久良東雄は文化八年、月性が死んだのは安政五年（一八五八）、東雄は万延元年。しかも、二人は同じく尊王論者で、文学で名を残したという共通性もあります。月性は漢詩、佐久良東雄は和歌でしたけれども。しかし、違いもあります。東雄の場合には、僧侶から国学者に転じたのですが、月性はそうではない、一生涯、僧侶のままでした。

佐久良東雄は国学に転じ、まさに宣長の大和心を体現するために、自分の姓を「佐久良」と改名し、そして名も「東雄」にして、桜とともに、天皇とともに生きていくことを実行した人物です。東雄は宣長同様に現実を離れて夢見るロマンティックな感性の持ち主だった、と私は考えています。

天皇こそが生きる意味

佐久良東雄の歌をいくつかご紹介します。いずれも簡明率直な歌で、意味ははっきりわかります。彼は自分のよりどころ、生きる意味というものを絶えず探し求めていました。

世の人はなにに心をなぐさめてあかしくらしていきてあるらむ

世のひとは何のためにと生れ来しものとおもへば奇《あや》しかりけり

自分は何のためにこの世に生まれてきたのか。今の言葉でいうと、自分探しですね。そしてそれは天皇のためだ、というふうに彼はなるのですね。

大王《おおきみ》にまつろふこゝろなき人はなにをたのしと生きてあるらむ

現神《あきつかみ》わが大君におはします京《みさと》のつちはふむもかしこし

東雄にとって天皇という存在は神なのです。まさに現人神《あらひとがみ》です。その天皇に、つまり神である天皇に従う心のない人は、「なにをたのしと生きてあるらむ」となるわけです。ところが、自分は天皇とともに生きている、これこそ自分にとって生きる意味であり、楽しい生き方なのだ、と彼は考えています。しかもそれが世間に受け入れられない歎きを歌にしています。

よき人とほめられむより今の世はものぐるひぞとひとのいはなむ

現身《あきつみ》の人なるわれやとりけもの草木とともにくちはつべしや

ますますに神習ひつゝおほかたの青人草《あおひとぐさ》にならはざらなむ

「孤忠」と一君万民論

これらの東雄の歌には、心を同じくする人もなく、たった一人で忠義をつくすという意味で「孤忠」、たった一人で天皇のためにつくすという、そういう「孤忠」の意識がよく表われています。自分は大方の、ふつうの「青人草」とは違うのだ、周囲の人びとからは「ものぐるひ」つまり狂人と言われても、彼らとともに朽ち果てることはできない、断じてそんなことがあるはずはない、といった焦燥感が感じられます。だからいっそう強く激しく「現神」である天皇との一体感が願い求められることになります。

宣長によって説かれた「天皇の大御心」を心とする生き方、天皇と心情的に一体化する個々人は、天皇の下で、いわば平等化されます。東雄のような、「とりけもの草木とともに」朽ち果てるかもしれない、ちっぽけな者たちも、天皇の代わりに死ぬことを最高の価値とすることで、生きる意味を与えられます。身分制度を越えて、すべての人びとは天皇の下で民草《たみくさ》の一人になるのです。ここに「一君万民論《いっくんばんみんろん》」が生まれてきます。ただこの「一君万民論」は、東雄に見られるように、たった一人でつくす「孤忠」という、そういう意識を伴っていました。言い換えれば、横の連帯感が欠如している。つまり、自分だけが天皇に忠誠をつくすのだ、という矜持と孤独な意識です。

４　月性—危機意識をバネにした交友と活動

『仏法護国論』に表われた危機意識

この点で、全国各地を遊歴して多くの友人を得た月性とは異なっています。なぜ月性にはそれができたのかという点が、国学との違いを考えるうえで大きな問題となります。

第二節で見たように、身分制度の下で商品経済が進展していって、貧富の格差が広がっていく。それまでの身分制度が壊れ、階層秩序が壊れていく。そういう現実のなかで、天皇を頂点とする階層秩序そのものを何とか維持しようという意志が、宣長にはありました。

一九世紀になると、この国内の階層秩序崩壊の危機意識が、西洋列強の進出への危機意識と結び付きました。いわゆる「内憂外患」の危機意識です。とくに西洋列強は商品経済とキリスト教と一体で捉えられて、「夷狄《いてき》」つまり野蛮人としてこれを排斥する攘夷《じょうい》論が沸き起こりました。月性の『仏法護国論』（安政三年〈一八五六〉）の一節は、それを端的に表現しています。

方今（ただいま）諸夷、皇国ノ富有ヲ羨ミ、ヤヽ覬覦《きゆ》（ねらうこと）ノ心ヲ生ジ、コモゴモ来テ強請スルトコロアルモノ、其意決シテ通信ヲ求メ、互市（通商）ヲ乞、土地ヲ仮ルニ止ラズ、必ワガ虚実ヲ窺ヒ、苟《いやしく》モ釁郤《きんかく》（ちょっとした隙間）アラバ、スナハチ乗テコレヲ取リ、ソノ属国トナサンコト、猶印度《インド》諸域ノ如クセント欲スルナリ。（中略）人心ヲ取ニ術アリ。厚利モッテコレニ啗《くら》ハシメ、妖教モッテコレヲ蠱《こ》シ（たぶらかし）、其術キハメテ機巧ナリ。

月性にとって西洋列強の危機というのは、経済と宗教の一体となった危機だったのです。そして、この経済と宗教の危機意識を結び付けて論じていたのが水戸学でした。水戸学は一九世紀、国学と並ぶ尊王論のもう一つの源流でした。

水戸学の影響力

水戸学については、今日は詳しくは述べませんけれど、徳川光圀《とくがわみつくに》の『大日本史』の編纂事業に端を発して、一九世紀の前半に藩主徳川斉昭《とくがわなりあき》を中心にしてそのブレーンであった藤田東湖《ふじたとうこ》や会沢正志斎《あいざわせいしさい》（図5−6）らが唱えた尊王攘夷思想として、幕末志士に大きな影響を与えました。とくに会沢正志斎の『新論』（文政八年〈一八二五〉）は、幕末期写本で広まって志士たちのバイブルになった書物で、月性が長州藩にそれをもたらしたと言われています。

図5−6　会沢正志斎画像

『新論』は「国体」――これは後々大きな威力を発揮する言葉で、現代の国民体育大会の略称ではない「国体」です――という言葉を掲げて、万世一系の皇統を持つ日本こそが世界万国の中心であって、それが今や西洋列強の侵略の危機にある、と主張しました。これは同時代の国学者平田篤胤と等しい考え方です。

商品経済への反発という点でも、国学と水戸学とは共通していました。経済の進展によって、武士たちは困窮し、商人たちに借金をせざるを得ない。水戸藩はとくに御三家のなかでも江戸に常駐していて、非常にプライドが高い。そのプライド高い水戸藩の藩士であっても、借金をすれば商人たちに頭を下げなくてはならない。

富人に就いて乞貸し（乞食のように金を借りる）、習ひて以て俗を成し、有邦・有土といへども、また給を富民に仰がざるはなし。豪姦大滑、貸財の権を操り（ずるがしこい金持ちどもが金を貸す権力を操って）、王公を股掌の上に愚弄す。ここにおいては、天下の富は遂に市人に帰せり。（『新論』国体）

富はみんな商人たちが握ってしまって、おれたち誇りある武士が頭を下げなくてはならない。しかも狡猾な商人たちは西洋列強とも通商業務の経済的利益で結び付いていく可能性も持っている。商人たちが欧米と結び付いてしまう。そしていっしょになって国内をバラバラにしてしまう。この危機感が水戸学の大きなポイントです。それがキリシタンとの対抗意識のなかで増幅されていくわけです。

経済的欲望の否定

『仏法護国論』を書いた月性の海防論が、この水戸学の影響を受けていることは明らかです。ペリーが来航した後、日米和親条約が結ばれたわけですけれども、例えば安政元年（一八五四）～二年に、月性は次のような詩を書いています（『清狂遺稿』）。

外夷の交定まりて、我が憂ひ深し、
異教は今より必ず寖淫《しんいん》せん、
同侶は知らず、防戦策、
護法城心を厳にするより出るを（「有感」）

和親条約が結ばれて、キリスト教が浸透する心配がますます深まっている、それなのに、周りの友人でさえ、防戦策が護法にあることを知らない。

賈商は唯だ識る、金銀の貴きを、
禽獣は豈《あ》に君国の恩を知らんや、
自ら悔ゆ、辺防天下の務め、
平生過って、彼が徒に向ひて論ずるを（「有感」）

商人は金銀の貴さを知るだけで、禽獣のごとき彼らは君国の恩を知らない。これまで彼らに海防策を論じてきたことを悔いている。

太平風尚、戎狄《じゆうてき》に移り、
工商を偏重し、農を重んぜず、
蛮貨の洋珍は奢侈の本、
国日に困窮し、倉廩《そうりん》は空し（「歳晏行」）

太平の人びとの好みは夷狄に影響され、工商を偏重して、農業を重んじない。輸入した西洋の珍しいものは奢侈のもとで、国内は日に日に困窮してゆく。これらの漢詩に見られるように、月性は商業に対する強い反発を、水戸学の学者たちと共有しています。

と言って月性には、「天皇の大御心」を己が心とするというような、天皇との直接の心情的な一体感はありませんでした。国土を護る存在として、間接的に天皇と結び付いているにすぎません。ここに国学との違いがあるのですけれど、利己的な経済的欲望を否定することにおいて共通しているのです。

この点で、月性が水戸学に近づいたことも理解できます。月性はいろいろな人からお金を借りたかもしれませんけれども、非常にみすぼらしい格好をして、自分が贅沢するような人物じゃない。金には頓着がなかった恬淡な人だと思います。

それ以上に天皇との一体感が切れていたのは何故かというと、月性は真宗の僧侶だったからです。生きているうちは「勤王ノ忠臣」となったとしても、死んだ後は「往生成仏」する。これが月性の信仰でした。

国学者たちとの違い

水戸学の主要な思想家の一人、藤田東湖に「正気《せいき》の歌」という漢詩がありますが、その最後は「死して忠義の鬼となり、極天皇基を護らん」——死んだ後にも忠義の鬼となって、天地のある限り天皇が統治する日本を護り続ける、というのです。つまり死んだ後も、日本を護って忠義の英霊になるのです。

私はこの歌が、明治になって靖国神社が作られてゆくときの大きなポイントになったと思います。実は、死後に極楽往生するという考え方を否定したのが国学だったのです。そしてそれを、徹底的にやったのが佐久良東雄だったのです。佐久良東雄という人は、浄土真宗と日蓮宗を徹底的に排斥した平田篤胤の書物『出定笑語』を大坂で出版しています。

月性は、そういう人たちとは切れています。月性としては、夷狄を防いで国家を護る、これは生きている現在の自分たちがやるべきことではあっても、死んだ後はそれぞれ別なのです。

さらに「清狂」と号した月性は、佐久良東雄の「ものぐるひ」、つまり、世間の人たちとは違う「狂」の意識を持っているという点では共通していましたが、月性には同志的な結合、人と人との横の連帯感があって、東雄のように「孤忠」ではありません。天皇と自分一人で結び付いている「孤忠」ではない。宣長のように一つのところに閉じこもって天皇を夢見ている、そういう人ではない。月性はいろいろなところへ出かけて行って、いろいろな人と交流しているわけです。ここに国学者たちと違うものを、私は感じています。

古賀家の門人たちとの交友

月性は、天保二年（一八三一）夏、一五歳のときに恒遠醒窓《つねとうせいそう》の蔵春園《ぞうしゅんえん》に入ります。一九歳のときには蔵春園を去って、年末に上洛し、その後、広島の坂井虎山《さかいこざん》を訪れたり、佐賀に遊学したりしています。

私が注目したいのは、月性が交流した儒学者や漢詩人たちです。実はこの漢詩人たちのなかに幕府の官立の学問所、昌平坂学問所《しょうへいざかがくもんじょ》（昌平黌）の出身者が多いという点です。一八世紀の終わりごろに老中の松平定信《まつだいらさだのぶ》が寛政の改革をしますけれども、このときに抜擢された古賀精里《こがせいり》と、その後を継いだ古賀侗《こがとう》庵《あん》の門人たちとの交流が注目されます。

月性が編集した『今世名家文鈔』（嘉永二年〈一八四九〉）という有名な本があります。これは篠崎小《しのざきしょう》竹《ちく》・斎藤拙堂《さいとうせつどう》・野田笛浦《のだてきほ》・坂井虎山の四人の文章を集めたものです。このうち篠崎小竹・斎藤拙堂・野田笛浦の三人は古賀精里の門人です。坂井虎山は広島藩の学問所で、古賀精里と若いころから親しくしていた頼春水《らいしゅんすい》――頼山陽《らいさんよう》の父親――に学んでいます。また月性は佐賀へ行きましたけれども、その佐賀の藩校弘道館は古賀精里の長男、古賀穀堂《こがこくどう》が中心となって建設した藩校で、古賀家と深い関わりを持っていました。

5 「公議輿論」精神の体現者としての月性

昌平黌の教育方法

月性が幕府の官立学校の昌平黌《しょうへいこう》とつながりのある人たちと親しかったというと、これまで述べてきた尊王論とどこか矛盾していると感じる方もおられるかもしれません。天皇と幕府との対抗という固定観念があると、月性が尊王論者だったとすれば、吉田松陰たちの尊王討幕論という連想から、月性が幕府の昌平黌出身者と親しいはずがないということになろうかと思います。

ところが、事実は小説よりも奇なりです。月性が主に交際した人たちは昌平黌出身者だったのです。この謎を解くには昌平黌の教育、あるいは学習の方法、広く言えば儒学の学習や教育方法を見てみる必要があります。つまり江戸時代の儒学を学ぶやり方です。内容ではなくて方法です。実は、今回、この講演会にお誘いがあったとき、最初に提案されたテーマはこの儒学の教育の問題でした。しかし、尊王論でというご希望もあって、今日のお話に落ち着いたわけですが、月性の思想を考えるときには、やはり月性が受けてきた教育・学習方法の問題を述べる必要があると思い、簡単にですが、お話してみたい

図5-7 聖堂会読図（東京大学史料編纂所所蔵）

と思います。

江戸時代の儒学、あるいは国学、あるいは蘭学も含めて、全部そうなのですけれど、学習方法には、三つありました。一つは「素読《そどく》」。時代劇か何かで、先生が「師のたまわく、学びてときにこれを習う、またよろこばしからずや。朋あり遠方より来たる、また楽しからずや」という言葉を言うと、その言葉を生徒たちが復唱していくという学習風景を見たことがあるかと思います。七歳から八歳ぐらいにかけて、こういうやり方で『論語』などの経書を全部丸暗記していくのが素読です。これは儒学の基本的な学習方法でした。

それからある程度学力がついてきて、暗記ができてくると、これを利用してそこに書かれている意味内容を先生が「講釈」するということが行なわれました。

もう一つは「会読《かいどく》」といって、面白い学習方法がありました。同じ書物を皆で討論し合いながら学習していくという、共同読書の方法です。図5―7のように丸く車座になって、皆が本を手にしていますが、これが江戸の昌平黌の図です。

本を読み合い、討論する

昌平黌は東京のJR御茶ノ水駅の前の神田川の向こうに見える、こんもりとした林があるところにありました。その昌平黌での学習方法というのが、皆で車座になって本を読む会読です。これはある特定の書物を皆が読んできて、当日にくじを引いて、最初にくじを引いた人がその本文について講義をする。ある程度講義すると、周りの人がそれについて質問するのです。つまり共同して読んでいくのですね。そのときに先生はいっさいしゃべらない。生徒同士が徹底的に討論する。「討論」というのが会読には重要な言葉でして、どれだけ読めるか、お互い同士が実力を試し合うわけです。

一つの書物を皆で討論しながら読んでいく。それが広まっていって、『解体新書』のような共同翻訳作業につながっていくのです。こういうやり方が江戸時代、荻生徂徠の学派のなかで流行し出して、一八世紀の前半くらいから全国に広まっていく。民間のなかで、こういう会読グループがたくさん現われる。藩校もそれを受け継いでいくわけです。

藩校でも私塾でも

実は藩校のなかで、おそらく一番最初にこの会読をやり始めたのが、萩の明倫館《めいりんかん》だと私は考えています。明倫館の最初のころに、荻生徂徠の弟子の山県周南《やまがたしゅうなん》が明倫館で会読をやり始めた。それ以来ずっとそれが続いていて、一九世紀になると、山県太華《やまがたたいか》がここで積極的に会読をやります。つまり、実力を競うようになる。しかも本だけでは飽き足らない人たちが、政治的な討論を始めるのです。さすがに明倫館ではできないので、周布政之助《すふまさのすけ》たちは別に嚶鳴社《おうめいしゃ》を作って、政治的な討論を始めるわけです。そうした藩校外の会読の場の一つが吉田松陰の松下村塾《しょうかそんじゅく》なのです。松下村塾も徹底的に会読をし、討論をした。松下村塾の教育はユニークだと言われていますが、これもある意味では、明倫館で行なっていたことを徹底してやったからです。吉田松陰は非常に開かれた人だったので、より政治的な討論をしていったのです。

　こういうものが生まれてくるのが一八世紀から一九世紀なのです。その中心が昌平黌です。山県太華も林家で学んだ朱子学者で、それを明倫館に持ち込んでくるのです。それからこれを私塾で行なったのが豊後（大分県）日田の広瀬淡窓《ひろせたんそう》です。淡窓の咸宜園《かんぎえん》では、皆で討論して実力を競い合わせ、実力がついた者の級数を上げていくという教育方法を採用したのです。月性の学んだ恒遠醒窓はこの淡窓の弟子で、蔵春園では咸宜園同様の教育方法を取っていました。

　このように見てくると、この討論という習慣を月性が身に付けていたのは、決して不思議ではない。篠崎小竹や斎藤拙堂や野田笛浦といった人たちは皆、昌平黌で古賀精里に学んだ人たちなのです。そこで徹底して開かれた討論をするという精神を持った人たちでした。だからそういう昌平黌出身の俊英たちと月性は、何ら臆することなく対等に討論し合うことができた。あるいはまた長州の明倫館の出身者である嚶鳴社の周布政之助や、吉田松陰の松下村塾の塾生たちとも身分を超えて対等に交流できた、と私は考えています。

勤王・佐幕両派が自由に議論する空間

こうした「会読」の場は非常に自由な精神がみなぎって豊かでした。そのことを窺える史料を紹介したいと思います。昌平黌はもともと幕府の官立のもので、旗本や御家人の施設だったのですけれども、一九世紀になってくると、諸藩に開かれた「書生寮」というのが開設されます。そこには全国各藩からエリートたちが集まってくる、いろんな藩からたくさん優秀な人が集まってくるのです。面白いのは、昌平黌で一番活躍した藩というのは、西では肥前の佐賀藩です。佐賀には藩校弘道館があり、その近くには月性が仏教を学んだ不及の精居寮がありました。まさに月性は隣にいたわけです。それからもう一つ、東で言うと会津藩が、昌平黌に優秀な人たちを派遣するのです。つまり幕末の佐幕・討幕という話で言えば、水と油が昌平黌の書生寮のなかにいたわけです。

ここでは面白い史料を紹介します。明治になってから、書生寮のことを回想したものです。

◎問　御維新前に昌平校にいる書生が、どの位、輿論を動かしたのですか。たいていは勤王説だったのですか。会員　勤王説もあり、佐幕説もあったのです。◎問　何によって違いましたか。重野（安繹）氏　それは人々によって違ったもので、みな縁を離れて論じたのです。問　書生寮の中で喧嘩はできませんでしたか。重野氏　そんなことはないが、議論などはあったのです。（『旧事諮問録』下）

重野安繹《しげのやすつぐ》は薩摩藩の出身者で、後に東京帝国大学で国史を教える先生です。書生寮には全国から優秀な人たちが集まってきて、その人たちが「縁を離れて」、つまり地縁とか血縁とかそういう柵《しがらみ》から離れたところで自由に論じ合う。そこでは勤王説も佐幕説もある。しかし喧嘩はしない。議論はするけれども喧嘩はしない。書生寮はそういう自由な空間であったと語っています。これは重野だけの回想でなくて、昌平黌の出身者たちは皆、口をそろえて言っていることです。そして、その当時のこういう自由な言論・討論の空間のなかに月性もいた、ということなのです。

月性「彼を取り此れを益す」

月性の場合は、素面《しらふ》の討論よりもお酒を飲んでの議論の方が有名だったそうですけれども、要するに皆で討論するわけです。そうした討論のなかで、自分とは考え方の違う「異なる他者を受け容れる」という寛容の精神も養われました。実際、月性もそうした寛容の精神の持ち主でした。月性は『今世名家文鈔』の例言のなかで、僧侶である自分が篠崎小竹や坂井虎山などの儒者たちの文章を編集することについて、次のように説いています。

余は仏者なり。仏者にして儒者の文を選ぶは、未《いま》だ曽《かつ》て有らざる所なり。茲《こ》の編の出づるや、仏者は必ず罵るに外道を以てし、儒者も亦《ま》た必ず其の不倫を笑ふ。然れども仏事の門中、本より一法の捨つべきもの無くして、彼を取り此れを益す、乃ち周詩に所謂、他山の石は、玉を攻むべき者なり。

仏者である私が儒者の文を選録すれば、仏者からも儒者からも批判されるだろう。しかし「他山の石」

（『詩経』）の故事にもあるとおり、儒者の言が仏者を益することもあるのだ——というわけで、「清狂草堂記」や「清狂説」などとともに、「天下の憂は正学《せいがく》明らかならずして、邪説肆行《しこう》するより大なるは莫《な》し」（巻六、「送陸存中序」）——今の時代の憂うべきことは、正しい学問である儒学が明らかでなく、邪説である仏教が幅を利かしていることだ、という虎山の仏教批判の文章も収録しているのです。

しかしこれは、月性が一方的に寛容なのではなく、坂井虎山や篠崎小竹の方も月性に対して寛容でした。月性は言います——「坂井虎山先生からは、道を異にするにもかかわらず、俗世間を超えたご好誼をいただいた」「坂井虎山と篠崎小竹の両先生は、儒学と仏教の宗派の違いにもかかわらず、広い海のごとき度量を以て私の狂を容れて下さる」（いずれも『清狂遺稿』巻下）。自分とは考え方は違うけれども、寛容に交際してくれる人たちだ、と言っています。

阪谷朗廬の「尊異説」

月性が斎藤拙堂のもとで初めて出会った阪谷朗廬《さかたにろうろ》（素《しろし》・希八郎とも）は古賀侗庵の門人で、嘉永元年（一八四八）には清狂草堂に滞在しました。月性は彼を、「年少善文章、筆陣誰得敵、正々又堂々」——年若くして文章を善くし、その筆力は誰にも負けることなく立派である、と『清狂遺稿』（巻下）で評価しているのですが、この朗廬は明治になって、森有礼《もりありのり》が作った明六社《めいろくしゃ》の同人になりました。明六社は西洋の啓蒙思想を普及すべく福沢諭吉《ふくざわゆきち》も入っていた有名な学術団体ですけれども、儒者・漢学者としては唯一人加わったのが阪谷朗廬です。

この阪谷朗廬が明治七年（一八七四）一〇月第一九号の『明六雑誌』に「尊異説」という論説を発表しています。朗廬によれば、物には「親和スル固有ノ合同性」と「区別スル固有ノ分異性」があるが、「異ノ効用最モ大」である――師弟も朋友も「異」を持って、つまり自分と異なっている人と切磋琢磨することで向上することができるのだ、と言っています。

西洋はどこが優れているかというと、まさにそういう「異」と競い合って切磋琢磨するからだ、ただまとまればよいというものではない。こういう「異」と「異」のぶつかり合いを受け容れるというのが会読の精神で、これは昌平黌だけではなく明倫館や吉田松陰の松下村塾までも及んでいました。議論はするけれども、喧嘩はしない。

月性は、宗教的な信条や価値観が異なっていても、夷狄を防ぎ皇国、日本を護るという目的で多くの人たちと連帯する方向性を持っていたと考えることができるのです。

異なる他者を受け容れる精神

最後にまとめます。

冒頭私は、江戸時代、なぜ天皇権威がゼロから無限大へと浮上したのか、という問題を提起しました。そして、本居宣長の思想を検討することで、富める者が富み、貧しい者が貧しくなっていく「金銀」の時代への憤り、つまり商品経済への反発が上下の階層秩序の頂点にいる天皇権威を浮上させるのだ、という仮説を示しました。さまざまな制約のなかで、自分の知恵と才覚によって現実に立ち向かって困難を切り開いていくことができない者たちが、商品経済への反発から、記紀神話の幻想のなかに生きるよりどころを見出し、「天皇の大御心を心」とする、天皇との心情的な一体化を求めたのです。ただそれは、天皇に自分一人だけの忠義を捧げる「孤忠」となっていったのです。ここに「一君万民論」の持つ魅力と危うさがある、と私は考えています。

月性もまたそうした商品経済を拒否して、階層秩序を保持しようとしました。その点で国学者や水戸学の尊王論者と同じ危機意識を持っていました。しかし、月性にはまた異なる思想的な可能性があった。一つには、死して往生成仏するという真宗僧侶としての信仰であり、さらには学問の場で培った精神、具体的に言えば、対等な立場で討論し合う会読の場で培った、異なる他者を受け容れる自由な寛容の精神です。この精神は、人と人との横の同志的な結合を開いていく精神とも言えるでしょう。

それは「尊王攘夷」と並んで明治維新を推進したもう一つの理念である「公議輿論」の精神、すなわち五箇条の御誓文の第一条、「広く会議を興《おこ》し、万機公論《ばんきこうろん》に決すべし」という議論の精神でした。喧嘩をせずに議論をするなかで国の行く末を考えていく、見定めていく、そういう議論の精神が「公議輿論」です。その意味で、月性の思想のなかには「尊王攘夷」と「公議輿論」の二つの理念が、いわばせめぎ合う形で併存していたと言えるのではないか、と私は考えています。

第6章

愛甲弘志

漢詩のなかの月性

そのたぎる思い、そして寂寞

1　日本人にとって漢詩とは……

漢詩を音読する

初めにいわゆる漢詩というものについてお話したいと思います。

次の漢詩は、中国は唐の杜牧《とぼく》（八〇三～五二）という人の作で、紅葉の季節の山歩きを詠んだ「山行《さんこう》」と題するものです。

山行　杜牧

［原文］

1 ●遠《Yuǎn》●上《shàng》○寒《hán》○山《shān》●石《shí》●徑《jìng》◎斜《xié》

2 ●白《Bái》○雲《yún》○生《shēng》●處《chù》●有《yǒu》○人《rén》◎家《jiā》

［訓点文］

遠ク上レバ㆓寒山㆒ニ石徑斜メナリ

白雲生ズル處有リ㆓人家㆒

［書き下し文（文語文）］

遠《とお》く寒山《かんざん》に上《のぼ》れば石径斜《せっけいなな》めなり

白雲生《はくうんしょう》ずる処《ところ》人家《じんか》有《あ》り

3 ○停《Tíng》○車《chē》●坐《zuò》●愛《ài》○楓《fēng》○林《lín》●晩《wǎn》

4 ○霜《Shuāng》●葉《yè》○紅《hóng》○於《yú》●二《èr》●月《yuè》◎花《huā》

停メテレ車ヲ坐ロニ愛ス楓林ノ晩

霜葉ハ紅ナリ二二月ノ花ヨリモ

車《くるま》を停《とど》めて坐《そぞ》ろに愛《あい》す楓林《ふうりん》の晩《くれ》

霜葉《そうよう》は二月《にがつ》の花《はな》よりも紅《くれない》なり

［現代語訳（口語文）］

山歩き

もの寂しげな山を遠く上っていけば石だらけの道が斜めに続いている
白い雲がわき上がる辺《あた》りに人家がある
車を止めて夕暮れの楓の林をじっと愛《め》でる
霜に打たれた葉は二月に咲く花より赤々《あかあか》としているではないか

このような中国の詩人が書いたものを中国の古典詩、あるいは漢詩と呼びます。皆さんのなかには高校の漢文の時間に、漢詩の原文にレ点や一、二点といった返《かえ》り点《てん》を付けたり、これに送り仮名を添えたりという、いわゆる漢文訓読《かんぶんくんどく》という方法を学んだ記憶があるかと思いますが、そのようにして作り直された文が「書《か》き下《くだ》し文《ぶん》」です。この「書き下し文」はすでにして日本の古文、文語文です。しかし現代の日本人はこの日本の古文もよくわからなくなってきたので、さらに口語文である「現代語訳」というのを付けて理解の助けにしているわけです。

ところがこの「山行」の詩を中国の人が読むとなると、一字一字、上から順番に読んでいくというのは当然といえば当然です。ここに原文の右横に添えていますのは拼音《ピンイン》という現代中国語の発音記号です。

ちなみに左横の○や●は漢詩作りにはたいへん重要な平仄《ひようそく》という音調を示しており、○が平声《ひようせい》、●が仄《そく》声《せい》で、◎は韻《いん》を踏んでいることを示しています。

今、私は中国語でこの詩を読んでみたわけですが、杜牧の時代の発音もまったくいっしょだったかというとそうではありません。現代の日本語の音が昔のものとは異なるものがあるのと同じで、私たちが現代日本語の音で『万葉集《まんようしゆう》』を読むようなものです。この詩は一句が七文字、それが四句で構成されるという七言絶句《しちごんぜつく》形式の詩ですが、こうして現代の中国語で発音しても、一音一音が歯切れ良くなかなか調子がいいのは聴き取ってもらえたのではないかと思います。

このように聴いて耳に入りやすいというのが、中国の漢詩が散文ではなく韻文の韻文たる所以《ゆえん》なのですが、残念ながら中国語がわからない私たち日本人の多くは、この詩を「遠く寒山に上れば石径斜めなり」という漢文訓読法で読むしかないわけです。この漢文訓読自体は九世紀ころから行なわれたと言われる、たいへんな発明であることは間違いないのですが、漢詩原文が持つ音数の整然としたところや音調の心地よさ、いわゆる韻律美というものは完全に削《そ》がれてしまっているわけです。にもかかわらず、私たちは、「遠く寒山に上れば石径斜めなり」という日本語読みから、それが中国の漢詩だと理解しているところが多分にあると言えます。「男児《だんじ》志《こころざし》を立《た》てて郷関《きようかん》を出《い》づ」と今なお多くの人々に詠みつがれている月性さんのあの「題壁《だいへき》」の詩も形式的にはれっきとした七言絶句で、もちろんこれを漢詩と言っていいわけですが、中国の漢詩と区別して、「日本漢詩」と称されることがあるのも理由がないわけではないのです。

中国にまつわる先入観

さらにもう一つ申し上げたいのは、杜牧の「山行」の詩が漢文訓読法で「遠く寒山に上れば石径斜めなり」というふうに読まれることから、どうも漢詩や漢文は威勢がよくて男性的であり、しかも学校などで選ばれる題材の多くが例えば『論語』の「子曰《しいわ》く、学《まな》びて思《おも》わざれば則《すなわ》ち罔《くら》く、思《おも》いて学《まな》ばざれば則《すなわ》ち殆《あやう》し」といった精神修養的なものであることから、中国に対して聖人君子ばかりが住まうところというフィルターをかけてしまっているのではないかということです。

戦前の旧制中学で使われた漢文の教科書、例えば清川初一《きよかわはついち》編『漢文階梯《かんぶんかいてい》』（東京大阪修文館、昭和五年〈一九三〇〉）のなかに、「勧学《かんがく》の詩」という章があって、そこには中国は東晋《とうしん》の陶淵明《とうえんめい》の「勧学の歌」なるものと、月性さんの「題壁」の詩、そして朱子学の開祖である南宋《なんそう》の朱熹《しゅき》の「少年《しょうねん》老《お》い易《やす》く学《がく》なり難《がた》し、一寸《いっすん》の光陰《こういん》軽《かろ》んずべからず」という「偶成《ぐうせい》」という詩が紹介されているようです。いるよう、で、す、というのは、実は私が見たのは広島大学が公開している一五三種類の漢文の教科書の画像からで、この『漢文階梯』については表紙と目次の画像があるだけで、この三人の詩が掲載されているページを見ることができなかったからです。ただこれだけからもたいへん面白いと思うことがあります。それは陶淵明の「勧学の歌」とされているものについてですが、陶淵明にはそのような詩題の詩はなく、それが「雑詩《ざつし》十二首」の其の一を指しているのは間違いありません。先ずはその傍点を打った第九句から第一二句までをご覧下さい。

雑詩十二首　其の一　　陶淵明

……（前略）……

7得歡當作樂　歓《かん》を得《え》ては当《まさ》に楽《たの》しみを作《な》すべく　喜ばしいときには楽しむべきで
8斗酒聚比隣　斗酒《としゅ》もて比隣《ひりん》を聚《あつ》めん　一斗の酒で近所の者たちを集めよう
9盛年不重來　盛年《せいねん》重《かさ》ねては来《き》たらず　若い盛《さか》りはもうやってこない
10一日難再晨　一日《いちにち》再《ふたた》びは晨《あした》なり難《がた》し　一日に朝は二度とやってこない
11及時當勉勵　時《とき》に及《およ》んで当《まさ》に勉励《べんれい》すべし　ときを逃さず勉め励まねばならない
12歳月不待人　歳月《さいげつ》人《ひと》を待《ま》たず　歳月は人を待ってくれないのだから

なぜこの最後の四句だけを見てもらったかと言いますと、あの『漢文階梯』という教科書もこの四句だけを引用している可能性が高いからです。というのは、月性さんの詩も七言の四句、朱子の詩も七言の四句ですが、陶淵明のこの詩はもともとは五言の一二句です。しかし目次を見ますと、この三人の詩は第一一六ページに載っていると記されており、これらを一ページ内に収めるのはそもそも無理があると思うのがその理由の一つです。

またこの四句だけを見ると、なるほど「時間を惜しんで学問に励め」といっているようで、つまりこれが朱子の「一寸の光陰軽んずべからず」や、月性さんの「男児志を立てて郷関を出づ。学若《がくも》し成《な》る無《な》くんば復《ま》た還《かえ》らず」と同様に、「勧学の詩」にふさわしい内容になっているかのように見えます。しかし、その前二句の第七句と第八句の「歓を得ては当に楽しみを作すべく、斗酒もて比隣を聚めん」とつなげてみれば、「時に及んで当に勉励すべし」というのは、実は「時を逃さずに行楽に勉め励もう」という学問の勧《すす》めなどとは真逆のことを言っているのです。だからこの教科書がこの四句だけを引用しているはずというもっとも大きな理由はここにあります。こういうところに学校教育に役立てようという、かなり恣意的な印象を受けますが、この四句だけを見せられてしまえば、確かに「勧学の詩」だと思って納得してしまうのも、そもそも中国とは聖人君子の国だという先入観が働かされているからではないでしょうか。ちなみに陶淵明のこの四句だけが抜き出されるのは詩吟の世界でもあるようです。

もっとも後で述べますように、そもそも昔の中国にも理念として、蝶よ花よといったものや、惚れた腫れたといった類《たぐ》いのものに対して大きくブレーキをかけるところがあって、それが私たち日本人にも大きく影響しているところがあるということも、やはり申し上げておかねばなりません。

2　若き月性の遊学と詩作

十数年にわたる遊学歴

たいへん前置きが長くなりましたが、ここから漢詩人、月性さんについてお話をいたしましょう。

月性さんは江戸時代後期の文化一四年（一八一七）、第一一代将軍徳川家斉《とくがわいえなり》のとき、中国では清《しん》の仁宗《じんそう》の嘉慶《かけい》二二年に生まれ、第一三代将軍徳川家定《いえさだ》のときの安政五年（一八五八）五月一〇日、四二歳で亡くなっています。その年の九月には大老、井伊直弼《いいなおすけ》による安政《あんせい》の大獄《たいごく》が起こっており、月性さんは非常に際《きわ》どいときに亡くなったと言えましょう。ちなみに同じ「ゲッショウ」でも清水寺の月照さんもまったく同じ年に安政の大獄で追われて行き場を失い、その一二月、とうとう西郷隆盛《さいごうたかもり》と鹿児島の錦江《きんこう》湾に身を投げて、西郷さんは助かりますが、月照さんは亡くなっています。

さてこちらの月性さんは一五歳までは、故郷である防州遠崎《ぼうしゅうとおざき》（山口県柳井《やない》市）の浄土真宗本願寺派の妙円寺《みょうえんじ》（図6-1）で育ちました。

図6-1　妙円寺山門から本堂正面を望む（山口県柳井市）

一五歳（天保二年〈一八三一〉）になると、九州に渡って豊前《ぶぜん》（福岡県豊前市）に行き、恒藤醒窓《つねとうせいそう》（一八〇三～六一）の漢学塾蔵春園《ぞうしゅんえん》の門を叩き、そこで五年ほど学んでいます。その終りころには、非常に短いようですが、日田《ひた》（大分県日田市）の広瀬淡窓《ひろせたんそう》（一七八二～一八五六）・旭荘《きょくそう》（一八〇七～六三）の咸宜園《かんぎえん》も訪ねています。二〇歳になると佐賀（佐賀市）の善定寺《ぜんじょうじ》という、これは浄土真宗本願寺派の寺ですけれども、そこで不及老師《ふぎゅうろうし》（一七八五～一八四六）という有名な僧侶のもとで仏学の勉強をします。月性さんは清狂《せいきょう》上人《しょうにん》の号が知られていますが、この九州遊学時代には煙渓《えんけい》と号しています。

その後、二五歳には広島（広島市）の坂井虎山《さかいこざん》（一七九八～一八五〇）を訪ね、二七歳になると、かの有名な「題壁」

の連作詩二首を残して大坂（大阪市）は篠崎小竹《しのざきしょうちく》（一七八一〜一八五一）・後藤松陰《ごとうしょういん》（一七九七〜一八六四）の梅花塾《ばいかじゅく》というところで足かけ五年学び、その間に三重（津市）の儒者、斎藤拙堂《さいとうせつどう》（一七九七〜一八六五）を訪ねたりしています。

以上が月性さんの遊学歴のあらましですが、この十数年に及ぶ遊学のなかで月性さんは詩作にも励んでいたわけです。そこで月性さんの詩作についてお話ししていくことにしますが、まず月性さんの漢詩集全般について、見ておくことにしましょう。

月性漢詩関連の刊本と抄本の一覧

A　刊本

①大洲鐵然《おおずてつねん》・天地哲雄《あまちてつゆう》編『清狂遺稿《せいきょういこう》』二冊（二六四首、連作詩は一首で換算）

明治二五年（一八九二）、京都田中治兵衛発行

＊三坂圭治監修『維新の先覚月性の研究』（昭和五四年〈一九七九〉、三坂圭治監修、マツノ書店）に再録

②『吉田松陰評　清狂詩鈔《せいきょうししょう》』一冊（二九首）

明治二年、松下邨塾蔵版

＊安政二年（一八八五）、月性三九歳の詩を収録

B　抄本

③『清狂吟稿《せいきょうぎんこう》』二冊（山口県萩市松陰神社所蔵）

第一冊

巻一（五七首）　癸巳（天保四年〈一八三三〉、月性一七歳）～壬寅（天保一三年、月性二六歳）

巻二（六七首）　癸卯（天保一四年、月性二七歳）～己酉（嘉永二年〈一八四九〉月性三三歳）

『庚戌《こうじゅつ》辛亥《しんがい》未定草稿《みていそうこう》』（四五首）　嘉永三年（庚戌、月性三四歳）～嘉永四年（辛亥、月性三五歳）

第二冊（八九首）

壬子（嘉永五年、月性三六歳）～乙卯（安政二年、月性三九歳）

＊『清狂吟稿』二冊は、昭和八年夏、『松陰全集』編纂過程で山口県萩市の吉田松陰の実家、杉《すぎ》家で発見

＊第二冊乙卯の詩は一首を除いて刊本②『吉田松陰評　清狂詩鈔』と重複

④標題『虎山醒窓《こざんせいそう》二家批評　未定清狂吟稿《みていせいきょうぎんこう》巻之三』一冊（『未定小稿《みていしょうこう》』と合冊、山口県柳井市僧月性顕彰会所蔵）

『未定清狂吟稿』巻之三（三八首）　庚子（天保一一年、月性二四歳）～

『未定小稿』（一八首）　辛丑（天保一二年、月性二五歳）

⑤標題『天保古詩百一鈔草稿《てんぽうこしひゃくいっしょうそうこう》』一冊（『天保《てんぽう》十三年壬寅草稿《じんいんそうこう》』『鄙稿《ひこう》』四種『庚戌《こうじゅつ》未定稿《みていこう》』と合冊、僧月性顕彰会所蔵）

『天保古詩百一鈔草稿』（坂井虎山六首、超然五首、篠崎小竹一九首）

『天保十三年壬寅草稿』（一九首）

『鄙稿』四種（二四首）

『庚戌未定稿』（一四首）

＊天保六年（乙未、月性一九歳）～嘉永六年（癸丑、月性三七歳）

⑥『自遠館同韻詩集《じえんかんどういんししゅう》』『同韻集』『藏園同社詩集』（福岡県豊前市求菩提《くぼて》資料館所蔵）

＊蔵春園での同人詩集

Aの「刊本」とは、大量に印刷するために版木に彫ったもので、Bの「抄本」は、草稿など筆で書いた写本でして、これらは必ずしも月性さんの筆跡とは限りません。現在、月性さんの漢詩を見るのに最も便利なのは、A「刊本」①に掲げた月性さんの清狂草堂塾生の大洲鉄然（一八三四～一九〇二）と天地哲雄（生没年不明）の編になる『清狂遺稿』上下全二冊です。この『清狂遺稿』には二六四首の詩を収め、月性さんの漢詩を味わうには十分な数で、しかもネットでも容易に閲覧できる便利なものです。実はこの『清狂遺稿』の版木が今もなお僧月性顕彰会によって月性展示館に大事に所蔵されています。また昭和五四年、僧月性顕彰会の努力によって出版された『維新の先覚月性の研究』にもこの『清狂遺稿』の全コピーに加えて、八二首の詩については、書き下し文・語釈・通釈がありますのでたいへん便利かと思います。ただこの本は今では絶版になっていて容易に見ることは難しいのですが、もしご覧になりたければ、柳井市役所の大畠《おおばたけ》支所のなかにある図書館の「月性文庫」にはしっかり並んでいます。この『清狂遺稿』は、月性さんが亡くなって三四年ほど経っての編纂ですが、たいへんな労作で、これがなければ今こうして月性さんの詩を語ることはかなり困難だったと言えます。

さらにはこの『清狂遺稿』よりも古い資料がかなり残されていることもたいへんありがたいことです。

それらによって『清狂遺稿』のいくつかの誤りを正すことができますし、また月性という人《ひと》と為《な》りをも含めてその詩作の苦心のほども知ることができるからです。Bの「抄本」に並べています③の『清狂吟稿』、④の『虎山醒窓二家批評　未定清狂吟稿』などがそれですが、とくに松陰神社所蔵の『清狂吟稿』は、月性さんが生きているときに松下村塾《しょうかそんじゅく》で書き写されたもので、『清狂遺稿』に収める詩とかなり重複し、これとの比較によって初めていろいろなことがわかるという、たいへん貴重なものです。

刊本と抄本の比較でわかること

そこで先ずは同じ題名の詩について刊本①と抄本③で比較してみましょう。

①『清狂遺稿』上冊「某氏《ぼうし》の園《えん》にて菊《きく》を観《み》る（某氏園観菊）」詩（嘉永二年〈一八四九〉己酉、月性三三歳、図6―2）

繁華笑汝趁時粧、名花折腰應接忙。知否同根長守節、田園隠逸傲風霜

③『清狂吟稿』巻二（図6―3）

この詩は、月性さんがある人の庭園で菊の花を観賞したときの作ですが、それはその庭で媚《こ》びるように咲き誇る菊の花に対して、田園詩人と称される陶淵明が愛した、家の垣根に風や霜にもまけずに誇り高く咲いていた菊の花と好対照だとからかったものです。しかし、ここで見ていただきたいのはその意味内容ではありません。月性さんの詩作りというのはほとんど間違いなく中国の作詩上の決まりを守っ

某氏園観菊
繁華笑汝趁時粧名花折腰應接忙知否同根長守
節田園隠逸傲風霜

図6-2　『清狂遺稿』上冊「某氏園観菊」

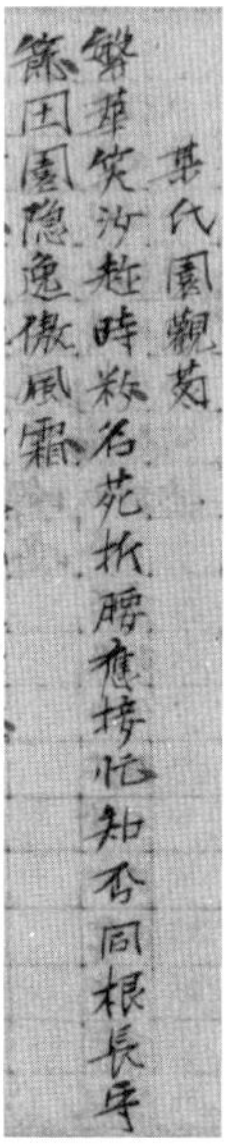
某氏園観菊
繁華笑汝趁時粧名苑折腰應接忙知否同根長守
節田園隠逸傲風霜

図6-3　『清狂吟稿』巻二「某氏園観菊」

ています。例えば平仄《ひょうそく》といって音の調子に抑揚の無いもの（平声○）と有るもの（仄声●）との配列に規則性があって、各句の二字目と四字目は異なる平仄（二四不同）で、二字目と六字目（二六対）は同じ平仄でなければならないという決まりがあります。すると①の『清狂遺稿』の第二句の第二字の平声○の「花」が四字めの「腰」と平仄が逆でなければならないのに同じで、六字目の「接」とは同じでなければならないのに逆になっていて合わないのです。もし現在、私たちの手元にこの『清狂遺稿』しかなかったら、月性さんがついつい平仄を誤ってしまったと判断せざるをえないでしょう。しかし、その左に掲げました③の『清狂吟稿』ではこの字が平声○の「花」ではなく、仄声●の「苑」になって平仄が合っており、これで『清狂遺稿』の編者がもとの原稿を見誤ったことがはっきりします。ちなみにこの詩は僧月性顕彰会が所蔵する別の資料では「園菊《えんぎく》」という詩題になっています。それは個人が所有していた月性さんの詩を昭和になって書き写して残したもののようですが、これも確かに「花」ではなく「苑」という字になっています。また、その第一句目の第四字目について平仄は合うのですが、「汝」ではなく「彼」になっています。そもそも月性さんは同じ詩についていくつもの草稿も残していますし、また同じ詩を複数の人に書き与えていますので、これは月性さん自身がそのように書いたと見ることも可能かと思いますが、私は庭に咲く菊を「汝」と語りかける方がよりおもしろいと思います。

切磋琢磨の跡

草稿が残されていることによって月性さんの苦心のほどが知られるというのが次の資料です。

抄本⑥の『自遠館同韻詩集』（図6-4）や『同韻集』というのは、月性さんが一五歳のときからほぼ五年間にわたって豊前の恒遠醒窓の蔵春園で学んでいたときに、友人たちといっしょに編んだ漢詩集です。「自遠館」というのは、この資料の右の紙に墨で書かれているように『論語』「学而篇《がくじへん》」の「朋《とも》有《あ》り遠方《えんぽう》自《よ》り来《き》たる亦《ま》た楽《たの》しからずや」というのに因《ちな》んだ蔵春園の別名で、この原稿の字は月性さんの筆跡だと左の紙の四行目に大きく書き足されており、さらに欄外上には朱で「月性は防州遠崎の人」という別の人の書き込みもあります。このように月性さんは同じ学舎に集った友人たちと切磋琢磨の日々を送っていたわけです。そこで先ずは刊本①『清狂遺稿』上冊「項羽《こうう》」（図6-5）からご覧下さい。

項羽

力抜山兮人所知　鴻門之會計何癡
英雄膽見沈船日　王覇圖空弑帝時
七十戰場誰得敵　八千子弟悉無遺

力《ちから》　山《やま》を抜《ぬ》くは人《ひと》の知《し》る所《ところ》、鴻門《こうもん》の会《かい》　計《けい》　何《なん》ぞ癡《おろ》かなる
英雄《えいゆう》　胆《たん》を見《あらわ》す　船《ふね》を沈《しず》むる日《ひ》、王覇《おうは》　図《と》は空《むな》し　帝《てい》を弑《しい》す時《とき》
七十《ななじゅう》の戦場《せんじょう》　誰《だれ》か敵《てき》するを得《え》ん、八千《はっせん》の子弟《してい》　悉《ことごと》く遺《のこ》る無《な》し

重瞳亦眩斗卮酒　失却龍顔隆準兒　重瞳《ちようどう》も亦《ま》た斗卮酒《とししゆ》に眩《くら》み、失却《しつきやく》す龍顔《りゆうがん》隆準《りゆうじゆん》の兒《じ》

項羽の力が山を打ち抜くほどだったのは誰もが知るところであったが、鴻門《こうもん》の会《かい》での計略はなんとおろかだったことか

生きて帰らぬと船を沈めたあの日には英雄の心意気《こころいき》を示したものだが、楚王を殺してしまった時に天下制覇《てんかせいは》の野望《やぼう》は幻《まぼろし》となったのである

七十回もの戦いでは誰一人として敵《かな》う者などなかったが、引きつれていった八千もの若者たちは誰も生きて帰らなかった

目に二つの眸《ひとみ》を持つ項羽も一斗《いっと》の酒に先が見えなくなり、皇帝の骨相《こつそう》をした劉邦を取り逃がしてしまったではないか

これは後に漢の初代皇帝となる劉邦《りゆうほう》と天下を争って破れた項羽を批判的に詠んだものですが、もともとは詩題も詩の文字もこのようにはなっておらず、抄本⑥『同韻集』（図6-6）では次のように書かれています。

竺炯渓　防州之人

詠史

猛力抜山人所知　幾摧豪敵履難危
英雄志壮沈船日　王覇圖空斬帝時
七十戰場誰得當　八千子弟一無遺

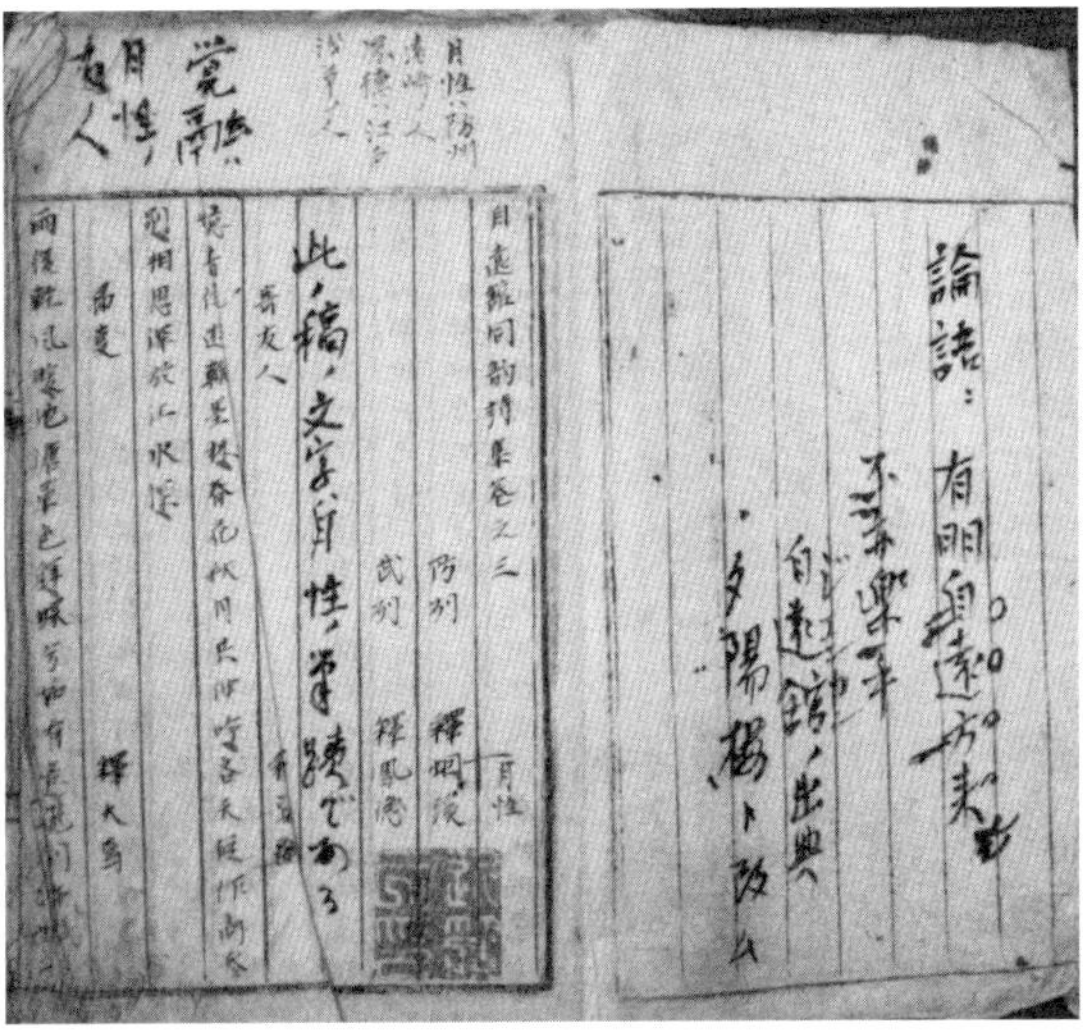

図6-4　『自遠館同韻詩集』

図6-5　『清狂遺稿』上冊「項羽」

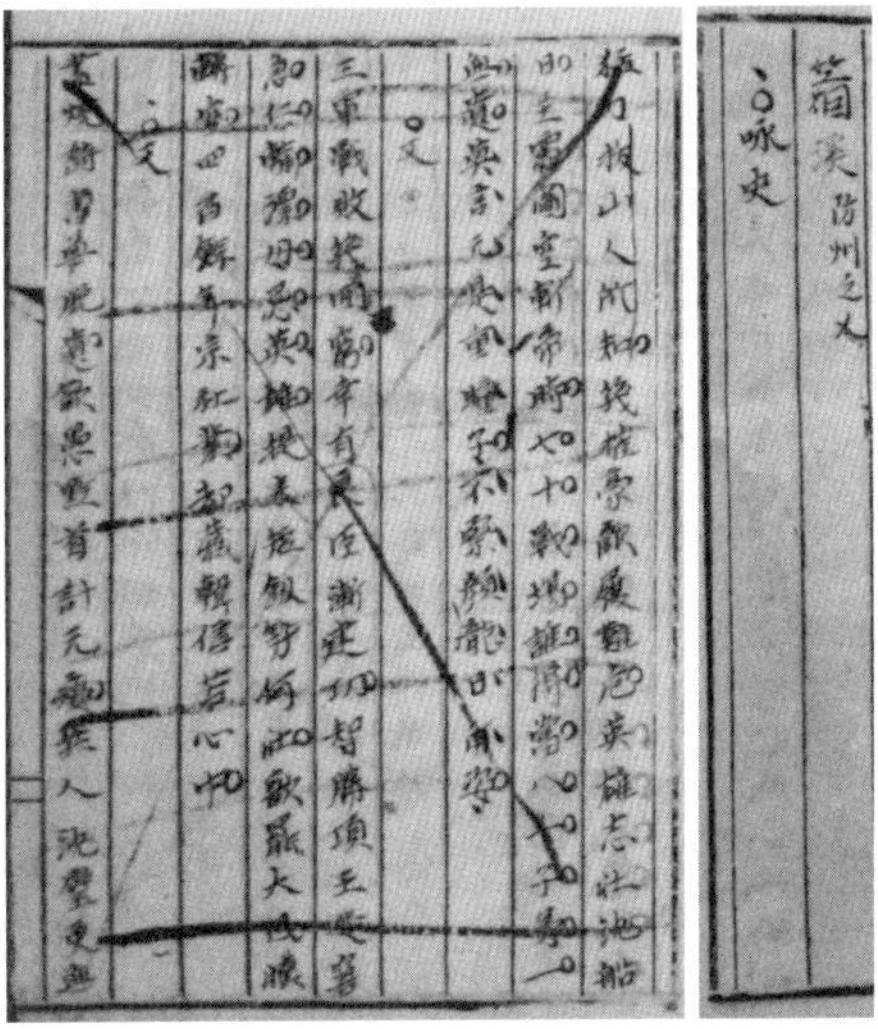

図6-6　『同韻集』「詠史」

莫言元是重瞳子　不察顔龍日角姿

詩題の前の「烟《えん》（煙）渓《けい》」とは、月性さんが若いときに使った号で、この歴史を題材にして詠んだ「咏（詠）史」と題する連作詩五首の第一首が、前の『清狂遺稿』の「項羽」に当たります。今、それぞれの重複箇所に傍点を入れてみるとその違いがはっきりします。この「詠史」とか「項羽」という詩題は他の友人の詩作にも見られ、彼らは同じ詩題で大いに競い合っていたわけです。もっともこの『同韻集』に墨で大きく線が引かれているのは、当時、月性さん自身が満足していなかったからでしょうか、その後、大いに推敲を経て『清狂遺稿』のようになったということでしょう。

「詩を作るということは難しいことなのだ」

このように月性さんはこの豊前の蔵春園で詩作に一生懸命励んでおり、月性さん自身その豊前での五年間のことを振り返って次のように述べています。

題舊稿後并引（『未定清狂吟稿』巻之三）

辛卯之夏、予甫十五歳、遊豐入恆眞《ママ》卿先生之門學詩、中間二省親、一上京往来、五年作詩凡一千餘首、自謂足矣。因又謂、作詩事不大難也、是小技而已矣。

乙未冬歸自豐越、明年丙申之秋、年二十歳、再遊肥、學吾佛蔡華師者亦三年。然而未曾廢傍作詩也。

己亥之夏、歸自肥、優遊家居、于今一年。頃以暇餘捜舊稿、出豐中所作而讀之、則篇篇皆疵、句句盡瑕。蓋當時謂足矣者、不可得而存也。僅留不忍割愛者、更費三數日工夫、淘汰彙集錄爲此卷、通計凡七十首而復自謂足矣。雖然安知今之集錄謂足矣者、他年讀之、則非皆純粹可以久存、不至猶昔之於今。由此觀之、作詩事太難也。豈果小技乎矣。偶有感于此、故書一絶於卷尾、質諸同社君子。夫肥中所作者、待他日得閒而淘汰之未晩。

維時天保十一年、歳在庚子冬十月下旬。

旧稿の後に題す并《なら》びに引《いん》（序文）

天保二年（辛卯、一八三一）の夏、一五歳になったばかりの私は、豊前（福岡県豊前市）に行き恒藤先生の門（蔵春園）をくぐって詩を学んだが、その間、二回帰省し、上京もして、五年の間に全部で一〇〇〇首あまりの詩を作り、自分ではこれでじゅうぶんだと思った。そして詩作などそんなにたいしたことではなく、つまらない技にすぎないと思った。

天保六年（乙未、一九歳）の冬、豊前から戻って、明くる年（丙申天保七年）の秋、二〇歳のときには今度は肥前（佐賀市善定寺）に行き、不及和尚について学ぶこともまた三年。しかしながら詩を作ることは止めなかった。

天保十年（己亥、二三歳）の夏、肥前より戻って、家でぶらぶらして今まで一年になる。先頃、暇な折りに昔の原稿を捜し出して、豊前で作ったものを読んでみると、どれもこれもおかしいところばかりであった。思うにあのときじゅうぶんだと思っていたものが、とても残しておけるものではない。何とか留め置いて捨てるに惜しいものはないかと、さらに何日かかけて、選り集めてこの詩集に仕立てて全部で七〇首、これでまたじゅうぶんだと思った。とはいえ、いま集録したものがこれでじゅうぶんだと思っても、いつかそれを読めば、皆どれもが完璧で永久に残しておくべきものというものではなく、そのいい加減なことといったら昔のものを今このように思い直すようなものだ。してみれば、詩を作るということはたいへん難しいことなのである。ふとこのように思うところがあったので、絶句一首をこの詩集の末尾に書いて、これをかつてともに蔵春園で学んだ方々に質《ただ》したい。肥前で作ったものについては、後日、暇を見つけて選んでも遅くはあるまい。

時に天保一一年庚子歳（月性二四歳）、冬一〇月下旬。

これは月性さんが豊前の蔵春園時代の五年間で詩を一〇〇〇首あまり作って、作詩なんてたやすいものだと思っていたのですが、郷里にもどって見直したところどれもこれも問題作ばかりでやっと七〇首しか選び出せず、詩作の難しさを痛感したというのです。

五年間に一〇〇〇首作る

月性さんが二〇歳までの五年間に詩を一〇〇〇首あまり作ったことは、その二〇歳の正月に詠んだ詩によっても裏づけられます。

丙申早春《へいしんそうしゅん》（天保七年〈一八三六〉丙申、『清狂遺稿』上）

二十年移孤夢裡　二十年孤夢《こむ》の裡《うち》に移りて　ひとり旅寝の夢を見ては二〇年あちこちわたり
一千詩得壮遊間　一千詩壮遊《そうゆう》の間《かん》に得たり　壮志を抱きめぐり歩いては一〇〇〇首の詩も作った

月性さんが五年の間に一〇〇〇首あまり、一年では二〇〇ほどの詩を作ったというのは、しかし決して異常に多いという訳ではありません。中国は唐の白楽天《はくらくてん》などは、「五、六歳で詩作を学び始めて、九歳でもう平仄など詩の決まりを全部暗記した」（「元九《げんきゅう》に与うる書」）と述べており、生涯に三〇〇〇首近い詩を選んで残しているくらいですから、試作も含めれば白楽天が実際に作った詩の数の多さは推して知るべしでしょう。そもそも月性さんが一五歳で遊学したというのも、それ以前に郷里妙円寺の住職で叔父の周邦《しゅうほう》らに読み書きは習っていたとはいえ、士族の子弟が七、八歳になると藩校で体系的に学問を習い始めるのに比べたら、士族ではない庶民の月性さんは大きなハンディを負っていたわけです。後に月性さんと交流を持つ吉田松陰（一八三〇〜五九）などはすでに一〇歳にして藩校の明倫館《めいりんかん》で山鹿《やまが》流兵学の講義を行ったと言われています。

しかし、月性さんは他所に学びに行くことで自身の活路を求め、ほんとうによく頑張って詩作に励んだと言えます。蔵春園を離れて、佐賀の善定寺で仏教の修行をしていたときにも詩作を止めなかったとありますので、月性さんは一〇〇〇首よりずっと多い数の詩を作っていたことになります。現在、私たちが容易に目にすることができる『清狂遺稿』に収められている詩は詩題だけ数えると二六四首で、連作詩全部数えると三二八首、それ以外の所のものを集めても四五〇首足らずで、ほんとうにどこかにまだまだ月性さんの詩は陽の目を見ずに眠っているのです。豊前時代に作った一〇〇〇首のなかから選びに選んで七〇首にまとめたとありますが、それでも『清狂遺稿』に収める豊前時代の詩は三〇数首しか確認できません。月性さんのこの七〇首にまとめた写本がどこかから出てきたら、どういう詩が削られているかをぜひ見てみたいものです。

3　詩は志を述べるもの

漢詩人としての独り立ち

月性さんは二七歳になると、あの有名な「題壁」の詩を残して郷土を後にし、大坂は篠崎小竹（一七八一～一八五一）の梅花塾で学ぶことになります。月性さんは詩を作ると、恒遠醒窓（一八〇三～六一）・広瀬旭荘（一八〇七～六三）・坂井虎山（一七九八～一八五〇）・篠崎小竹・後藤松陰（一七九七～一八六四）・斎藤拙堂（一七九七～一八六五）といった当代きっての文人や学者らに批評を仰いでおり、それらの評語は全部ではありませんが、『清狂遺稿』にも載せられています。

そして、月性さんが漢詩人として独り立ちしたのは、やはり郷里、遠崎にもどって清狂草堂を開いた嘉永元年（一八四八）、三二歳あたりだと思います。安政二年（一八五五）、三九歳のときに、篠崎小竹・斎藤拙堂・坂井虎山・野田笛浦《のだてきほ》（一七九九～一八五九）の四人の文を収めた『今世名家文鈔《きんせいめいかぶんしょう》』八巻を月性さんは出版しています。このころまでのこの四人と月性さんとのつながりについては、野田笛浦との関係だけが今一つわかりませんが、他の三人は先ほどより申しているように月性さんが師事したり面会したりして大いに認めている人たちです。ちなみにこの四人に共通することとして、いずれも江戸幕府の学問所である昌平黌《しょうへいこう》のたいへん有力な儒官だった佐賀出身の古賀精里《こがせいり》（一七五〇～一八一七）に学んでいることです。月性さんが佐賀にいたころ、やはり江戸で古賀精里に師事した弘道館《こうどうかん》教授、草場珮川《くさばはいせん》（一七八七〜一八六七）らの知遇を得ていたことも含めて、そこのところ思想的にどのように大きな意味があるのかについては今後の研究が待たれます。

さてこの『今世名家文鈔』の出版は安政二年ですが、「例言」に「嘉永己酉秋八月　周防　清狂方外史月性謹識」ありますように、月性さんのこの識語はそれよりも六年も前の嘉永二年（己酉、一八四九）の秋八月に書かれているわけです。これは先ほども申しましたように、月性さんが郷里、遠崎にもどって清狂草堂を開いたその翌年ということになります。この翌年に坂井虎山が、そのまた翌年に篠崎小竹が亡くなり、野田笛浦や斎藤拙堂にしても晩年にあたる時期、これら当代きっての文章家の作品を編纂することによって次の世代の文壇の盟主は自分であると言わんばかりで、ここに月性さん自身のステイタスを一段と上げる狙いがあったと私は思います。以下に掲げるように、この『今世名家文鈔』のなかに月性さんと関係のある作品を載せていることも、いたって大きな意味があると言えるでしょう。

篠崎小竹「清狂説」（巻二）
斎藤拙堂「清狂草堂図巻序」（巻四）
坂井虎山「清狂草堂記」「清狂説」（巻六）

野田笛浦も後には月性さんと交流のあったことを示す詩も残されていますので、このころにも必ずや接点があったに違いないでしょうし、また、月性さんには空に舞う凧《たこ》を操る人を権力者にかけて風刺した「紙鳶《しえん》」（安政二年ごろ、『清狂遺稿』下）という詩がありますが、それはこの書に掲載されている野田笛浦の「紙鳶説」（巻八）が大いに影響しているようです。いずれにせよ『今世名家文鈔』を月性さんが編纂し出版することには、自身の詩文創作に対する自負がなければそもそも叶わなかったのも当然のことですから、そのように漢詩人としてますます自信を深めていったのがこのころと考えるわけです。

そこで、月性さんが漢詩人として自立し始めたちょうどそのころの日本について確認しておかねばならないと思いますが、嘉永六年になるとアメリカからペリーがやってきて、翌年三月には日米和親条約が結ばれて時代はますます不穏な動きを見せるようになり、これがますます月性さんの詩の方向を決定づけることになったと言えます。

議論の詩を作る

作詩（『清狂遺稿』下）　　詩を作る

1作詩不欲爲尋常之詩人　　詩《し》を作《つく》りては尋常《じんじょう》の詩人《しじん》為《た》るを欲《ほっ》せず
2放吟滿腹吐經綸　　放吟《ほうぎん》　満腹《まんぷく》　経綸《けいりん》を吐《は》く
3飲酒不欲爲尋常之酒客　　酒《さけ》を飲《の》みては尋常の酒客《しゅきゃく》為《た》るを欲《ほっ》せず
4一醉胸中躍兵戟　　一酔《いちすい》　胸中《きょうちゅう》　兵戟《へいげき》躍《おど》る
5近歳西邦啓小戎　　近歳《きんさい》　西邦《せいほう》　小戎《しょうじゅう》を啓《ひら》き
6遂使餘波及大東　　遂《つい》に余波《よは》をして大東《だいとう》に及《およ》ばしむ
7沿海傳言蠻舶見　　沿海《えんかい》　伝言《でんごん》す　蛮舶《ばんはく》見《あらわ》ると

8要衝藩鎮議防戦
9我居方外志難酬
10詩酒清狂消杞憂
11安得袈裟代甲冑
12如意指揮防外寇
13撃砕艨艟海底沈
14一戦絶彼覬覦心
15不效滿清和戎議
16肯許犬羊割土地

要衝《ようしょう》　藩鎮《はんちん》　防戦《ぼうせん》を議《ぎ》す
我《われ》　方外《ほうがい》に居《お》れば　志《こころざし》　酬《むく》い難《がた》く
詩酒《ししゅ》　清狂《せいきょう》　杞憂《きゆう》を消《け》さんとす
安《いず》くんぞ得《え》ん　袈裟《けさ》もて甲冑《かっちゅう》に代《か》え
如意《にょい》もて指揮《しき》し外寇《がいこう》を防《ふせ》ぎ
艨艟《もうどう》を撃砕《げきさい》し海底《かいてい》に沈《しず》め
一戦《いっせん》　彼《か》の覬覦《きゆ》の心《こころ》を絶《た》たんことを
満清《まんしん》の和戎《わじゅう》の議に効《なら》わず
肯《あえ》て許《ゆる》さんや　犬羊《けんよう》に土地《とち》を割《さ》くを

詩を一首

自分は並の詩人のような詩を作りたいなどとは思わない、腹の中にたんと溜まった世直しの策をぞんぶんに歌うのだ
自分は並の酒飲みのように酒を飲みたいなどとは思わない、ひとたび酔えば胸の中で戦《いくさ》が繰り広げられるのだ
近年　西の清《しん》では戦いが起こり、かくしてその余波がこの日本にも及んだ
沿岸海には異国の船が現われたと伝えられ、要衝の地の守りについて諸藩が議論している
私は僧侶の身であれば志を遂げることもままならず、こうして詩を詠み酒を飲んで心を解き放って

は不安をかき消している

何とか袈裟を甲冑の代わりに、如意を手に軍を指揮して外国の侵略を防ぎ

戦艦を撃破して海の底に沈め、一戦で彼らの野心を断ち切ってみたいものだ

清朝の講和などまねてはならない、この地をどうして犬や羊のような輩《やから》に分け与えられようぞ

この詩はペリー来航よりも三年前の嘉永三年（一八五〇）の春、月性さん三四歳の作であり、詠まれた場所も遠崎と見ていいでしょう。ここで月性さんの作詩の目的が、例えば言語芸術としての詩歌を究めようとすることにあるのではなく、天下国家のためなのだというのが宣言されています。このような漢詩創作の目的は実は中国でも昔から言われてきたものです。

詩言志――中国における伝統的詩観

『詩経』「大序」

詩者志之所之也。在心爲志、發言爲詩。情動於中而形於言。言之不足、故嗟歎之。嗟歎之不足、故永歌之。永歌之不足、不知手之舞之足之蹈之也。情發於聲、聲成文謂之音。治世之音、安以樂、其政和。亂世之音、怨以怒、其政乖。亡國之音、哀以思、其民困。故正得失、動天地、感鬼神、莫近於詩。

詩とは人間の志の発露である。心のなかにあるのが志であり、それがことばになったのが詩なのである。哀楽の情が心のなかで動いてそれがことばとなって表われる。それをことばにするだけでは

足らず、だから長く嘆いたりするのである。歎いたりするだけでは足らず、だから歌うのである。歌うだけでは足らず、だから思わず手を舞わせ足を踏みならすのである。哀楽の情が声となって表われ、それが調和を持ったものを音という。世の中がよく治まっているときの音が安らかで楽しげなのは、政《まつりごと》がなごやかだからである。世の中が大いに乱れているときの音が怨みがましくいらだっているのは、政がもとっているからである。国が滅びようとするときの音が悲しげで愁えに満ちているのは、民が苦しんでいるからである。だから善悪を正して、天地の神霊を動かし、霊魂を感ぜしめるのは詩に勝るものはない。

これは中国でもっとも尊ばれる四書五経《ししょごきょう》の一つ『詩経《しきょう》（毛詩《もうし》とも）』に付けられた序文の一部ですが、詩というものは己《おのれ》の心の中にある「志《こころざし》」を述べるものであるという、つまりこれがいわゆる「詩言《しげん》志《し》」の説と言われるものです。その「志」とはどういうものかもう少し説明しますと、自分自身の私利私欲あるいは私情を排したところの、公《おおやけ》の為に尽くす思いであり、そこで中国における政治と文学との不可分な関係が成立することになるのです。ですから例えば、中国には高級官吏登用試験の科挙《かきょ》というものがありましたが、そのなかでいちばん難しいコースの進士《しんし》科というものの受験科目のなかに政治的対策を論じさせる他に、詩を作ることが課せられたのも、詩が理想的政治を完成するのに大いに寄与するところがあり、それを最も有用とされる人材にこそ求められるべきものと考えられたからです。詩について「詩道《しどう》」と言ったりもしますが、それも詩作が理想的な人間社会を実現する道だからです。

天下国家を担う者たちにとって公のために尽くさんとする志を述べることこそが詩作の第一義である

という中国の伝統的詩観は、動乱の世にあってますます説得力を持ちますが、この日本の幕末の乱世にあって月性さんの議論の詩も生まれるべくして生まれたと言えます。前掲の「詩を作る」詩が作られた嘉永三年（一八五〇）にはまだペリーはやってきていませんが、その詩の最後の第一五、一六句の二句を見ると、それよりも約一〇年前の一八三九年に起こったイギリスと清国とのアヘン戦争のことにも言及しており、すでに日本も対岸の火事などではなかったのです。しかし、このときに月性さんは遠崎にいて、いまだじゅうぶんに活躍の場の得られない苛立《いらだ》ちが、あのような酒をあおっては怪気炎をあげるという内容になっているわけです。

たぎる思いの長編七言古詩

月性さんの場合、ここぞというとき、あるいはこれはという人に対して、七言古詩の大長編を以て議論を展開していますが、そこのところの人を見る目、あるいは時機を嗅ぎ取るといった感覚はかなり鋭いものがあります。月性さんが「詩を作る」詩以後に作った長編詩の詩題を掲げてみると次のとおりです。

①嘉永三年（庚戌、一八五〇、月性三四歳、『清狂遺稿』下）

「今茲《こんじ》（この年）嘉永庚戌、天災荐《しき》りに臻《いた》り、諸州 凶を告げ（凶作になり）、而《しこう》して我が防長（周防・長州）殊《こと》に甚しきと為す。幸いに藩侯（毛利敬親《もうりたかちか》）賢明にして民を憂うるの心 至って深く、屢《しばし》ば倉廩《りん》（藩の米倉）を発《ひら》き、困窮に賑《にぎ》わし（困っている人たちに恵み与え）、二州（周防・長州）の民、之に頼りて饑《う》えざるを得れば、恭《うやうや》しく長歌一篇を賦して之を紀《しる》し、以て内藤郡宰（大島代官内藤六蔵）に呈す（今茲嘉永庚戌、天災荐臻、諸州告凶、而我防長爲殊甚、幸藩侯賢明憂民之心至深、屢發倉廩、賑困窮、二州之民、頼之以得不饑、恭賦長歌一篇紀之、以呈内藤郡宰）」詩

＊直接には大島郡代官の内藤万里助《ないとうまりのすけ》（六蔵）に贈る形にはなっているが、多分に藩主、毛利敬親を意識している。全一五四句の五言と七言が混じった雑言古詩。

②嘉永五年（壬子、月性三六歳、『清狂遺稿』下）

「歳杪《さいしよう》（年の暮れ）、蕭海土屋生《しようかいつちや》の書を得て、其の簡堂羽倉君《かんどうはくら》に従い学ぶを聞きて、此《これ》を賦して之に寄せ、兼ねて羽君に呈す（歳杪、得蕭海土屋生書、聞其從學簡堂羽倉君、賦此寄之、兼呈羽君）」

＊江戸の学者、羽倉簡堂（一七九〇～一八六二）の憂国の志を讃えたもの。全七四句の七言古詩。

③嘉永六年（癸丑、月性三七歳、『清狂遺稿』下）

「今茲、嘉永六年、歳は癸丑《きちゆう》に在りて、簡堂羽君《かんどううくん》の上巳《じようし》（陰暦三月三日）に客と会して蘭亭《らんてい》の故事（王羲之《おうぎし》らが蘭亭で会して詩を作った故事）を修するを聞き、遥《はる》かに此《こ》の寄《き》有り（今茲、嘉永六年、歳在癸丑、聞簡堂羽君、上巳會客、修蘭亭故事、遙有此寄）」

＊江戸の羽倉簡堂に海防を訴えたもの。全七八句の七言古詩。

④嘉永六年（癸丑、月性三七歳、『清狂遺稿』下）

「今茲六月、墨夷（アメリカ）軍艦四隻、浦賀に来たりて泊し、幕府 諸藩に命じて戍兵《じゆへい》（守りの兵）を出《いだ》し、以て近都（江戸周辺）の海岸を防禦《ぼうぎよ》せしむ。相《あ》い伝うるに、当時 我が藩は大森（江戸の南

の海岸）の営にて、武備殊《ぶびこと》に具《そな》われば、乃《すなわ》ち此の詩を賦して、前参政 村田《むらた》松齋《しょうさい》翁（村田清風）に贈る（今茲六月、墨夷軍艦四隻、來泊浦賀、幕府命諸藩出戍兵、以防禦近都海岸。相傳、當時我藩大森之營、武備殊具、乃賦此詩、贈前參政村田松齋翁）」詩

＊萩藩の時の重鎮、村田清風《むらたせいふう》（一七八三〜一八五五）に海防の重責を担うことを期待したもの。

全九六句の七言古詩。

⑤嘉永七年（甲寅、月性三八歳、『清狂遺稿』下）

「鉄扇歌 松齋《しょうさい》村田翁に呈す（鐵扇歌呈松齋村田翁）」

＊村田清風から鉄扇を贈られ夷狄を追い払う心意気を示したもの。全六四句の七言古詩。

⑥嘉永七年（安政元年、甲寅、月性三八歳、『清狂遺稿』下）

「中秋の夜、秋良賢契《あきらけんけい》（後生に対する呼称）舟を泛《うか》べて月を賞《め》でんとし、遂《つい》に来たりて余を訪ね、酔いて後同《とも》に乗りて、送りて阿月《あつき》に到り、其《そ》の創製《そうせい》の車輪船《しゃりんせん》を観《み》、帰りて後 賦《ふ》して寄《よ》す（中秋夜、秋良賢契泛舟賞月、遂來訪余、醉後同乘、送到阿月、觀其創製車輪舩、歸後賦寄）」

＊萩藩家老の浦《うら》家家臣、秋良敦之助《あつのすけ》（一八一一〜九〇）の考案した車輪船で世界に打って出ようと意気込んだもの。全七九句の七言古詩。

⑦安政二年（乙卯、一八五五、月性三九歳、『清狂遺稿』下）

「二十一回猛士《にじゅういっかいもうし》の野山《のやま》の獄中に在るに贈る（贈二十一回猛士在野山獄中）」

＊獄中の吉田松陰（一八三〇〜五九）が今の世に必要とされていると論じたもの。この詩は最後

まで一つの韻だけを踏む一韻到底の毎句押韻の詩であることから、月性の意気込みが十分に伝わってくる。全八〇句の七言古詩。

⑧安政四年（丁巳、月性四一歳、『清狂遺稿』下）

「南紀より京に還《かえ》り、執政の久野《ひさの》丹州及び司農の水野氏（藤兵衛）、并《あわ》せて小浦（惣内）・白井（忠次郎）・茂田（一十郎）の諸君に賦して寄せ奉る（自南紀還京、賦奉寄執政久野丹州、及司農水野氏、并小浦白井茂田諸君）」

＊紀州から京都に戻った際に、紀州藩家老、久野丹波守らに海防を説いたもの。全六〇句の七言古詩。

これらの詩はいずれも長編の六〇句以上の、七言を基調とした詩です。もっともこれらの詩よりも前の天保一〇年（一八三九）、月性さんが二三歳ごろの佐賀遊学時代に長崎まで足を伸ばした際、オランダの蒸気船にただただ圧倒されて詠んだ「蘭船の南洋を度《わた》るを観《み》る（観蘭船度南洋）」詩（『清狂遺稿』上）全四〇句の七言古詩がありますが、そこにはまだ外国を批判するものはなく、異国との窓口である長崎でまったく新しいものを目にした驚きを率直に詠んだものです。また、その二年後の天保一二年ごろに作った「臥虎《がこ》山の歌　坂井先生に贈る（臥虎山歌贈阪井先生）」詩（『清狂遺稿』上）は、広島藩の儒者、坂井虎山に贈った全三四句の七言古詩で、坂井虎山を威風堂々とした虎に見立てて、その他の者たちもいろいろな動物に喩えて風刺するというかなり独創的な作ですが、議論の詩というよりも諧謔的な面が強く、月性さんの腕前を披露してみせようとしたものだと思います。この詩については習作と言える詩がいくつも残されていることから、とにかく当代一流の儒学者、坂井虎山になんとしても認められようと一所懸命に頑張って今の形へと仕立てていったその過程がほんとうによくわかります。

七言の詩は五言の詩より二文字ぶんだけ意味内容を補える利点があり、古詩は律詩に比べて平仄などの制約を気にせずとも良い自由さがあります。これに加えて、月性さんは中国の典故などをふんだんに用いており、その博覧強記ぶりには驚かされます。

さて、議論の詩へと話をもどしますと、このような長編の七言古詩が作られた時期を見てみると嘉永三年以後のものばかりで、動乱の世相を反映しているということがわかっていただけるかと思います。月性さんは八年後の安政五年には亡くなっていますから、このようなみずからの志をじゅうぶんに示した議論の詩作、しかも大いに説得力のある、これが月性詩の本領と見なすことが可能かと思います。

4　漢詩人月性と生身の月性のあいだ

漂う寂寞感

しかしながら私たちは、得てしてこのような詩から月性さん自身もきっといたって意気軒昂《けんこう》にして豪放磊落《らいらく》な人だったと思いがちです。実際、生身《なまみ》の月性さんも本当にそういう人だったかもしれません（図6-7を参照）。しかし、私が今回のお話の題目を「漢詩のなかの月性」としましたのは、生身の月性さんと漢詩人としての月性さんがはたしてぴったりと一致するのだろうかという思いがあったからです。

中国は唐の終わりごろ、才色兼備の宰相の娘がいて、彼女は羅隠《らいん》という詩人の詩を寝ても覚めても口ずさむほど入れ込んでいました。そこで父親はその羅隠と結婚させてやろうと思い、彼を家に食事に招いて、そこを娘にこっそりと覗かせたのでした。ところが羅隠の容貌を見た彼女はそれ以来、羅隠の詩を口にしなかったという話（後蜀《こうしょく》、何光遠《かこうえん》『鑑誡録《かんかいろく》』巻八「銭唐秀《せんとうしゅう》」）がありますが、このようにイメージと現実との間にギャップがあるというのは私たちもよく経験することです。そうすると月性さんの詩も必ずしも生身の月性さんがそのまま反映されているとは限らず、先ずは漢詩人としての月性さんが詠んだのだという前提に立って鑑賞するのがもっとも自然な態度かと思うのです。また、詩を作る側としても生身の自分ではなく、別の人間、つまり漢詩人として漢詩を詠むことが許されるというのも文学創作の大きな魅力と言えるでしょう。とはいえ、ときとして月性さんの漢詩に生身の月性さんが顔を覗かせているところがあるように見受けられます。例えば、嘉永五年（一八五二）、月性さんが三六歳のときに作っ

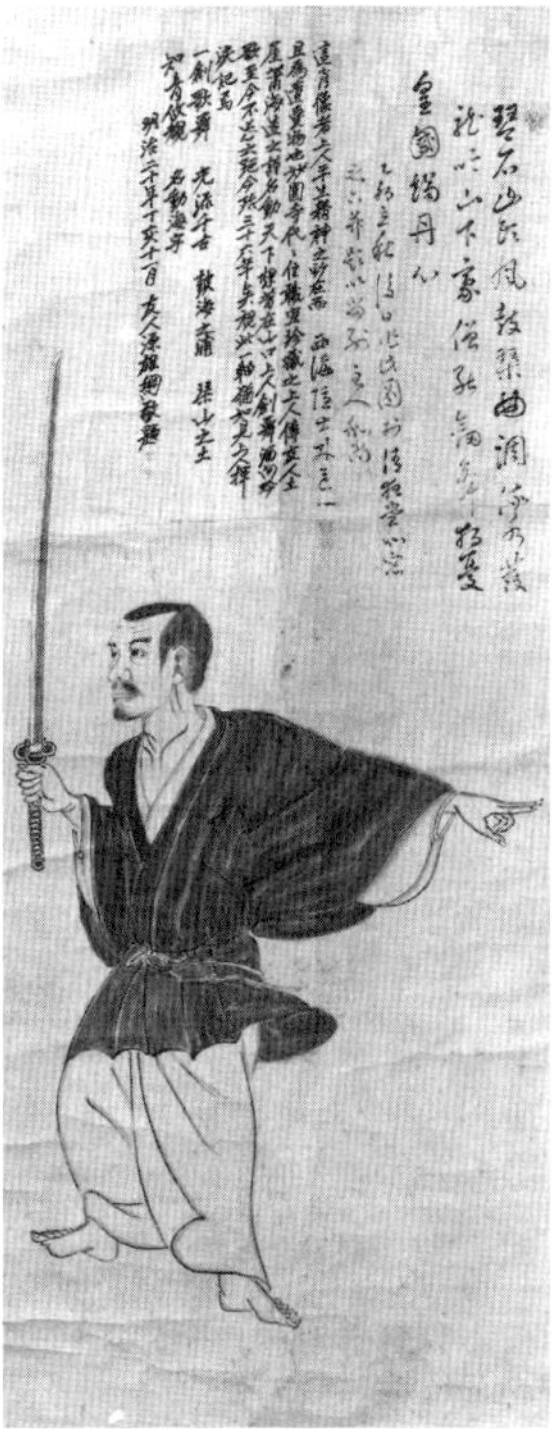

図6-7　月性剣舞の図
（林道一画、僧月性顕彰会所蔵）

た次の詩をご覧下さい。

水母《くらげ》六首　其の三（『清狂遺稿』下）

悠悠天地間　無處容微軀
母氏爲勞劬　多愧反哺烏
飲酒欲忘憂　嚢空不得沽
作詩欲遣悶　情迫却欷歔

悠悠《ゆうゆう》たる天地の間、処《ところ》として微軀《びく》を容《い》るる無し
母氏は為《ため》に労劬《ろうく》し、多く反哺《はんぽ》の烏に愧《は》づ
酒を飲みて憂いを忘れんと欲するも、嚢空《ふくろむな》しくして沽《か》うを得ず
詩を作りて悶《もだ》えを遣《や》らんと欲するも、情迫《せま》りて却《かえ》って欷歔《ききょ》す

どこまでも広がるこの世界に、このちっぽけな身を置く場所すらない
母上には苦労のかけっぱなしで、大きくなると親烏《おやがらす》の面倒をみるという子烏に対していつも忸怩《じくじ》たるものがある
酒でも飲んで憂さを晴らそうにも、財布のなかはからっぽ
詩でも作ってもやもやを追い払おうとするが、気持ちが高ぶってすすり泣く始末

この詩は六首の連作詩の三番目のものですが、詩の題を「水母」としているのは、その一番目の詩に自分が今、行き場を失っているのは、目もないのに悠遊と泳いでいる水母に及ばないというところから付けられたものです。この六首全体がたいへん失意に満ちた内容ですが、この詩一つをとってみても、前に掲げた「詩を作る」という詩に見られた豪快に酒をあおる月性さんの姿はありません。ここにはかなり寂寞感が漂っていると言えますが、その寂寞感は月性さんの母親に孝養を尽くせていないという慚《ざん》愧《き》の念にも現われていると思います。月性さんの詩には年老いた母親を気遣う詩が他にもいくつも見ら

れ、父親を知らずに育った月性さんにすれば、母親との絆は普通の人以上のより特別な意味を持たねばならず、その母親に対して孝養を尽くせずにいる月性さんの心の内は言いしれぬ虚無感に苛《さいな》まれていたでしょう。ちなみにあの「将《まさ》に東游《とうゆう》せんとして壁に題す」という連作二首の第一首にも母親への孝養を尽くせぬ無念さが詠まれています。

今の私と昔の私

さらに、次の詩をご覧下さい。

古紙を検《けん》して土井士強《どいしきょう》の戯《たわむ》れに余の肖像を画《えが》けるを得たり（「検古紙得土井士強戯畫余肖像」、『清狂遺稿』下）

憶昔年少日　出家游上都　憶《おも》う　昔　年少の日、家を出て上都に游ぶ
禿髪鬅鬙亂　狀貌與常殊　禿髪鬅鬙《とくはつほうそう》として乱れ、状貌は常と殊《こと》なる
非僧亦非俗　學佛又學儒　僧に非ず亦《ま》た俗に非ず、仏を学びて又《ま》た儒を学ぶ
窓下参禪暇　好讀豹韜書　窓下参禅の暇、好みて豹韜《ひょうとう》の書を読む
甲兵森満腹　足敵十萬夫　甲兵森《しん》として腹に満ち、十万の夫《ふ》を敵するに足《た》る
夷賊如來寇　使我當其途　夷賊《いぞく》如し来寇せば、我をして其の途《みち》に当たらしめよ
入則參帷幄　出則斬羯奴　入れば則ち帷幄《いあく》に参じ、出づれば則ち羯奴《けつど》を斬る
方外奇男子　自謂道衍徒　方外の奇男子、自《みずか》ら謂《おも》えり道衍《どうえん》の徒と

人皆笑狂妄　君獨入畫圖
一朝歸火宅　湖海氣全除
授讀課童蒙　説法諭郷閭
靦然改面目　日對夫婦愚
今吾非故我　披圖我笑吾
君如來一見　亦笑爲野狐

人は皆狂妄を笑い、君独《ひと》り画図に入る
一朝　火宅に帰れば、湖海　気　全《まつた》く除かる
読みを授けて童蒙に課し、法を説きて郷閭《きょうりょ》に諭《さと》す
靦然《てんぜん》として面目を改め、日に夫婦の愚に対す
今の吾は故《もと》の我に非ざれば、図を披《ひら》けば我は吾を笑わん
君如《も》し来たりて一《ひと》たび見らば、亦《ま》た笑いて野狐《やこ》と為さん

　昔の紙を整理していたら土井士強（号は聱牙）が遊びで描いてくれた私の肖像画が出てきた
想い出されるのは昔の若いころ、家を出て都で学んだことを
髪はバサバサのほとんど禿《は》げ頭、姿格好《かっこう》もふつうの人とは違っていた
坊さんにも見えないし世間一般の人にも見えず、仏教だけでなく儒教《じゅきょう》も学んだ
窓辺の下で修行の合間に、好んで兵書も読んだ
戦いの事はたんと腹一杯知り尽くし、一〇万の敵だって相手にできる
異国の賊どもが侵略してきたら、この私に対処させればよいのだ
陣幕のなかに入れば参謀となり、外に打って出ればやつらを斬り捨ててもやる
僧侶にして気骨のある男、それを自分では中国の僧道衍のような者だと思っていた
人は私の思い上がりを笑ったが、君だけは私を絵にしてくれた
家に戻ってからというもの、あの豪快な気概は全く消え失《う》せてしまった

子供たちに読み書きを教え、村の人たちには仏の道を説いてやっている
恥ずかしながらすっかり変わり果てて、世間の人を相手にした毎日
今の私はもう昔の私とは違うのだ。この肖像画を広げれば昔の私が今のこの私を笑っている
もし君がやって来て私を見たら、君もまた似非《えせ》坊主と笑うだろう

この詩も前の「水母」の詩と同じ嘉永五年（一八五二）、やはり郷里遠崎で作られたものです。郷里に埋もれてしまっているという焦燥感があることは、「詩を作る」という詩とも同じですが、ここでは詩を吟じては酒をあおるというあの勇壮さはすっかり影をひそめて、より意気消沈とした気分が漂っています。この詩も確かに等身大の生身の月性さんをそのままリアルに描写したというわけではないでしょうが、根っこに月性さんの真情がゆらめいていなければこのような詩は作れないでしょう。その真情は月性さんの現状認識にも深く関わっているように思われます。つまりこの詩で月性さんは昔に比べて今は落ちぶれてしまっていると嘆いています。このような認識は二〇四ページで紹介しました「旧稿の後に題す　并びに引」のなかの、「いま集録したものがこれでじゅうぶんだと思っても、いつかそれを読めば、皆どれもが完璧で永久に残しておくべきものというものではなく、そのいい加減なことといったら昔のものを今このように思い直すようなものだ」と語っていたのと重ねてみると、月性さんは常に現状に対する不満や不安というものがつきまとっていたのではないかと思うのです。このような不満なり不安が母親との絆を確かめさせてみたり、あるいはその裏返しとして外に出かけては大いに議論を挑んだり、議論の詩を作るという行為に走らせたのではないでしょうか。それはまた寂寞感にも通じるものが

あると思うのです。

しかしこれはあくまでも月性さんの漢詩を読んだ私の今の読後感にすぎません。手紙や公文書が特定の人に字面《じづら》どおりはっきりとその内容を伝えるものであるのに対して、韻律的には耳に入りやすく、修辞的にも洗練された漢詩は基本的に読者を選ぶことなく、しかも言外に含むニュアンスによって、いろいろな理解を可能にしてくれます。ですから私自身もこれからまた同じ詩を読み返したときに異なる印象や発見があることを大いに期待しているのです。漢詩とはそういう魅力を持っているとお伝えしたところで、私のお話を終わらせていただきます。

第7章

僧月性の交友と交際
清狂草堂に紡ぐ知識人ネットワーク

上田純子

1　清狂草堂再考

勉強嫌いの少年、漢学塾を開く

まずは月性《げっしょう》（一八一七〜五八）という人物について、簡単にご紹介しようと思うのですが、月性に限らず、誰かを紹介しようとするとき、これが少し前の時代の伝記ですと、だいたい「月性、字は知円《ちえん》、清狂《せいきょう》と号す」というように、いくつかある名前の紹介から始まります。そして、若くして学に志ざし…と続くと格好が良いのですが、月性の場合は、やんちゃ坊主で勉強が大嫌い、母親である妙円寺《みょうえんじ》（浄土真宗本願寺派、現柳井市）第八世住職謙譲《けんじょう》（一七五五〜一八三七）の長女尾上《おのえ》（一七九一〜一八五七）が、つきっきりで勉強をさせたそうです。その甲斐あってか、やがて月性も勉学に励むようになり、九州や大坂への遊学を経て、『論語』の「学びて時に之を習ふ。亦説《よろこ》ばしからずや」（「学而」）という一節から取った、時習《じしゅう》館《かん》という漢学塾を開くまでになりました。

時習館は清狂草堂？

この時習館は、清狂草堂《せいきょうそうどう》とも言い換えられることがあります。例えば、柳井市《やないし》のホームページの「月性展示館・清狂草堂」という項目では、「清狂草堂は月性がひらいた私塾で、松下村塾《しょうかそんじゅく》と並び討幕に活躍した多くの門人を生んでいます。」と説明されています。また、柳井商工会議所で開設している「やないの魅力伝え隊」の僧月性というページには、「嘉永元年、月性三二歳の時、妙円寺境内に私塾「清狂草堂（別名：時習館）」をひらいて…」（図7-1）とあり、時習館は清狂草堂の別名であるというふうに出ています。もっとも、月性研究を教育史の視点から大いに飛躍させた海原徹氏の著書『月性』にも、「清狂草堂、すなわち時習館」（一七八ページ）ですとか、「今は観光スポットになっている清狂草堂、別名時習館と呼ばれた塾舎」（一八〇ページ）などと記されており、官民学で清狂草堂を時習館と言い、時習館という漢学塾の塾舎が清狂草堂である、というような理解が一般化しているように見受けられます。

今日は、清狂草堂についてお話をさせていただこうと思っているわけですが、漢学塾としての時習館の話ではありません。では、清狂草堂というのはいったい何でしょうか。

清狂草堂はどこにある？

清狂とは月性の号ですから、清狂草堂とは、字義的には清狂の住む草堂・庵ということになります。月性が、「男児《だんじ》志《こころざし》を立てて郷関《きょうかん》を出《い》ず」と壁書して東上した大坂遊学から帰国した後の嘉永二年（一八四九）七月、広島に旧師坂井虎山《さかいこざん》（一七九八〜一八五〇）を訪ねた際、虎山へ呈上した漢詩の冒頭には、

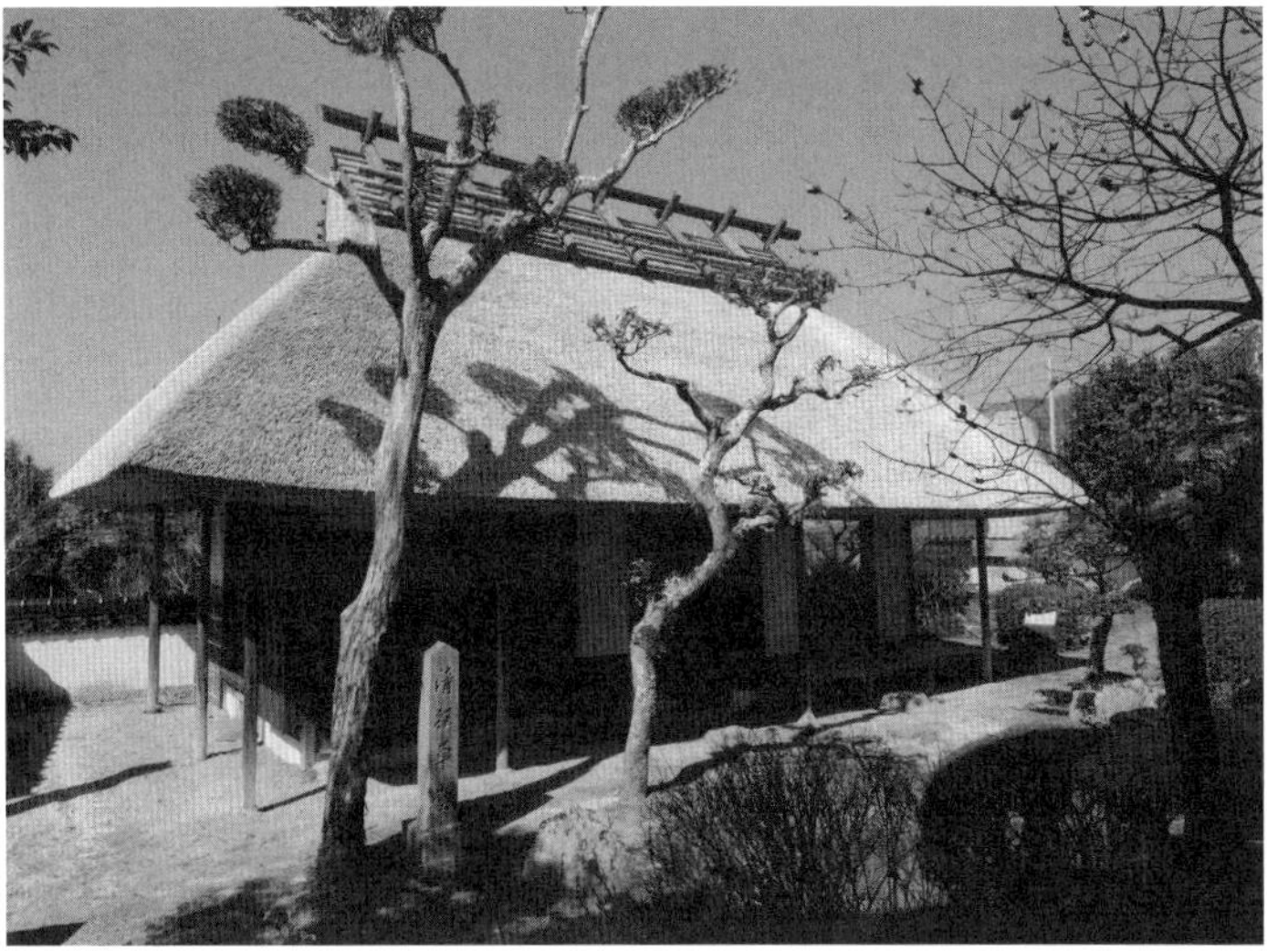

図７−１　妙円寺境内に復元・整備されている清狂草堂（山口県柳井市）

図７−２　『清狂草堂図巻』の土井聱牙揮毫（獅子に擬えた月性（右）と聱牙、僧月性顕彰会所蔵）

近況を述べて、「一たび郷山に臥して草堂を起こす、自ら扁額を掲げて清狂と曰う、半間の茅屋方丈の室、欠伸して頭を打つこと航《ふね》より小なり」（『中元、桂公素と同《とも》に広島に游び、虎山先生を訪ねて、公素の詩に次して諳し、以て先生に呈す」『清狂遺稿』上）とあります。故郷で「清狂」の扁額を掛けた四畳半ほどの草堂を建てたが、欠伸をすると頭を打つほどに、それは船よりも小さい、と言ってるのです。ここから見ると、当時、月性は妙円寺に起居していたので、ここで言う清狂草堂は、妙円寺山内の一室と言えるでしょう。

しかし、月性は、大坂遊学中の弘化二年（一八四五）、すでに『清狂草堂図巻』を作り、これを持ち歩いては、有名一流の文化人・知識人に揮毫《きごう》を求めています（図7-2を参照）。当時、旅の仮寝の月性にとって、この「清狂草堂」とは、どのような意味があったのでしょうか。この疑問を解くため、まず、月性の「清狂」という号から見ていきましょう。

「詩酒清狂二十年」―南宋の愛国詩人・陸游に倣う

月性が、九州遊学時代から使っていた烟渓《えんけい》とは別に、清狂の号を用いるようになるのは、大坂に遊学した二七歳ごろからと考えられます。南宋の詩人陸游《りくゆう》（一一二五～一二一〇）の、「成都へ赴くに船を泛《うか》べて三泉（陝西省寧強県西北）より益昌（四川省広元市西南）に至り、以て明年三峡を下るを謀る」（『剣南詩稿』第三巻）冒頭、「詩酒清狂二十年」という詩句から取って号としたと、月性自身がたびたび語っていたといいます。以下、その部分を紹介しましょう。

詩酒清狂二十年　　詩と酒とに清狂すること二十年

又摩病眼看西川　　また病眼をこすって西川を見る
心如老驥常千里　　心は老いた良馬がいつまでも千里を走ろうとするごとくであり
身似春蠶已再眠　　身は春の蚕《かいこ》が二度目の脱皮を前に食べず動かずで再眠してしまったかのようだ

この詩は、一一五二年、陸游二七歳の作です。理想と現実の狭間に鬱屈した青年は、すでに二〇年にも及ぼうという長い時間を詩作と飲酒に明け暮れて「清狂」しています。陸游が、この詩を詠んだのと同じ年ごろの月性なればこそ、またこの詩に共感して清狂を号とした、ということでしょうか。

陸游は、字は務観、号を放翁といい、父陸宰（一〇八八～一一四八）は、宋（北宋）の地方官でした。陸游が生まれた翌年の一一二六年、宋は女真族《じょしんぞく》の建てた金によって滅ぼされます。その翌一一二七年、北宋最後の皇帝欽宗《きんそう》（一一〇〇～六一）の弟趙構《ちょうこう》（高宗、一一〇七～八七）が、南京で即位して、宋（南宋）を再興しましたが、金によって奪われた領土の回復は、南宋の悲願でした。父の愛国思想の影響下に育った陸游は、一貫して強硬な対金主戦論者であり、愛国・憂国の詩を多く詠じます。そのため中国では、今でも愛国詩人として人気が高い人物です。

さて、この詩から二年後の一一五四年、二九歳のとき、陸游は科挙の第一段階の試験（地方試験）である解試に首席で合格します。ところが、成績が宰相秦檜《しんかい》（一〇九一～一一五五）の孫よりも上位であったことから、その横槍によって第二段階の省試（中央試験）では不合格とされ、エリート官僚への途が閉ざされます。秦檜の死後、一一五八年に地方官として出仕し、二代皇帝孝宗《こうそう》（一一二七～九四）が即位すると、科挙登第者である進士の資格を下賜されました。しかし、強硬な対金主戦論者であったため、政権の講和論と主戦論の綱引きのなかで、左遷・免職・出仕を繰り返すこととなります。一二〇六年には、皇帝の外戚である韓侂冑《かんたくちゅう》（一一五二〜一二〇七）が、領土回復のため北伐の軍を起こして失敗し、金との和平のために殺害されてしまいます。このとき、陸游は韓侂冑の人気取り的な北伐に利用され、その推挙で再び出仕していました。このことは、後述するように後世の陸游の評価にも大きく影響することとなります。

李白や杜甫も作った「清狂」の詩

さて、八木章好氏の研究によると、「狂」字が中国古典詩において〝詩語〟と呼ぶのにふさわしい質と量を備えるようになるのは盛唐以降で、「清狂」もまた、杜甫《とほ》（七一二〜七〇）や李白《りはく》（七〇一〜六二）の詩のなかに、情に任せてもっぱら詩を賦し酒に浸るさまとして登場するようになるといいます（「「楚狂」と「狂夫」―李白と杜甫の「狂」について」『慶応義塾大学日吉紀要』四〇号、二〇〇八年）。ここで、少し寄り道して、自ら酒中仙《しゆちゆうせん》と称した（杜甫「飲中八仙歌」）という李白の、「侍郎叔に陪して洞庭湖に遊び酔後三首」其一を紹介しておきたいと思います。

今日竹林宴　　今日は竹林の宴です
我家賢侍郎　　我が家の刑部侍郎さま（族叔の李曄《りよう》）
三杯容小阮　　しこたま飲みました、小阮《しようげん》（李白）の御無礼を許して下さい
酔後発清狂　　酔っぱらって「清狂」を発しております

清の学者王琦（一六九六〜一七七四）は、この詩の「清狂」の語について、『漢書』「昌邑哀王劉髆伝」の蘇林註「凡そ狂者は陰陽の脉尽《ことごと》く濁す、今此人狂わずして狂うに似たる、故に清狂と言うなり。或いは曰く、色理清徐にして心不慧を曰く清狂、清狂は今の白痴の如きなり」を引き、「琦按ずるに、詩人の称《とな》える所、多くは情を詩酒の類に縦《ほしいまま》にするを以て清狂となす。漢書の解するところと殊に異とす」（王琦註『李太白全集』）と述べています。『漢書』では、愚か者・白痴の意味で使われている「清狂」ですが、詩人の使う「清狂」とは、詩浸り酒浸りのやりたい放題を意味している、という解説です。この詩も、一見、叔父と甥が竹林で宴会を開き、甥が羽目を外しすぎてその酔態を詫びているようです。

「清狂」の深い意味

しかし、当時の李白はというと、唐粛宗《しゅくそう》（七一一〜六二）の異母弟永王《えいおう》（七二〇頃〜五七）の反乱に連座して夜郎（貴州省北部）へ流刑となり、大赦によって九死に一生を得るものの、その後の任官運動はうまくいかず、落胆の淵にありました。そんな折、岳州（湖南省岳陽市）で降格された同族の小父李曄と出会い、二人はいっしょに景勝地洞庭湖《どうていこ》を訪れます。官吏としての栄達から遠ざけられた失意の二人の傷心旅行、といったところでしょうか。そこで李白は、自分たちを竹林の七賢のなかの阮籍《げんせき》（二一〇〜六三）と阮咸《げんかん》（生没年不詳）という叔甥に重ねて、この詩を詠んだのです。

竹林の七賢とは、魏・呉・蜀の三国時代末期に、竹林に会して酒を飲んだり、清談を行なったりした七人の賢者です。当時の政府高官でもあった彼らは、酒や、人によっては薬（五石散）の力も借りて精神を高揚させ、哲学論議に耽りました。その奔放な言論や、当時の道徳観念から逸脱しているかのような行動は、一面で権力によって抹殺される危険と隣り合わせであり、阮籍と並び称された嵆康《けいこう》（二二三前後〜二六三前後）は、これによって刑死しています。

李白が、李曄との酒宴をわざわざ竹林の宴と言い、酔っぱらって「清狂」を発せざるを得ないその心中には、自らの境遇に対する不満、そうさせる政治・社会状況への反感や批判というようなものがあったのではないか。そう思いながらこの詩を鑑賞すると、「清狂」という詩語にもまた、ただ詩作に飲酒にやりたい放題、という意味だけではない、解釈の奥深さが出て来るように思います。

キーワードは「清狂」

このように「清狂」とは、中国の歴史や文学作品のなかに深く根ざした詞であり、それは、日本の漢学知識人たちにとっても、「清狂」を号とする月性という人物への好奇も含めて、非常に興味をそそられる論題であったようです。月性自身、そのことをよく心得ていて、出会った儒者たちに「清狂説」、すなわち「清狂」についての意見を述べた文章を書いてくれるよう求めます。

津藩の儒者土井聱牙《どいごうが》（一八一八〜八〇、二一九ページの「士強」）の「清狂説」（『聱牙遺稿』巻七、土井文次、一八九二年）冒頭には、初対面に際して、「清狂」とはどういう意味かを問う聱牙に、月性は、「この袋のなかにある」と答えて、歴遊していろいろな人に書いてもらったその文章、「清狂説」十余編を見せた、という場面が見えています。ここに、「清狂」という号でもって、漢学知識人とそのネットワークのなかに自らの存在を刻もうとする、月性のしたたかな戦略が見て取れます（図7-2を参照）。

つまり月性は、「清狂」というキーワードで漢学知識人の興味・関心を掻きたて、「清狂説」として文章化するよう依頼します。それをまた別の漢学知識人に見せることで、自己宣伝することができるのです。見せられた漢学知識人は、眼前のボロをまとった真宗僧が、当代一流の儒者や名士と交際のあることに驚き、また「清狂」という魅力的なキーワードにも誘われて、そこでまた新しい交際が始まります。このようにして月性は、「清狂」によって自身のブランディングに成功し、儒者や武士との交際を広げていったと言えるでしょう。

この論証は、以下の行論のなかで行いますが、その前に、月性は何故に儒者や武士との交際に拘ったのか、まずこの点を明らかにしておきたいと思います。

2　立志—漢学修行でめざしたこと

志を立てて大坂へ

月性は、天保二年（一八三一）、一五歳のとき、福岡県豊前市にある恒藤醒窓《つねとうせいそう》（一八〇三～六一）の蔵春園《ぞうしゅんえん》に入塾して、本格的に漢学を学び始めます。醒窓は、日田にある広瀬淡窓《ひろせたんそう》（一七八二～一八五六）の咸宜園《かんぎえん》出身の儒者で、月性は、蔵春園に五年在籍しました。天保七年、二〇歳のときには、広島藩の儒者坂井虎山に入門します。また、この年、佐賀市にある善定寺の不及《ふぎゅう》（一七八五～一八四六）に入門して、三年間浄土真宗について学びました。

九州での勉学を終え、しばし郷里に在った月性ですが、二七歳の天保一四年八月、「男児志を立てて郷関を出ず、学若し成るなくんば復還《またかえ》らず」（「将に東游せんとして壁に題す」『清狂遺稿』上）と、その決意を述べた詩を賦して、上方への遊学の途に就きます。そして、上坂間もなく、当時、大坂でも最大規模の漢学塾であった篠崎小竹《しのざきしょうちく》（一七八一～一八五一）の梅花社《ばいかしゃ》（現大阪市中央区）に入門し、そこですぐに都講《とこう》となります。都講は、塾頭・塾長などと呼ばれることもあり、ときに師に替って講義もする、相応の能力がなくては勤まらないポストです。

こうしてみると、月性は、その上坂以前から、すでに相当程度の漢学の素養を身に着けていたことが窺えます。にもかかわらず、その成就するまでは決して帰らないと決意した学問とは、その目的とは、いったい何だったのでしょうか。

南都六宗の教義を学ぶ

これについて、伊勢津藩の儒者斎藤拙堂《さいとうせつどう》（一七九七～一八六五）は、弘化二年（一八四五）二月一五日に記した「清狂草堂図巻序」の冒頭、月性の来歴を説明する段で、「寧楽《なら》大寺ここにおいて法を求め、泊瀬霊山ここにおいて書を読む。」（『拙堂文集』三）と述べています。また、後に妙円寺住職となって月性の桂家を継いだ桂集蔵の『桂月性略伝』（妙円寺、一九〇九年）にも、上坂後、紀州高野山に上って八宗の学を修めようとするが、数月で師と頼むべき人のないことを覚り、大和長谷寺で半年余他宗の教義を学んだ、という趣旨のことが記してあります。

ここで言う八宗とは、南都六宗に天台・真言を加えた八つの宗旨を指すと考えられます。高野山と長谷寺は、今ではどちらも真言宗の古刹ですが、高野山金剛峰寺が、九世紀前半に空海《くうかい》によって真言密教の道場として建立されたのに対し、長谷寺はそれより一五〇年以上前の創建です。はじめ東大寺の末寺、平安中期からは興福寺の末寺で、豊臣秀吉の根来《ねごろ》攻めで根来寺を追われた僧侶が長谷寺に入ったことから、真言宗豊山派の総本山となりました。このような来歴から、長谷寺は奈良仏教との関係が深く、学山豊山と呼ばれて、非常に栄えていました。高野山に登った月性が、間もなく長谷寺へ移って南都六宗の教義を学ぼうとした、という記述にも納得がいきます。

「上等社界」へ布教せん

月性が長谷寺で勉学に励んでいるころ、叔父周邦《しゅうほう》（一八〇五～七二）に宛てた書簡というのが伝わっています。もっとも、実物は現在所在が確認できておらず、前掲『桂月性略伝』と、神根哲生『明治維新の勤王僧』（興教書院、一九三六年）の二冊にその大意だけが伝わっているのですが、両書を突き合わせて、その内容は信頼できると思いますので、次にそれを紹介したいと思います。

我宗教翁媼《おうおう》にのみありて、士大夫已上に頓《とん》となし、啻《ただ》になきのみならず、大《おおい》に廃毀《はいき》する。これ皆衲《のう》子《し》文盲、士大夫歯せず、交際せざるより、宗意を説くの便なし、不肖に漢学を許し給はば、成業の後、上等社界へ伝法弘教《ぐきょう》せん。何卒宜《なにとぞよろしく》敷御聞入下され度候（神根前掲書、一七四ページ）

わが浄土真宗の信者は田舎の年寄りばかりで、士大夫（武士と儒者）以上の階層にはいない。それどころか、彼らは仏教を捨て去ろうとする。これは全て真宗の僧が文盲で、士大夫から相手にされず、交際がないため、真宗の教えを説く方法がないからである。自分に漢学の勉強を許してくれたならば、学が成った暁には、上等社界（前掲『桂月性略伝』では「上流階級」）へ浄土真宗を布教しようと思う。だから漢学の勉強をさせて欲しい。と、このように月性は、漢学修行の目的を述べています。

周邦も、日田咸宜園で広瀬淡窓に漢学を学んだ人ですが、後に安政五年（一八五八）五月一〇日の月性入寂を過去帳に記した際、戒名の脇に、「東遊も高野・長谷の内にて他部を学べとてさせしに、大坂に逗留《とうりゅう》して儒者に交り、邦が望みとは出来損じて、大儒・武士等に交るものになりたり」（妙円寺所蔵）と書き込んでいます。立派な学僧となることを期待して京・大坂へも遊学させたのに、儒者や武士と交際するような出来損ないになってしまったという、そのやるかたない思いを述べたものでしょう。

これを見ると、月性が高名な儒者や武士と積極的に交際を持ったその目的は、上等社界・上流階級への浄土真宗の布教にあったことが窺えます。それが本心であったのか、はたまた漢学修行を続けるための方便であったのか、実際のところは月性のみぞ知る、ですが、僧でありながら漢学に打ち込む月性を、周囲はどのように見ていたのでしょうか。これについて、月性がその大坂遊学中、最も長い時間をいっしょに過ごしたであろう梅花社の塾主篠崎小竹の「清狂説」（月性編『今世名家文鈔』二）から見てみましょう。

篠崎小竹「清狂説」—教団批判としての「狂」？

「月性師、文を好みて気概あり、自ら号して清狂と曰ふ」と月性を紹介して、篠崎小竹の「清狂説」は始まります。そして、笑いながら、「師は、狂を以て自ら貶めるもののごとし、而《しか》して或は以て自負する所あるか」と、月性に問いかけつつ、「清狂」の意味を解いていきます。

孔子《こうし》は、「狂者は進みて取る」（『論語』「子路」）、「斐然章を成す」（同「公冶長」）と言った。孟子《もうし》は、「孔子の言う「狂」とは、琴張・曾皙《そうせき》・牧皮の如し」（『孟子』「尽心下」）、と言う。程子《ていし》は、これに「曾皙志を言て、夫子これに与す。便ちこれ堯舜《ぎょうしゅん》の気象なり」（朱熹『孟子集註』「尽心下」）と註した。後の儒者のなかには、「鳳《おおとり》千仞《せんじん》を飛ぶ」と称賛したものもある」と、こう述べた小竹は、孔子の言う「狂」とは、その壮大な志を持てあましているもの、聖人と志を同じくするものの気象（気性）である、と「狂」について解説したうえで、月性について論じていきます。以下、要訳で紹介しましょう。

師（月性）の「道」とするところは、われわれ儒者とは違うものではあるが、その破れ衣にお国訛り、ボロ下駄と、その姿形は粗野そのもの、しかし浄土真宗だけでなく八宗をも兼学し、そのうち仏なる気でいるところを見ると、われわれが「道」とするところの曾皙らの人びとと同様の気性である。これは狂をもって自負しているのである。自らを卑下しているのではないのである。

と、小竹はこのように月性を評します。小竹の目に月性は、八宗を兼学して極楽往生に疑いを持たない真宗僧にして、その道における聖人と志を同じくする者と映っているのです。

では、ただ「狂」と言わず「清狂」というのは何故か。小竹の考察は続きます。

そもそも、狂とは郷原の反対概念であり、清は濁の反対概念である。師が宗としているのは浄土真宗である。真宗の教えは民衆の支持を得て隆盛しているが、その僧はというと、ほとんどが俗人と変わらない生活をしていて、郷原のようなものになっている。想うにこれは、末流の弊害であり、きっと祖師親鸞の教えとも違ってきているはずである。師は、きっとここに憤りを感じているのだろう。あえてボロをまとって、堅苦しく親鸞に返れと身をもって示している。人から疎んじられてもそれに屈することなく、清によって濁を矯正し、狂によって偽善に陥るものを救い上げ、崩れた風俗を振るい起し、それによって親鸞の恩に報いようとしている。であればこそ、師はとくに狂をもって自負するのではなく、そもそもまた清狂をもって自ら任じるものがあるのだろう。

郷原とは、孔子が「徳の賊なり」（『論語』「陽貨」）と嫌った八方美人的な偽善者をいいます。大多数の真宗僧が俗世に迎合し、偽善をよしとするなかで、月性は、真宗教団に対する批判の実践として、粗末な身なりで田舎者然としたスタイルを貫く、ある意味ストイックな真宗僧である、というのが小竹の見立てです。それが月性の「清狂」たる所以《ゆえん》ではないのか、と、月性に問うと、月性は、「衲《のう》、たまたまこれ放翁の詩酒清狂二十年の句を取りて、以て世間に放浪せむと欲するのみ、然るに先生これを命とす」と言うので、あえて激励はせず、この文を書いて贈ることにした、と小竹は結んでいます。

この小竹の「清狂説」を見ると、大坂遊学時代の月性は、詩酒に浸って世間に放浪したいだけだ、などと嘯きながらも、その漢学の素養だけでなく、真宗僧としても一定の評価を得ていたことが窺えます。もっとも、それから一〇年ばかり後の安政三年（一八五六）一〇月、月性が本願寺派の門主広如《こうにょ》へ宛てて書いた建白書「護法意見封事」では、門徒からの勧募で奢侈を尽す門主以下真宗僧を厳しく批判し、堕落した真宗教団の改革を訴えました（前掲『桂月性略伝』）。破れ衣に擦り切れた下駄という月性のファッションから、教団の現状に対する批判の精神を見て取った小竹の、慧眼恐るべし、というところかもしれません。

3　月性、清狂草堂を起こす

『清狂草堂図巻』を作る

「清狂説」で漢学知識人のネットワークに足掛かりを得る月性は、また『清狂草堂図巻』を作成し、著名な知識人・文化人を撰んで揮毫を求めます。次に紹介するのは、弘化二年（一八四五）初めごろ、この『清狂草堂図巻』について月性が詠んだ、「自ら清狂草堂図巻の後に題す」という漢詩です。

二十年間詩酒ノ場　　二十年間詩酒にふけること一頻り
吟花酔月自ラ清狂タリ　　花を吟じて月に酔い、自ら清狂している
幾篇ノ題詠文章ノ妙　　数篇の題詠は文章も素晴らしく
一幅ノ雲煙画巻ノ長　　一幅の筆跡鮮やかな絵画は画巻で一際優れている
去住随ヒテレ縁蹤不レ定ラ　　去るも留まるも縁次第であるから、その足跡も定かでなく
死生安命任スレ無常ニ　　死ぬも生きるも天命と、無常に委ねている

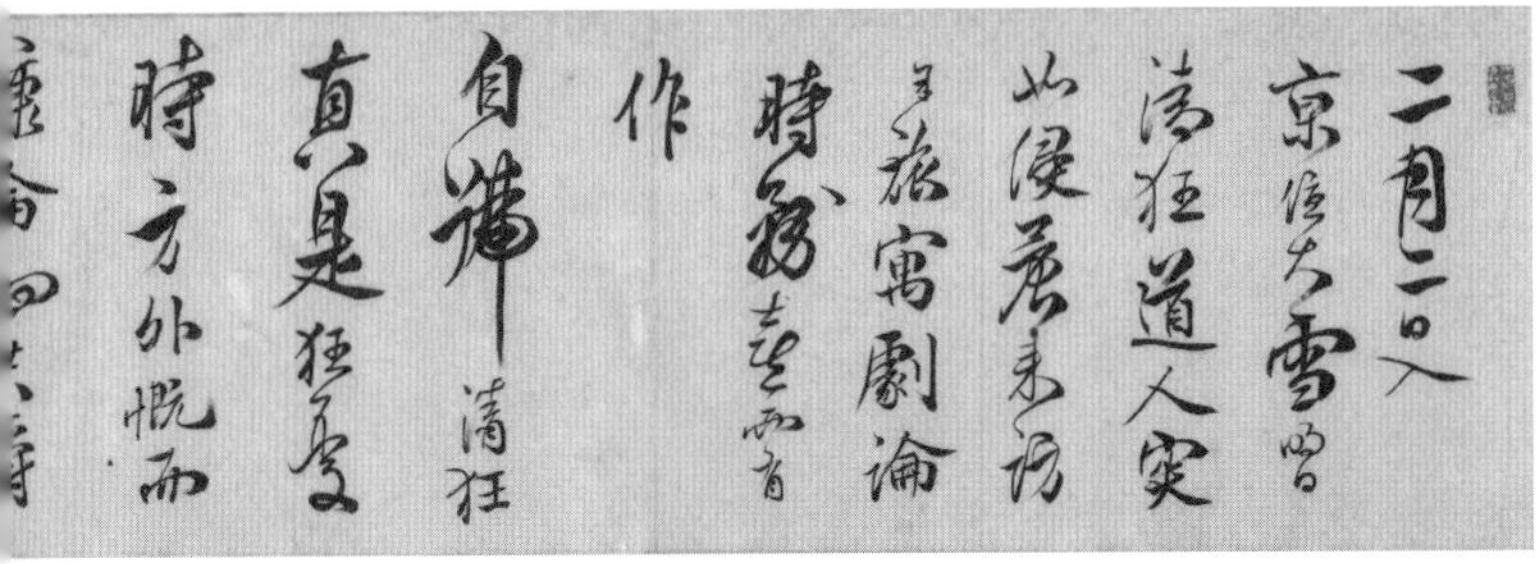

図7－3　『清狂草堂図巻』の藤森弘庵揮毫（僧月性顕彰会所蔵）

図7－4　妙円寺本堂に広げられた
『清狂草堂図巻』２巻

那時帰臥《ス》青山《ノ》下
按《ジテ》二此横図《ニ》一起《サン》二草堂《ヲ》一

その時には墳墓の地に帰って休息し
この横図に按じて草堂を建てよう

（『清狂遺稿』上、二九丁表）

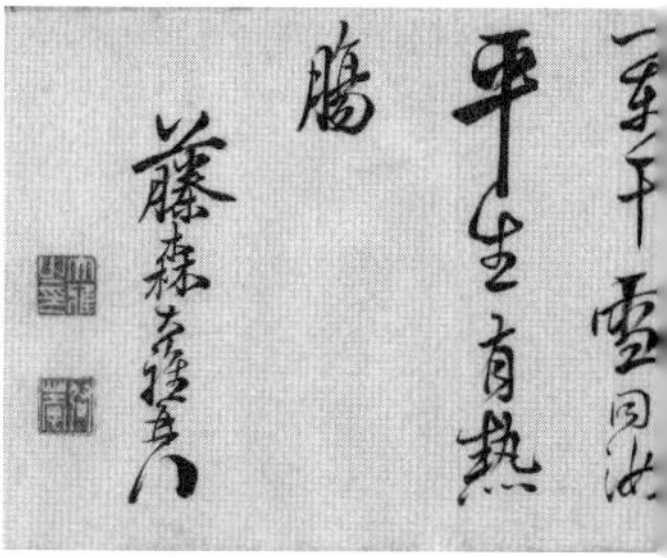

月性が詩酒に浸るその眼前には、清狂草堂を題とする数篇の詩文と一幅の絵を載せた図巻が広げられています。それを眺める月性自身はというと、なるにまかせた境涯であれば、いつ野たれ死ぬかもわかりません。そのときが来たならば、故郷の墓に帰って休息し、この図巻のとおりに草堂を結ぼう、と、妄想をめぐらせています。つまり、この時点で月性にとって清狂草堂とは、死後の棲家のことであって、現実世界においては、『清狂草堂図巻』という仮想世界の中に存在するだけなのです。

今、僧月性顕彰会には、『清狂草堂図巻』二巻が所蔵されていますが（図7-3・4）、この清狂草堂の図は伝わっていません。前出の斎藤拙堂「清狂草堂図巻序」には、「茅屋《ぼうおく》突兀、花竹之を繞《めぐ》る。諸家題詠文記附く」とありますから、そこには、高く突き出た茅葺の小屋の周りを花と竹が取り巻いた清狂草堂の様子が描かれており、諸名家がこれに題詠・文記を寄せていたことが窺えます。

この清狂草堂も、月性周辺の漢学知識人の間に物議を醸したようです。以下それを見てみましょう。

坂井虎山「清狂草堂記」

次に紹介するのは、月性が二〇歳のときに入門した広島藩の儒者坂井虎山の「清狂草堂記」（弘化二年〈一八四五〉五月、『今世名家文鈔』六）です。この記とは、叙事を主として、そこに情感を議論したり景観を描写したりする文体を言います。

虎山は、その冒頭、「放翁に句有り、詩酒清狂二十年。浮屠月性、詩を善くして又頗《すこぶ》る酒を嗜なむ。因りて自ら清狂と号す」と、月性と「清狂」との関係を説明し、その「草堂記」の執筆を依頼されたことを述べ、以下、月性との問答を通じて、月性の来歴やその清狂草堂について紹介し、それに対する持論を展開していきます。

草堂は何処にありて思うもの？

虎山はまず、「草堂はどこにあるのか」と問います。すると月性は、「まだありません」と答えたので、「堂もないのに、どうして記がいるのか」と尋ねると、月性は、「先生もまたそのようにおっしゃいますか」と、他にもその質問を受けたことがある旨を述べ、以下のように答えます。

我未だ死せざるなり。既に祭文《さいもん》を人に求む。我自ら身の生死を知らず。況《いわ》んや堂の有無においてをや。然るに、我少《わか》くして漫游を好み、西は肥筑に至り、東は常毛を極め、而して今京摂の間に往来す。凡そ身を安んじ肩を息《やす》むる所、皆我の草堂なり。

月性は、「自分は未だ死んでもいないのに人に祭文（葬送のための文）を求めています。自分自身、その生死はわかりません。ましてや草堂の有る無しなどわかるはずがありません」と言い、その一方で、「諸国漫遊を好む自分にとって、身体をやすめてホッとできる場所、それは皆、私の草堂なのです」、と応じました。

これに対し虎山は、「お前は、誠に清狂人である。死生の別・有無の違いを度外視し、旅の空で俗世を超越したその生き方は、清狂でなければできないだろう。仏を信仰する道とは、出家を宗として清浄を貴ぶ。おおよそいっさいの世間の事は全てこれを軽視する。その核心は、生死を離れて有無を忘れることである。仏もまた清狂なのである。しかし、仏者は詩酒に浸ることはしないのに、月性はそれをする。そこに自嘲して懺悔の意味を込めて清狂と号するのか、そもそもお前が自嘲を知っているのであれば、私がお前のためにこれを解いてやろう」と、以下の訳文のように、「詩酒清狂」について、その見解を述べていきます。

虎山、詩酒清狂を解く

いわゆる詩酒清狂というのは、詩酒にたよって清狂するのである。実際には、詩酒が清狂なのである。単なる詩語ではないのである。その妙は死を以て生となし、無をもって有となすことに至る。これは狂ではないのか。酒は固より狂うための薬である。一酔の楽によって、生死有無に頓着しない。その味は最も清を貴ぶ。だからこそ、古今詩酒で有名なものは一人ではないのだ。しかしながら、清狂の士でなければ、その清狂の趣を体得することはできないのだ。

これに続けて虎山は、清狂の士として、「李杜は唯《こ》れ清狂、故に其詩卓然、気百代を蓋う」と評する李白と杜甫、そして、阮肇《げんちょう》と劉晨《りゅうしん》という二人の名前を挙げます。この阮肇と劉晨は、後漢の末、天台山へ薬草を取りに行った二人の男が道に迷い、一三日間漂ったところで二人の美女に助けられ、そこで昼夜歓楽を尽くして数日過ごしたけれども、やはり故郷が忘れられず山を下りて行った。すると、あたりはすっかり変わってしまっており、そこに住んでいたのは一〇代後の子孫だった、という伝奇小説の登場人物です。虎山は、「阮劉も唯れ清狂、故に能く酣酔すること終日、真に乱世を全うす」と、二人とも清狂の士であったから、終日酒に酔っぱらって過ごし、後漢末の混乱の時代に生を全うすることができたのだ、と言います。これに対し陸游については、韓侂冑の売名的な対金主戦論に利用されたことを批判して、「おそらくは未だ清狂の実を尽すことあたわず」と評しました。

草堂は極楽浄土にこそあり

そこから虎山の論は、月性にとっての「清狂」と、その草堂に及びます。

今、お前は清狂の趣を得ている。陸游は言うに足らない。李白と言い杜甫と言い、あるいは阮肇劉晨と言ったたっていいではないか。そこで仏の道もまた成就できるのではないのか。成仏した後、お前は初めて草堂に居ることができるのだ。「どういうことですか」と月性が問う。虎山が言う。堂とは、身を安めて肩の荷を下すところだ。お前の言う草堂が天下に満ちたところで、それは仮初《かりそめ》の宿であり、一時の安息にすぎない。若しそれが終の安息の場所であったならば、そこには柱も梁も門も庭もなく、その塚は蟻塚のように高く、そこに植えられた樹は勢いよく茂っている。いわゆる極楽浄土こそがお前の本宅であろう。ならば、お前が成仏してそこに住むようになったとき、わしは請うて詩をもって歌い、酒でもって哭し、清狂草堂の落成をしてやろう。

このように虎山は、月性に対し、僧―仏者としてその求めるべき「清狂」の境地を説き、清狂草堂は極楽浄土にこそあるのだ、と諭します。虎山が月性の漢学の素養を評価していたことは、その「清狂説」(『今世名家文鈔』六)からも窺えるところですが、そのうえで虎山は、月性を終には極楽往生する存在と認めています。儒学を正学と奉じ、また「邪説の害、釈氏よりも甚しきはなし。釈氏除かざれば、則ち天下治らず」(「送陸存中序」『今世名家文鈔』六)と、特に仏教を敵視しもする虎山に、月性は、その筆でもって極楽往生を語らせることに成功した、と言えるのかもしれません。

この、儒者に極楽浄土を語らせることの意味については、後藤松陰《ごとうしょういん》(一七九七～一八六四)が、その「清狂草堂図巻跋」(弘化二年〈一八四五〉七月一四日、僧月性顕彰会所蔵)で直截に指摘しています。松陰は、村瀬藤城《むらせとうじょう》(一七九四～一八五三)と並ぶ頼山陽《らいさんよう》(一七八一～一八三二)の高弟で、二三歳のときに大坂で漢学塾を開きました。篠崎小竹の女婿でもあり、月性とも親しく交際しています。以下にそれを見ていきましょう。

『清狂草堂図巻』は布教の具?

「清狂草堂図巻跋」冒頭、松陰は、「復た清狂師に呈す、性豪放にして游を好み、このごろ浪華に寓す、債工して図巻を作し、至る所諸名公に就《おもむ》きて、募りて詩若くは文を化《もと》む」と、月性と『清狂草堂図巻』の成り立ちについて述べます。月性は、専門家に頼んで図巻を作成し、あちこちの有名人に頼んで詩や文章を書いてもらっていたのです。そして、松陰のところへもやって来て、図巻に揮毫してくれるよう頼むのですが、松陰は、その巻物を半分までも広げないうちにシュルシュルと巻いて放り投げ、舌打ちして次のように言います。

咄、師は本《もと》雲水自由を以て安楽国土となし、慈悲を以てその門となす。通恵《つうえ》を以て其の生となし、以て万億の愚夫愚婦を済度す。能《よ》く此門に入りて此室に居るは、是清狂の清狂たる所以《ゆえん》なり、豈又《あにまた》一己の膝を容るることに屑々《せつせつ》とする、況《いわ》んや其画図の跡を問うべきありや。師又好みて儒流の游に与《あず》かる。而《しか》して世の儒士、大抵甚だ其の所謂《いわゆる》天堂の説を聴くを欲せず。故に師且《まさ》に此の烏有《うゆう》の図を設けて、以て因縁溷擾《こんじょう》となすを欲せんとす。

仏者として生きる月性にとって、その教えを深く会得することこそが清狂の清狂たる所以である。どうして、たかだかようやく膝が収まるくらいの小さな草堂にこだわることがあろうか。その絵をあれこれいうことに意味はあるのか。月性は、好んで儒者と交際するが、世のなかの儒者は、天堂、すなわち極楽やら地獄やらを論じる者とは話しをしたくない。そこで月性は、この架空の絵を示してそれを論じるきっかけとし、儒者の世界観を乱そうとしているのだ。と、このように松陰は、月性の行動について考えをめぐらせます。

つまり松陰は、『清狂草堂図巻』とは、月性が、極楽往生を説く浄土真宗の教えを、真宗嫌いの儒者たちに布教するためのとっかかりである、と解釈しました。そして、どれほどの文人墨客が仏門の奥儀に達するというのか、どうして自分が、月性からの依頼を受け、謝礼をもらって、氷に彫刻したり腹に絵をかいたりするような無駄なことに苦心刻骨せんといかんのだ、と続けます。月性が浄土真宗を伝法弘教しようとするその片棒を担ぐつもりはないよ、と、こう言うのです。そして、月性はこの後書きを手にしたら、きっと抱腹絶倒して「わしはすでに世張（松陰の字）を賺《すか》したぞ」と言うだろう、と、結んでいます。松陰が、『清狂草堂図巻』から抹香臭さを感じ取りながらも、当時大坂で、文は松陰、詩は広瀬《ひろせ》旭荘《きょくそう》（一八〇七～六三）と並び称されたその松陰の文章で、『清狂草堂図巻』が実は極楽浄土への招待状である、という後書きを得たことは、月性にとっては思うつぼだ、という訳です。

『清狂草堂図巻』の新展開

松陰が、「松陰後藤機戯れに跋す」と書いたこの跋文からは、『清狂草堂図巻』には、月性が叔父周邦に漢学修行の許可を求めて語った、上等社界・上流階級への浄土真宗の布教という目的を達成するための方便としての機能がある、少なくとも一部の漢学知識人の間には、そのように受け止められていたことが明らかになります。後藤松陰の推論が正鵠を射たものであるとすれば、先に見た篠崎小竹「清狂説」や坂井虎山「清狂草堂記」も、月性にとってはしてやったり、というところでしょうか。

このように、当代きっての儒者たちに極楽浄土を語らせた月性ですが、その一方で、このころから月性を、真宗僧という属性とは異なった観点から捉える人たちが現われてきます。月性の、経世済民を使命とする漢学知識人、士大夫然とした行動を評価する人たちです。次にそれを見ていきましょう。

4　斎藤拙堂との出会い

斎藤拙堂、月性の世界を開く

月性の、真宗僧という属性とは異なる一面を引き出した人物として、津藩の儒者斎藤拙堂（一七九七〜一八六五）を挙げることができるでしょう（図7-5）。拙堂は、篠崎小竹とともに古賀精里《こがせいり》（一七五〇〜一八一七）の門下で、昌平黌《しょうへいこう》に教授として招かれたのを蹴って津藩に帰ったというエピソードを持つ高名な儒者です。世界情勢にも通じており、津藩主藤堂高猷《とうどうたかゆき》は、拙堂を厚遇し重用していました。

さて、この拙堂と月性が初めて会ったのは何時《いつ》か、ということについて、立泉昭雄氏「贈正四位清狂上人年譜」には、月性が上坂して間もない天保一四年（一八四三）閏九月二八日、「津城に斎藤拙堂を訪い詩を呈す」（三坂圭治監修『維新の先覚月性の研究』）とあり、その後の研究でもそれが踏襲されて来ました。しかし、それは正確でないことを示す史料がありますので、まずそれを紹介しましょう。

月性、斎藤拙堂の漢詩に感動

「鄙稿　寄拙堂先生書」（僧月性顕彰会所蔵）は、天保一四年（一八四三）閏九月二八日付で、月性が斎藤拙堂へ送った文章の下書きと、一一月二五日にもう一度これを拙堂に送った際の書簡を合冊したものです。一一月二五日付書簡には、拙堂の返信が書き添えられています。それによると、問題の天保一四年閏九月二八日、月性は友人に頼んで拙堂に書簡とその詩稿を送りますが、返事がなかったことから、一二月一五日、改めて小竹の書簡に添えて手紙を再送し、一二月に拙堂より返信を得たことがわかります。つまり、月性が初めて拙堂に会うのは、この天保一四年一二月以降ということになります。以下、のちのちの行論にもかかわってきますので、月性書簡の内容を要約しながら少し丁寧に紹介しておきましょう。

図7－5　斎藤拙堂画像

在国中、上国へ遊学して帰った諸生から、当代海内詩文の名家は、篠崎小竹・坂井虎山・斎藤拙堂のお三方と聞き及んでおりました。当時はまだ篠崎先生との面識はありませんでしたが、その詩文は読んで知っておりました。虎山先生は隣国の人なので、尋ねて行って親しく接していただく機会を得ておりました。拙堂先生だけは、国土が遠く隔たっていて、お会いしたこともなければ、その詩文を読んだこともありませんでした。そのため、「拙堂文話」二編を買って読み、それだけで拙堂先生はまさしく我が国における今の韓愈である、欧陽脩である、と感激いたしました。しかし、拙堂先生が詩をお作りになるとは存じませんでしたので、そのことを遺憾に思っておりました。今秋東遊いたしまして、大坂で篠崎先生の門下生となって文章を学んでおりますが、ある日篠崎先生と話が王梅庵・顧鉄卿のことに及び、梅

庵が長崎へ来らんとするときの送別の律詩を載せた小冊を見せていただきました。そこに次韻している漢詩が素晴らしかったのですが、日本人の作らしきその漢詩には、姓名が書かれておりませんでした。そのため篠崎先生に尋ねたところ、「津藩斎藤拙堂の作である。拙堂は、かつてこの稿を送って来て、私にもこれに和せといったが、その詩は議論も正確で字句はよく鍛錬されており、私が言おうとして言えないことを容易《たやす》く言ってしまっている。だから私は筆を擱《お》いたのだ」とおっしゃるではありませんか。ああ、何ということでしょう。拙堂先生こそ、本当に今の韓愈、今の欧陽脩ではありませんか。文章ではすでにその名が天下に鳴り響いており、詩でもまた篠崎先生がこのように謙遜なさるとは。先生の詩名があまり高くないのは、世の人びとがまだこのことを知らないからです。それは何と遺憾なことでしょうか。云々《うんぬん》。

この書簡からは、詩文の大家としての拙堂への敬慕を募らせ、その思いを一生懸命に綴っている月性の姿が浮かんできます。後にもまた紹介しますが、弘化二年（一八四五）初めころの月性の七言古詩、「津城を過りて拙堂先生を訪い賦して呈す」（『清狂遺稿』上）が、アヘン戦争情報に触発された対外的危機への関心や、拙堂の「海防策」への共鳴を熱く言い慕っているのに対し、この時期にはまだそれが見られません。月性の海防問題への傾倒は、大坂に遊学して以降、月性が接し

図7-6　『清狂草堂図巻』の斎藤拙堂揮毫（僧月性顕彰会所蔵）

た京坂知識人間の情報ネットワークのなかで次第に培われていったもので、当時はまだ文芸に対する熱意のほうが勝っていたものと推察します。

斎藤拙堂「清狂草堂図巻序」—月性、初めて拙堂と会う

では、いったい月性は、いつ拙堂との初対面を果たしたのでしょうか。これについて、管見の限りでは明らかにできていません。しかし、そのときの様子は、弘化二年（一八四五）二月一五日に拙堂が著した「清狂草堂図巻序」（前出）に見ることができます。

その冒頭、月性の来歴を述べたくだりは先に紹介しましたが、それに続けて拙堂は、その風貌について、破れ衣は鶉《うずら》をさかさまにして吊るしたかのようにボロボロで、繕ってもいない。剃っているはずの頭はハリネズミのようになっていて、剃ってもいない。旅籠《はたご》の人がきっと脱獄者に違いないと思って宿泊拒否にあったところで気にも留めない、と述べ、そのような様相で、月性が初めて拙堂を訪ねたときの様子を記していきます。

月性は、何の前触れもなく拙堂を訪ねて来て面会を求め、拙堂が会

うと、その詩稿を取り出して、玉が鳴るような金石のごとき声で朗誦しました。その月性に、拙堂は酒を勧めてもてなします。そして、口角泡を飛ばす激論が始まります。月性の話を聞いた拙堂は、「吾が徒の語に非ざるはなし」と、その議論が儒者である自分たちと同様の価値観のなかに組み立てられていると感じて驚き喜び、月性もまた、拙堂を「方外《ほうがい》の知己」と認めました（図7-6を参照）。

草堂は仮想世界にあり

弘化二年（一八四五）二月、月性は再び津城下に拙堂を訪ねます。このとき、月性は『清狂草堂図巻』を持参しており、これに序文を書いてくれるよう、拙堂に依頼します。その図巻に描かれた清狂草堂図と、著名人士の題詠や文記を見た拙堂は、「清はあるけれども狂はまだない。浮雲柳絮《りゆうじよ》のごとくに全国を放浪するという月性の性癖は、狂とも達とも言うものであるが、草堂に繋がれてしまうと、遠志《おんじ》が小草となり、須弥《しゆみ》が芥子《けし》となるほどに萎んでしまってつまらないものになってしまう。それは「達」――さとりと言えるのか、「狂」と言えるのか」、と自問します。そして、「月性は清狂によって自らを処すのであるから、俗事に執着をするはずはない」と、一つの結論に達します。すなわち、「草堂の有無、果して未だ知るべからざるなり」、草堂は実在しているのかそうでないのか、まだ聞いていない、というのです。以下に名文家で名高い拙堂の漢文を読み下してみましょう。

蓋し聞く、仏氏は色空を以て一となし、人生を以て夢幻泡影となす。故に雄殿傑閣を視るに、蓬《ほう》蘿《ちよう》の居に異ならず。区々の草堂、上人の達に於いて、何《いず》くんぞ害ならんか。況んや其有無、未だ知るべからざるをや。上人、余の言を聞き、笑いて応えず。余、是において、果して此の堂の空たる、幻たるを知る。之を無何有《むかう》の郷《さと》に求むべきなり。但し、余、文筆板重なりて滞渋し、空中に楼閣を起すことあたわず。これを用《も》って序となすは、仏頭の糞となすのみ。これを辞せんとして得ず。姑《しばら》く妄語を書きて以てこれに与う。

聞くところによると、仏者は、この世のすべての存在、すなわち「色」と、存在にはその本質となるものがないとする「空」とを一つのものと見做し、人生を夢幻泡影のようにはかないものとする。ゆえに、どんなに立派な建築物も、粗末な草堂と違いはない。そう思い至って拙堂は、月性にとって取るに足らない草堂であれば、それがさとりの妨げとなることなどない。そもそも、その草堂自体、有るのか無いのかよくわからないものであればなおさらだ、と言います。それを聞いた月性は、笑うだけで何も答えませんでした。そこで拙堂は、『清狂草堂図巻』に描かれた草堂が、「空」であり「幻」であると悟ります。清狂草堂、それは無何有の郷、すなわち空虚で実体のない仮想世界に存在しているのだ、という結論に至ったのです。

遅筆でも名高い拙堂は、これに「しかし」、と続けます。原稿もたまっていることではあるし、空中に楼閣を建てるような絵空事には付き合えない。これに序を書くのは、仏頭の上に糞を落すようなものだ。そこで序を書くことを辞退しようとするが、それもできそうにないことから、この妄言を書いて月性に与えた、と、この序を結びました。

月性の企みに「仏頭の糞」で応じたこの拙堂の「清狂草堂図巻序」は、実は、先に紹介した虎山や松陰の文章よりも数カ月前に書かれたものです。虎山が「草堂は何処にあるのか」と月性に尋ねたときに、「先生もまたそのようにおっしゃいますか」と月性が応じたのも、この拙堂の「清狂草堂図巻序」の遣り取りを踏まえたものでしょう。

対外危機意識は拙堂に触発された？

ここで、月性が拙堂と交わした激論の中身について、見てみたいと思います。これは、拙堂の「清狂草堂図巻序」からは窺えませんので、月性の「津城を過りて拙堂先生を訪い賦して呈す」（前出）から見ていきましょう。以下にその部分を読み下してみます。

拙堂燃犀《ねんさい》巨眼先見を明らかにして、早年策を作して辺防を論ず。君聞かずや海外彊場《きょうじょう》近く多事と。暎夷浪を跋きて縦《ほしいまま》に貪覬《どんき》す。炮火旁午《ぼうご》煙未だ消えずして、大江己南鼎の沸くが如し。久安長治文弱に流れ、沿海防戦不利を連ぬ。古より末運庸臣多し。羞を忍びて終に和戎の議を主とす。已にして鬼蜮に生霊を食せられ、又犬羊を養いて土地を割く。

拙堂には物事の本質を見抜く優れた洞察力があり、その先見の明でもって辺境警備の方策を論じている。近年、海外ではイギリスが横暴を極め、砲火は四方八方に上がってその煙は消えることなく、長江以南の地は大混乱に陥っている。太平が長らく続くと文弱に流れるのは世の常であり、沿海では敗戦が続いている。古来、王朝が終わるときには凡庸な臣が多く出るものだ。恥を忍んでとうとうイギリスとの講和を専らにしてしまった。すでに百姓《ひゃくせい》は陰険な英人のために犠牲となっており、さらに土地を割譲して外国人に与えているという。

ここには、一八四〇年にイギリスと清との間で始まったアヘン戦争の情報が読み込まれ、拙堂のことも優れた海防論者として持ち上げています。この詩からは、拙堂との対話における月性の関心は、文芸論よりもむしろ海防問題に大きく傾いているような印象を受けます。

月性が上坂した時期は、ちょうど知識人の間にアヘン戦争情報が伝播していく時期と重なっていました。弘化元年（一八四四）には、当時、昌平黌の舎長であった斎藤竹堂が『鴉片始末《アヘンしまつ》』を執筆し、写本で全国に伝播していきます。竹堂から同書を得た拙堂は、同年六月二六日、これに「叙事簡拾、逈《はる》かに漢蘭風説書《ふうせつがき》を読むに勝る」（早稲田大学図書館所蔵）、すなわち叙述が的確で、清の商船やオランダ商館長が幕府へ提出した風説書を読むよりもよくわかる、と記しています。月性もまた同書を入手していて、弘化三年には、自身が得た新情報を加えて、『鴉片始末考異』（僧月性顕彰会所蔵）を執筆しています。

京坂知識人との交際を通じて、アヘン戦争情報に接する機会を得た月性は、対外的危機への関心を強め、海防の重要性を訴える論客となっていったと考えられます。その際、海外情報も含めて広い視野と膨大な知識をもとに、琉球から蝦夷地までの海防を論じる拙堂の「海防策」は、月性に多大な影響を与えたことでしょう。そして、「清狂」および「清狂草堂」にも、それを操る月性という主体の変化にともなって、漢学知識人への浄土真宗布教の具とはまた異なった意味が付加されていくことになります。次にこの点を見ていきましょう。

5　清狂草堂の跳躍、そして広がり

月性の帰国と阪谷朗廬らの来訪

月性は、弘化四年（一八四七）末の帰国後、しばし妙円寺に落ち着くこととなります。翌嘉永元年（一八四八）四月二三日、そこに思いがけず遠来の朋友を迎えます。郷里で学問的刺激に飢えていた月性は大いに喜び、その情景は、「備中阪谷希八郎・山鳴弘蔵、仙台針生大八郎・上毛田中謙三郎を送りて西游し広島に至り、遂に余を来訪す、留宿五日、然る後別れて去る、此誌を賦して喜び、送別之情を弁述す、時に四月二十八日なり」（『清狂遺稿』上）と詞書した五言古詩に詠み込まれました。

阪谷（朗廬《ろうろ》、一八二二〜八一、図7-7）は、古賀侗庵《こがとうあん》門下で都講（塾頭）を勤めた人物で、津に拙堂を訪ねた際、たまたま月性と出会います。その後、大坂で再会すると、互いの下宿が近かったことから、数カ月の間、朝な夕なに往来し、適塾の塾頭であった同宿の久坂玄機《くさかげんき》（一八二〇〜五四）も加えて痛飲しつつ、大いに諸外国の処置について議論絶叫していたため、いっしょに篠崎小竹や後藤松陰の叱責を受けたといいます。後に往時を振り返った朗廬は、「大いに外国の処置を論じて説或いは合はず。而して主旨は共に尊王に帰す」と、異なった意見を衝突させながらも、最終的な着地点はともに尊王であったと述べています（蒲生重章「月性伝」『近世偉人伝』青山清吉ほか、一八八四年）。

山鳴（山成弘斎《やまなりこうさい》）は、阪谷とはごく親しい血縁の人で、江戸で伊東玄朴《いとうげんぼく》（一八〇一〜七一）と人気を二分した蘭医学の権威坪井信道《つぼいしんどう》（一七九五～一八四八）にオランダ語と蘭医学を学び、オランダ語の書籍を博渉して西洋諸国についての新知識を得ていました。月性は、「虜情審《つぶさ》にして且つ詳し、我其医国を説き辺防を論ずるを聞くを喜ぶ」（前出古詩『清狂遺稿』上）と述べています。国を医治し、辺境を守ることは、萩藩主毛利敬親《もうりたかちか》（一八一九～七一）の侍医として毛利家に召し抱えられた坪井の信念でもありました。それを受け継ぎ、常に海外の新情報にアンテナを張っている山鳴の説は傾聴に値する、というわけです。

針生（高泉《こうせん》）と田中は、いずれも昌平黌に在籍している秀才で、月性とはこのときが初対面でした。月性の前掲古詩は、五人で議論を戦わせたその様子を次のように述べています。

図7-7　阪谷朗盧

主は狂たり。客もまた狂たり。劇談文武を論じ、声気風霜を挟《はさ》む。経国一枝の筆、或は曰く綱常を正す。吹毛三尺の剣、或は曰く犬羊を斬る。文章は治乱に関り、武備は存亡に係る。内難以て靖《やす》んずべく、外寇以て掃《はら》うべし。議論の鋒《ほう》未だ斂《おさ》まらざれば、搊戦い臂《ひじ》また張る。輸者《しゆしや》の勢辟易し、贏者《えいしや》の声激昂す。

主客ともに「狂」を発し、激しく文武を論じて声音気息は厳しくなっていく。国家の統治を論じる一本の筆は、守るべき大道を正せと言う。吹き付けた毛も断ち切る三尺の名剣は、犬羊のごとき夷人を斬れと言う。文章と武備とは国家の治乱存亡に関係しているのであり、内憂はしずめ、外患は打ち払わねばならない。議論の鉾先がおさまらないうちは、母指で戦い臂もまた上がる。敗者はたじろいで勢を殺がれ、勝者はさらに声を張り上げる。と、このように、今にも取っ組み合いに発展しそうな、相手を言い負かすまで続く激論を交えての交流を、月性は「交游の楽」（前出月性古詩）と言いました。当時、迫りくる内憂外患を敏感に感じ取った知識人の間には、このような政治論議が急速に広がっていたのです。

知と知の交流―「清狂堂金蘭簿」を起こす

さて、阪谷らの来訪にともなって、「清狂堂金蘭簿」（僧月性顕彰会所蔵、図7―8）が作成されます。金蘭とは、金のように堅く蘭のように芳しい固い友情を表しており、清狂草堂の来訪帳です。表紙には、「清狂堂」とありますが、阪谷の「題言」は、「これ、清狂草堂月性師の金蘭簿なり」で始まっていますから、表紙もまた「清狂草堂金蘭簿」と書きたかったのだろうと推察されます。

この阪谷の「題言」というのが、斎藤拙堂や坂井虎山の文章にオマージュを込め、月性の仏者的な世界観を揶揄しつつ、あえてそこに足跡を刻もうとする、知的な遊び心に溢れた内容になっています。以下にその一部を紹介しましょう。

（前略）足跡の到る所、人皆屣《し》を倒《さかさま》にしてこれを迎ふ。其交わる所の有名の士、幾十輩なるを知らず。然るに師においては皆鴻爪《こうそう》のみ。夢幻のみ。其誰か金たるか蘭たるか、蛛蠃《ちゆら》蜘蛉《ちれい》たるか、人已に知らず、而して上人も亦自ら知らず。（後略）

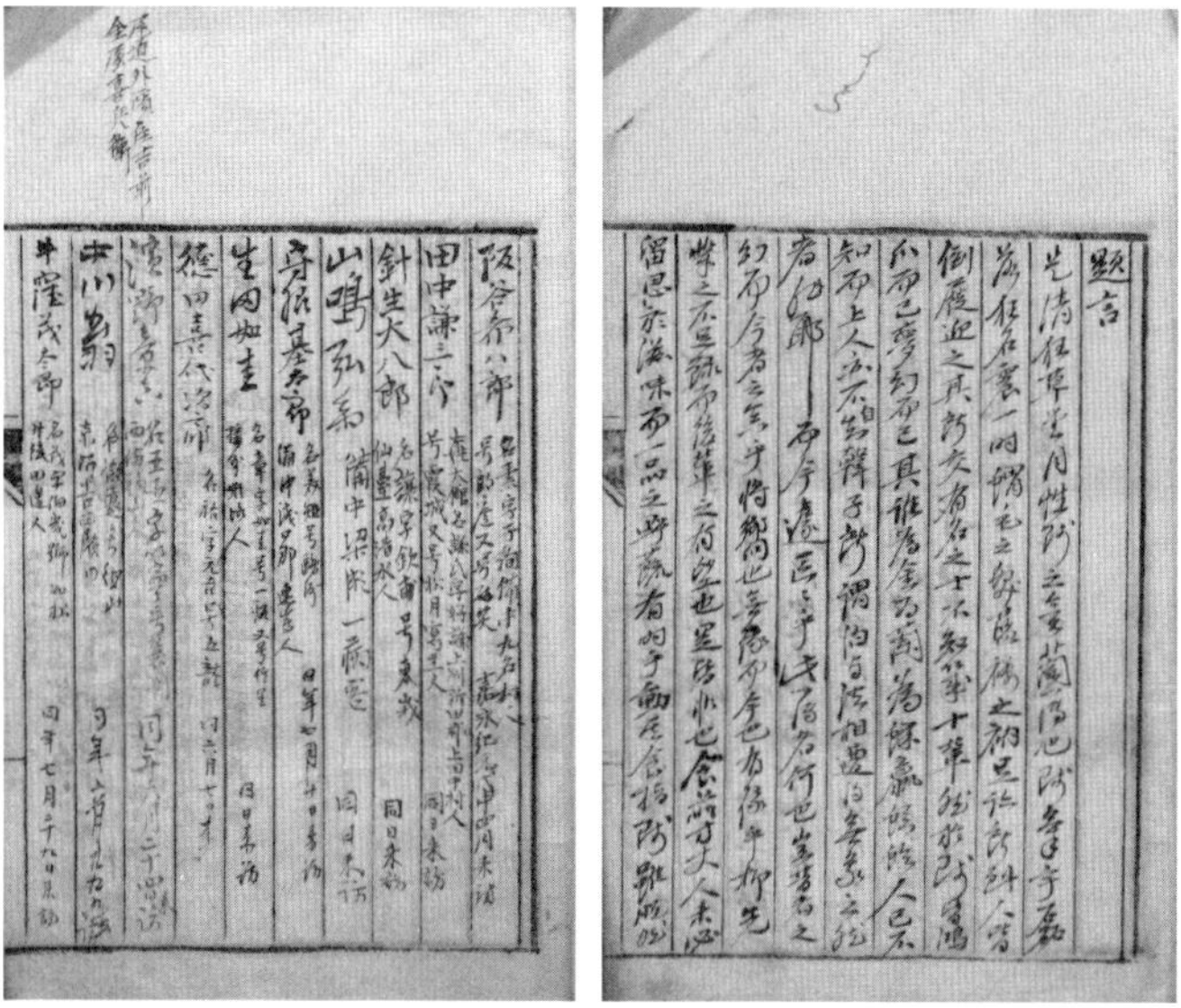

図7−8　「清狂堂金蘭簿」（僧月性顕彰会所蔵）

月性は行った先々で、履物を逆さに履いて走り出て来るほどの熱烈な歓迎を受け、交際がある有名の士は数一〇人を下らない。しかし、月性にとってそれは雪泥の上に付けられた鴻《おおとり》の足跡のように、跡形もなく消えてなくなってしまうものにすぎない、夢幻にすぎないのである。月性にとっては、いったい誰が金なのか蘭なのか、蜘蛛なのかなめくじなのか蜻蛉なのか、人は誰も知らない。月性自身もまた知らないのだ。と、阪谷は、このように実にテンポよく、月性と交際する有名の士は多いが、月性にとってそこに集まる人々は、ムシケラほどにも思われていないかもしれない、などと述べています。その背景に在るのは、小竹や虎山がかつて記した、月性の仏者としての世界観です。そして、阪谷は、この題言の最後を「所謂仏頭に糞を著す。請いて愧より始む」と結んでいます。拙堂の「清狂草堂図巻序」を自虐的に受けながら、以後、清狂草堂を訪れる人々に月性が醸す交遊の楽の妙味を示しているのです。

一方で、当の月性はというと、阪谷らの来訪をそれこそ履物を逆さに履かんばかりにして熱烈歓迎しました。貧しい寺なので何もない、と言いつつ、すぐに酒肴を用意して歓待し、大いに飲んで大いに議論し、大坂時代のように盛り上がって「交遊の楽」を尽します（前出月性古詩）。阪谷の「題言」に腹を立てた様子もなく、「清狂堂金蘭簿」は、それ以後も書き継がれて今に伝わっています。

このような、僧や書生や儒者や蘭学者といった、互いの立場に拘らない知と知の交流、そこには、多様性に対する理解と寛容、そして知的な洒脱が見え隠れしているのです。

広がってゆく輪

このとき、阪谷らといっしょに清狂草堂を訪れた針生は、その様子を日記に付けていました（『森銑三著作集』一〇、中央公論社、一九八九年）。針生は嘉永元年（一八四八）二月二日に江戸を発って、津・大坂・岡山・岩国などを歴訪して月性を訪ね、その後、長崎に至り、帰路、四国・北陸から信濃・上野を経て、翌嘉永二年三月二二日ようやく江戸に帰り着きます。その道中、梁川星巌《やながわせいがん》（一七八九～一八五八）・篠崎小竹・広瀬旭荘・河田迪斎《かわだてきさい》（一八〇六～五九）・江木鰐水《えぎがくすい》（一八一一～八一）・坂井虎山・広瀬淡窓・真木和泉《まきいずみ》（一八一三～六四）・草場佩川《くさばはいせん》（一七八七～一八六七）などの人物とも会っています。そのなかで、月性に関連する記述を拾ってみましょう。

四月二三日「遠崎に至りて、月性を妙円寺に訪ふ。大いに悦ぶ。酒間議論蜂起、極めて人意に快たり。月性は清狂と号す。一向の僧、詩文を能くし、海防を論じ、広く海内有名の士と交わる。斎藤拙堂、坂井虎山、篠崎小竹、鎮西の草場、広瀬の諸人の如き皆神交たり。僧中の豪傑、年纔かに而立、苦学懈《おこた》らず。学に就く者三十余人、其の塾に命じて時習と曰ふ」

四月二四日「月性蔵する所の書画を展覧し、顔を分かちて書を揮《ふる》ふ。余時習館記の稿を立つ」

針生は、その帰路にも月性を訪ねます。

九月一二日「六里遠崎に依りて月性を訪ふ。歓迎すること家人の如し。峨洋亭に坐して、蒙古源流考を読む」

こうして、江戸に帰った後、針生は同郷の一人の儒者を訪ね、西国漫遊の話をします。それを受けてその儒者は、「清狂草堂記」（僧月性顕彰会所蔵）を作って月性に贈ります。その儒者とは、かの『鴉片始末』で日本中にアヘン戦争情報を知らしめた斎藤竹堂です。

斎藤竹堂「清狂草堂記」

「清狂草堂記」の冒頭、竹堂は著作の経緯を説明します。九州から帰った針生は、遊歴中に出会った豪傑の士を挙げて、その第一を周防の月性道人と言い、さらに「道人居る所清狂草堂と号し、既に関西諸名家の詩文を得て千首する如し。子盍《なん》ぞまたこれを記さざる」、すなわち、清狂草堂には、すでに関西の諸名家が多数詩文を寄せている、どうしてあなたもこれに連ならないのか、と言います。

前述したように、後藤松陰は『清狂草堂図巻』に寄せて、浄土真宗布教の片棒は担がない、と、戯れの跋文を書きました。しかし、針生はそれとは異なる文脈のなかに『清狂草堂図巻』を捉えています。そして、そこに名を連ねることを一種のステイタスとして、竹堂にもそれを勧めたのです。

そこで竹堂は、針生に月性の人となりを尋ねます。針生は、月性が真宗僧であること、そして、その才知にあふれ、文章が上手く、合せて古今の書史に精通し、政治や国家治乱の原因についてよく知っていること、常に四方の有名の士と交際していること、対外的危機を最も憂慮して外国情報にも感心が高く、話がここに及ぶと、たちまちにいきいきと面白い議論が広がり湧いてきて、自己の感情を抑えることができないことなどを述べました。すると竹堂は、月性に欽慕の情を生じ、遠く離れて会うことができないのを残念に思い、「清狂草堂記」を作って針生に托し、月性に届けます。以下、その「清狂草堂記」を訳文で紹介しましょう。

竹堂が捉えた月性

清狂とはどのような意味か。狂っていないのに狂っているようである、これを清狂という。これは蘇林の説である。道人（月性）は、空虚幽寂（仏教）の教えを奉じているが、にもかかわらず済世救時を志としている。僧とは名ばかりで、その実は儒者である。まるい頭と広い袖の衣はその形であるが、その行いは士大夫である。そのすることなすこと、いつも仏徒の道とは反している。その理由はこうである。文辞はこれを無駄に飾り立てた言語とし、古今の書史は虚構妄想とする、すべて仏徒が軽視して遠ざけるところである。諸外国の形勢や状況に至っては、直接見聞きしていることでなければ、絶対に無用の葛藤だといって、我関せずでいるのは言うまでもない。しかるに道人は、この問題を自らの責務として一生懸命になっている。しかし、もっぱらそれは自ずから解決できるものではない。おそらくは、仏徒から見たら道人を狂としないものは非常に少ない。そうであればまさしく道人は狂ではない。狂に似ているのだ。その号を清狂に取るのも、またもっともである。

しかしながら、われわれ儒者の立場からこれを言うならば、道人のごときものは、ああ、狂である。今その文章はわれわれの言語である。古今の史書はわれわれが従事するところである。外寇を防ぎ外患に備えるのは、われわれの最重要緊急の務めである。世の学士・大夫（幕府や諸藩の重臣や役人）のなかには、言語を疎かにして務めに怠り、外寇慮患への対応を軽視して気にもかけないものがしばしばいる。この者たちは、士大夫をその名とはしているが、その実は方外の徒に及ばない。私はここにおいてまた、狂わざるの狂が道人に在って、ここにも在ることを見るのだ。

それならまさしく道人が草堂に在るということは、必ずやすべてを洞察して真《まこと》と妄《うそ》を識別する眼力で冷たく世間全体の狂を照らしていよう。転じて清狂をもって自らを呼ぶ者であれば、どうして世を憤って詭激の挙に出ないでいられるだろうか。かくて記して欽甫に托し、これを草堂に届けるのである。

針生の土産話から竹堂が思い描いた月性像とは、僧の姿をした士大夫でした。士大夫とは、中国では科挙官僚あるいは声望・地位のある知識人のことを言い、竹堂が月性を「済世救時これを以て志となす」と評したように、天下国家の経営に対する使命感、経世済民の信念を持つことが、その要件として挙げられます（村上哲見『中国文人論』汲古書院、一九九四年）。仏徒でありながら儒学的教養を身に付け、対外危機への対応を真剣に論じる月性は、他の多くの仏者から見ると「狂」に外なりません。儒者の立場からこれを見た場合、それは本来儒者のあるべき姿のはずですが、しかし現状は違います。幕府や諸藩の重臣・官僚たちのなかには、儒学的教養を疎かにし、経世済民の使命を忘れ、対外的危機に適切に対処することができないものがいます。かくして竹堂は、自らもまた「狂わざるの狂」すなわち「清狂」であることを自覚します。それに気づかせた月性は、清狂草堂に座して世間のあらゆる「狂」がいかなる狂であるかを識別し、照らし出している存在です。「清狂」を自認するものであれば、必ずや今の世に憤慨して行動を起すはずである。そう言って竹堂は、自身にもその意思があることを清狂草堂に届け出たのです。

「清狂」が政治的意味を帯びるとき

先に見た篠崎小竹や坂井虎山・斎藤拙堂らが、「清狂」あるいは清狂草堂を月性の真宗僧としての立場から哲学的に解釈したのに対し、竹堂は月性を、対外的危機への関心を共有し、ともに天下国家を論じる同志として捉え、清狂草堂もまた、その同志としての意識を共有する場として理解しました。漢学知識人が共有した「清狂」という概念への興味・関心は、月性自身が天保末から嘉永初年にかけての対外的危機意識の深化と、その政治的対応への関心の拡がり、そして、政治批判の生成という当時の状況と共鳴したことによって、政治的な意味合いを強く持つようになります。そして、月性を取り巻く漢学知識人ネットワークが直接・間接に拡大していくと、清狂草堂に対しても、当初の漢学知識人に対する浄土真宗布教の方便、といった意味づけとは異なった解釈が、月性の「清狂」に共感した漢学知識人によってなされるに至ります。

ここにおいて清狂草堂は、ただ単に清狂の住まう草堂という字義的な解釈を越え、現実世界の政治情況を憂慮し、士大夫たることを標榜する漢学知識人が仮想世界で集う、梁山泊《りょうざんぱく》のような意味を帯び始めます。現実世界であれ仮想世界であれ、そこを訪れるものにとって、『清狂草堂図巻』に並べられた多くの知識人・文化人の墨蹟は、当人の意思とはほぼ無関係に、「清狂」と名乗って政治的意見を発信する月性に対する賛同、あるいは共鳴と解され、月性のブランディングに大きく貢献したと言えるでしょう。

羽倉簡堂「清狂草堂図巻跋」――「狂」に仮託して政治を語る

最後に、幕臣羽倉簡堂《はくらかんどう》（一七九〇～一八六二、図7-9）が、月性の「狂」と政治批判との関係を直截に述べた「清狂草堂図巻跋」（嘉永六年〈一八五三〉九月一一日、僧月性顕彰会所蔵）を紹介したいと思います。羽倉もまた古賀精里門下で、同門の篠崎小竹や斎藤拙堂とは親交が厚く、また学才ある後進を引き立てるのに熱心であったことでも知られる人物です。

図7−9　羽倉簡堂画像

嘉永五年末、月性は、「歳杪、蕭海土屋生書を得てその簡堂羽倉君に修学するを聞き、これを賦してこれに寄せ、兼て羽君に呈す」（『清狂遺稿』下）と題する七言古詩を作って、江戸遊学中の萩藩寄組佐世家の儒臣土屋蕭海（一八二〇〜六四）に托し、簡堂への紹介を依頼します。翌嘉永六年、月性は、また「今茲《ここ》に嘉永六年、歳は癸丑に在り、簡堂羽君、上巳客を会して蘭亭故事を修むるを聞き、遙かにこれを寄するあり」（前掲書）と題詞する七言古詩を簡堂に贈ります。この蘭亭故事とは、永和九年（三五三）癸丑三月三日、王羲之とその子弟や名士四一人が名勝蘭亭に集い、曲水の宴を開いて詩を競った蘭亭の会のことを言います。簡堂もまたこれに倣って曲水の宴を催しますが、そこに招かれたものの参加が叶わなかった月性は、それに代えてこの漢詩を送りました。

それを重陽《ちょうよう》（九月九日）に落手した簡堂は、その二日後、「清狂草堂図巻跋」を作って月性に贈ります。これを訳して紹介します。

自分を狂わせずに狂うことで他人を狂わせるが、自分は狂わないのが今の狂者である。道人は、すなわち他の譏《そし》りを善《よ》しとするだけではなく、また他の筆力の衰えを教える。一帖を作成し展《ひら》いてはこれを味わい楽しみ、そのたびごとに人に「私は狂を愛している」と謂う。思うにその狂は、楚の接輿の流れを操るものであろうか。今秋重陽、土屋生が、道人の遠くから蘭亭の会に寄せた詩を届けた。五百余言が美しく連なり、一句一句に憂国の意《おも》いが紙面に群がって見え、少しも仏徒のようでない。当路の役人にこれを読ませたならば、厚かましくしていられるものなどいないだろう。はたして今の狂者ではない。

孔子に、「古之狂也肆。今之狂也蕩」（『論語』「陽貨」）の言葉があります。昔の狂（理想家）は小節に拘らない程度だったが、今の狂は大切な道を踏み外すほどにでたらめである、という意味です。冒頭、簡堂が言う「今の狂者」には、世間に「狂」を喧伝して自身は高みの見物を決め込む人たちに対する批判が込められているようです。これに対し、月性が愛するという「狂」は、「鳳よ鳳よ、何ぞ徳の衰えたる。往きし者は諫《いさ》むべからず。来る者は猶お追うべし。已《や》みなん已みなん。今の政に従う者は殆《あやう》し」（『論語』「微子」）と歌いながら孔子の車の前を過った、狂人を装う楚の隠士陸通（接輿は字）――楚狂の系譜に属するものと見做されます。月性が簡堂に呈した漢詩で批判したのは、長崎や下田への相次ぐ外国船の入航とその通商要求に対する幕府の対応、および深刻化する海防の要請とそれに向けた国内体制の不備に及び（前出嘉永六年七言古詩）、その矛先は当路、すなわち幕府や諸藩において対外関係や海防問題のかじ取りを担う者たちに向けられていました。これを受け取った簡堂は、月性を仏者として政治の度外に置くことなく、その意見は、実際に政策決定の場に在る幕藩官僚にとっても、無視できないものと評します。それゆえに、月性は傍観を善しとする「今の狂者」ではないのです。

「狂」に仮託して政治を語る

対外的危機に覚醒した月性は、その漢学知識人としての教養と、士大夫に類する天下国家への使命感でもって、僧として、被支配身分として、政治社会から二重に排除されているその壁を乗り越えるべく、積極的に情報発信していきます。それは、漢学知識人のコミュニティのなかに、「清狂」というキーワードを設定して関心を集め、清狂草堂という結節点を作り出し、そこに紡いだネットワークを『清狂草堂図巻』として可視化することで、身分や立場を越え、領国を越えて、より広く、より多くの漢学知識人に向かって、相乗的に波及する効果を生んだと言えるでしょう。

このしたたかな自己宣伝のための戦略によって、月性は、政治を語り始めた多くの漢学知識人のなかのその地位を、地方の一真宗僧から、天下を論じる海防僧へと、自ら押し上げることに成功しようとしていました。そこには、月性がその領国で説法のなかに海防を説き、あらゆる階層の老若男女から、国家の危機に対する同調と協力を引き出していった（拙稿「儒学と真宗説法」）、その政治的実践への評価も含まれています。海防掛勘定奉行川路《かわじ》聖謨《としあきら》も、その海防論に関心を持った一人でした（小林健太「本願寺と「勤皇僧」—月性の京都における活動を中心に—」）。

しかし、月性が「清狂」を掲げて活動し、それを当時の著名な漢学知識人たちが、「清狂」あるいは「狂」「楚狂」といったキーワードを設けて分析し、また共有し、さらに当局者への政治批判にも理解が示されていくという状況は、一面において、当時の言論状況を映し出しています。すなわち、政事の担い手が一部の例外を除いて武士身分の特定の階層に限定される近世日本の統治システムのなかで、その立場にないものは、「狂」に仮託しなければ政治を語ることができないのです。

もっともこれは、近世日本に限った特質というよりも、孔子や、さらにそれ以前の時代から今現在に至るまで、東アジアにおける普遍的な言論状況と言うべき問題であるかもしれません。それゆえに、「清狂」という言葉をキーワードとした月性の言論空間拡大の試みは、既存の規範や秩序を変更する際の突破口として、多くの漢学知識人の共感を得て、共有されていったのではないでしょうか。

結びにかえて

古今の漢学知識人たちにとって、「清狂」はきわめて興味深い論題でした。公論、あるいは輿論という言葉が、日本の政治社会のなかに意味を持ち始めた時代、月性は、「清狂」を巧みに利用することで、漢学知識人のなかに自らの言論の空間を築いていきます。その象徴として清狂草堂がありました。

そこでの議論は、初めは仏者と儒者との哲学的な対話がその中心にありましたが、月性が、天保期末から弘化・嘉永期にかけて、対外的危機意識の深化と、それにともなう内政改革の必要性の自覚という、当時の知識人としての通過儀礼を済ませたことで、その軸は政治や海防といった、より公共性の高い問題へと移っていきます。

ここで一点、最後に指摘しておきたいことがあります。月性は、その言論空間拡大のためのキーワードとして「清狂」を択びましたが、このキーワードで議論に参加できる層というのは、自ずから相応の漢学の素養を身に付けた知識人に限定される、ということです。彼らは、官学や私塾において学問的訓練を積み、そこで批判と寛容の精神を会得していました（前田勉『江戸の読書会』）。それゆえに、勝敗が付くまで続く白熱した議論も、「交游の楽」として享受することができるのです。

その一方で、ペリー来航以降、端緒的であるにせよ世論が形成され始めると（宮地正人『幕末維新期の社会的政治史研究』）、攘夷や尊王といったわかりやすいキーワードが横行し、漢学の素養がなくとも比較的容易に議論に参加できるようになります。ここに、政治論議のパンデミック、「処士横議《しょしおうぎ》」と呼ばれる状況が生まれ、言論だけでなく暴力による現状変更までもが肯定される時代が到来することになります。

日本が近世から近代へと向かう過程の言論状況を理解するうえで、この両者は、段階的に分けて捉える必要があると考えています。そうしたなかで、幕末維新期に漢学知識人が果たした役割、また、今につながる言論と時に暴力までも肯定する世論との相克についても、改めて見えてくるものがあるのではないでしょうか。

参考文献

第1章 幕末維新の、ここが面白い

青山忠正『明治維新』（『日本近世の歴史』六）、吉川弘文館、二〇一二年
秋田 茂『イギリス帝国の歴史』（『中公新書』二一六七）、中央公論新社、二〇一二年
ウィリアム・H・マクニール（高橋均訳）『戦争の世界史』上・下（『中公文庫』）、中央公論新社、二〇一四年
奥田晴樹『維新と開化』（『日本近代の歴史』一）、吉川弘文館、二〇一六年
落合弘樹『秩禄処分』（『中公新書』一五一一）、中央公論新社、一九九九年
勝田政治『明治国家と万国対峙』（『角川選書』五八九）、KADOKAWA、二〇一七年
芳 即正『島津久光と明治維新』新人物往来社、二〇〇二年
久住真也『幕末の将軍』（『講談社選書メチエ』四三三）、講談社、二〇〇九年
佐藤誠三郎『「死の跳躍」を越えて』千倉書房、二〇〇九年
渋沢栄一述・長幸男校注『雨夜譚』（『岩波文庫』）、岩波書店、二〇一二年
ジョン・C・ペリー（北太平洋国際関係史研究会訳）『西へ！』PHP研究所、一九九八年
園田英弘『世界一周の誕生』（『文春新書』三二八）、文藝春秋、二〇〇三年
D・R・ヘッドリク（原田勝正他訳）『帝国の手先』日本経済評論社、一九八九年
鳥海 靖『日本近代史講義』東京大学出版会、一九八八年

中村　哲『明治維新』（『日本の歴史』一六）、集英社、一九九二年
羽田正編『海から見た歴史』（『東アジア海域にこぎだす』一）、東京大学出版会、二〇一三年
福沢諭吉・富田正文校訂『新訂福翁自伝』（『岩波文庫』）、岩波書店、二〇一二年
保谷　徹『幕末日本と対外戦争の危機』（『歴史文化ライブラリー』二八九）、吉川弘文館、二〇一〇年
松浦　玲『横井小楠』（『ちくま学芸文庫』）、筑摩書房、二〇一〇年
マリウス・B・ジャンセン（平尾道雄・浜田亀吉訳）『坂本龍馬と明治維新』時事通信社、一九七三年
三谷　博『明治維新とナショナリズム』山川出版社、一九九七年
三谷　博『ペリー来航』（『日本歴史叢書』六二）、吉川弘文館、二〇〇三年
三谷　博『維新史再考』（『NHKブックス』一二四八）、NHK出版、二〇一七年
三谷博・並木頼寿・月脚達彦編『大人のための近現代史』一九世紀編、東京大学出版会、二〇〇九年
山川菊栄『武家の女性』（『岩波文庫』）、岩波書店、一九八三年
横山伊徳『開国前夜の世界』（『日本近世の歴史』五）、吉川弘文館、二〇一三年
渡辺　浩『日本政治思想史』東京大学出版会、二〇一〇年

第2章　積極開国論か、攘夷論か

池内　敏『大君外交と「武威」』名古屋大学出版会、二〇〇六年
田中優子編『日本人は日本をどうみてきたか』笠間書院、二〇一五年
奈良勝司『明治維新と世界認識体系』有志舎、二〇一〇年
奈良勝司「徳川政権と万国対峙」明治維新史学会編『幕末政治と社会変動』（『講座明治維新』二）、有志舎、

二〇一一年
前田　勉『近世日本の儒学と兵学』ぺりかん社、一九九六年
眞壁　仁『徳川後期の学問と政治』名古屋大学出版会、二〇〇七年
ロナルド・トビ『「鎖国」という外交』（『全集日本の歴史』九）、小学館、二〇〇八年

第3章　「攘夷」とは何か

青山忠正『明治維新の言語と史料』清文堂出版、二〇〇六年
保谷　徹『幕末日本と対外戦争の危機』（『歴史文化ライブラリー』二八九）、吉川弘文館、二〇一〇年

第4章　洋上はるか彼方のニッポンへ

井上勝生『開国と幕末変革』（『日本の歴史』一八）、講談社、二〇〇二年
鵜飼政志『明治維新の国際舞台』有志舎、二〇一四年
エリック・J・ドリン（北條正司他訳）『クジラとアメリカ』原書房、二〇一四年
遠藤泰生「『太平洋』の登場」芳賀徹編『文明としての徳川日本』中央公論社、一九九三年
加藤祐三『黒船前後の世界』岩波書店、一九八五年
後藤敦史『開国期徳川幕府の政治と外交』有志舎、二〇一五年
後藤敦史『忘れられた黒船』（『講談社選書メチエ』六五一）、講談社、二〇一七年
ジョン・C・ペリー（北太平洋国際関係史研究会訳）『西へ！』ＰＨＰ研究所、一九九八年
D・R・ヘッドリク（原田勝正他訳）『帝国の手先』日本経済評論社、一九八九年

麓　慎一『開国と条約締結』(『日本歴史叢書』七〇)、吉川弘文館、二〇一四年
三谷　博『ペリー来航』(『日本歴史叢書』六二)、吉川弘文館、二〇〇三年
山岸義夫『アメリカ膨張主義の展開』勁草書房、一九九五年
横井勝彦『アジアの海の大英帝国』(『講談社学術文庫』一六四二)、講談社、二〇〇四年
和田春樹『開国—日露国境交渉』(『ＮＨＫブックス』六二〇)、日本放送出版協会、一九九一年

第5章　「尊王」とは何か

前田　勉『近世神道と国学』ぺりかん社、二〇〇二年
前田　勉『兵学と朱子学・蘭学・国学』(『平凡社選書』二二五)、平凡社、二〇〇六年
前田　勉『江戸後期の思想空間』ぺりかん社、二〇〇九年
前田　勉『江戸の読書会』(『平凡社選書』二三二)、平凡社、二〇一二年

第6章　漢詩のなかの月性

猪口篤志『日本漢文学史』角川書店、一九八四年
海原　徹『月性』(『ミネルヴァ日本評伝選』)、ミネルヴァ書房、二〇〇五年
林田慎之助『幕末維新の漢詩』(『筑摩選書』九四)、筑摩書房、二〇一四年
松浦友久編『漢詩の事典』大修館書店、一九九九年
三坂圭治監修『維新の先覚月性の研究』マツノ書店、一九七九年

第7章　僧月性の交友と交際

上田純子「儒学と真宗説法」塩出浩之編『公論と交際の東アジア近代』東京大学出版会、二〇一六年
海原　徹『月性』(『ミネルヴァ日本評伝選』)、ミネルヴァ書房、二〇〇五年
小林健太「本願寺と「勤王僧」」『本願寺史料研究所報』五三、二〇一七年
中村真一郎『頼山陽とその時代』上・下(『ちくま学芸文庫』)、筑摩書房、二〇一七年
前田　勉『江戸の読書会』(『平凡社選書』二三二)、平凡社、二〇一二年
三坂圭治監修『維新の先覚月性の研究』マツノ書店、一九七九年
宮地正人『幕末維新期の社会的政治史研究』岩波書店、一九九九年

(各章ごと編著者の50音順。副題は省略)

執筆者紹介（生年　最終学歴　現職　主要著書・論文）―執筆順

上田純子（うえだ　じゅんこ）
↓別掲

三　谷　博（みたに　ひろし）
一九五〇年、広島県に生まれる
一九七二年、東京大学文学部卒業
現在、東京大学名誉教授・跡見学園女子大学教授、文学博士（東京大学）
『明治維新とナショナリズム』山川出版社、一九九七年
『愛国・革命・民主』（『筑摩選書』七二）、筑摩書房、二〇一三年
『維新史再考』（『NHKブックス』一二四八）、NHK出版、二〇一七年

奈良勝司（なら　かつじ）
一九七七年、京都府に生まれる
二〇〇五年、立命館大学大学院文学研究科博士課程後期課程 単位取得退学
現在、立命館大学文学部助教・国際日本文化研究センター客員准教授、博士（文学）
『明治維新と世界認識体系』有志舎、二〇一〇年
『会沢正志斎書簡集』（共編著）、思文閣出版、二〇一六年

青山忠正（あおやま　ただまさ）
一九五〇年、東京都に生まれる
一九八三年、東北大学大学院文学研究科国史学専攻博士後期課程単位取得
現在、佛教大学歴史学部教授、博士（文学・東北大学）
『明治維新と国家形成』吉川弘文館、二〇〇〇年
『明治維新』（『日本近世の歴史』六）、吉川弘文館、二〇一二年

後藤敦史（ごとう　あつし）
一九八二年、福岡県に生まれる
二〇一〇年、大阪大学大学院文学研究科博士後期課程単位取得退学
現在、京都橘大学文学部准教授、博士（文学）
『開国期徳川幕府の政治と外交』有志舎、二〇一五年
『忘れられた黒船』（『講談社選書メチエ』六五一）、講談社、二〇一七年

前田　勉（まえだ　つとむ）
一九五六年、埼玉県に生まれる
一九八八年、東北大学大学院文学研究科博士後期課程単位取得退学
現在、愛知教育大学教授、博士（文学）
『兵学と朱子学・蘭学・国学』（『平凡社選書』二二五）、平凡社、二〇〇六年
『江戸の読書会』（『平凡社選書』二三二）、平凡社、二〇一二年

愛甲弘志（あいこう　ひろし）
一九五五年、鹿児島県に生まれる
一九八二年、九州大学大学院文学研究科博士後期課程中途退学
現在、京都女子大学文学部教授
『詩僧皎然集注』（共編）、汲古書院、二〇一四年
『貶謫文化と貶謫文学』（共訳）、勉誠出版、二〇一七年

編者略歴（上田純子）

一九六八年、愛媛県に生まれる
二〇〇四年、東京大学大学院人文社会系研究科博士課程修了、博士（文学）

〔主要論文〕

「長州藩の国事周旋と益田右衛門介」明治維新史学会編『幕末維新の政治と人物』（『明治維新論集』一）、有志舎、二〇一六年

「儒学と真宗説法」塩出浩之編『公論と交際の東アジア近代』東京大学出版会、二〇一六年

幕末維新のリアル
変革の時代を読み解く7章

二〇一八年（平成三十）八月十日　第一刷発行

編　者　上《う》田《え》純《だ》子《じゅんこ》
公益財団法人　僧月性顕彰会

発行者　吉川道郎

発行所　株式会社　吉川弘文館
郵便番号一一三―〇〇三三
東京都文京区本郷七丁目二番八号
電話〇三―三八一三―九一五一〈代表〉
振替口座〇〇一〇〇―五―二四四
http://www.yoshikawa-k.co.jp/

印刷＝株式会社 東京印書館
製本＝誠製本株式会社
装幀＝渡邉雄哉

ISBN978-4-642-08337-9

幕長戦争（日本歴史叢書）

三宅紹宣著　　四六判・三二〇頁・口絵二頁／三一〇〇円

江戸幕府崩壊の端緒となった幕長戦争。兵力数・西洋式兵器の装備ともに上回る幕府軍に対し、長州藩の勝因はどこにあったのか。戦闘状況のみならず、民衆の動向も分析。西欧列強との国際関係をふまえ総合的に解明する。

維新と開化（日本近代の歴史）

奥田晴樹著　　四六判・二八八頁・原色口絵四頁／二八〇〇円

王政復古の大号令により誕生した新政府は、戊辰戦争を経ていかに近代国家を目指したのか。東京奠都、版籍奉還から廃藩置県にいたる日本史上有数の国制改革の実態を描く。立憲政体の導入へ続く明治維新の核心に迫る。

明治維新（日本近世の歴史）

青山忠正著　　四六判・三〇四頁・原色口絵四頁／二八〇〇円

ペリー来航から西南戦争まで―。明治政府による全国統治の体制が成立する時代。通商条約の解釈と運用をめぐる対立など、さまざまな立場に立つ勢力が、近代国家の樹立をめざして争った様相を新たな視点で描き出す。

戊辰戦争の新視点 上・下（全2冊）

奈倉哲三・保谷　徹・箱石　大編

A5判／各二二〇〇円

鳥羽・伏見から箱館五稜郭まで、五一八日間にわたり戦いが繰り広げられた戊辰戦争。京都新政府を全国的権力へと押し上げた、激烈な内戦下における政治・経済・社会・生活・思想の変化を、国内や欧米の新たな一次史料を分析して解き明かす。国際関係、政治秩序の再編、陸海の軍事力、民衆との関わりなど幅広い視点で、戊辰戦争研究の最前線へ誘う。

上　世界・政治

二〇八頁・原色口絵四頁

権力抗争の坩堝と化した日本。条約諸国は内戦の行方と権力の変遷をどのように注視し関わったのか。国際法に従った戦争遂行や政治秩序の再編、大奥の対応、キリスト教政策など、国際的状況下の内戦の姿を照射する。

下　軍事・民衆

二一八頁・原色口絵四頁

内戦遂行のなかで、幕末に導入した西洋式兵学がついに実地に移された。戦争の現場ではいったいなにがおこっていたのか。陸戦の軍備や編制、海軍力、戦費調達、民衆の支援や反発、宗教政策など、新視点で実態に迫る。

（価格は税別）

吉川弘文館